현충원 보람이

임이여, 그대가 부르는 그 노래

이 현 오 지음

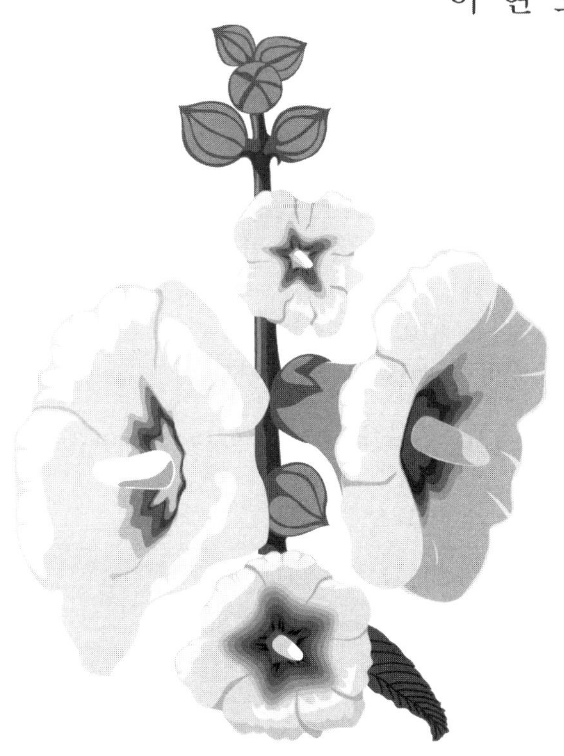

임이여 그대가 부르는 그 노래

2022년 2월 10일 인쇄
2022년 2월 20일 발행

편 저 자 : 이 현 오
발 행 인 : 최 득 원
발 행 처 : 영상복음
서울시 종로구 사직로6길 16, 1층 (신문로2가)
등 록 : 제851-32-00359호

사 무 실 : 서울시 중구 을지로18길 12 (을지로3가)
전 화 : (02)730-7673 팩스 : (02)730-7675
휴 대 폰 : 010-3949-0209
홈페이지 : www.media153.kr

총 판 : 가나북스 (www.gnbooks,co.kr)
전 화 : 031-959-8833
팩 스 : 031-959-8834

정가 : 16,000원
ISBN 978-89-94945-59-0 *13670

순국선열, 애국지사등 추모하는 충열대

대한독립군 무명용사 위령탑

독립유공자 묘역, 왼쪽 저 너머에 보이는 무후선열 제단

6.25 참전 전사자 묘역

6.25 전사자 묘역에서 보는 현충탑

임시정부요인 묘역에서 바라본 현충원

현충탑 지하에 위패로 모신 호국영웅(전사자)

하남시 6.25 참전용사와 인터뷰

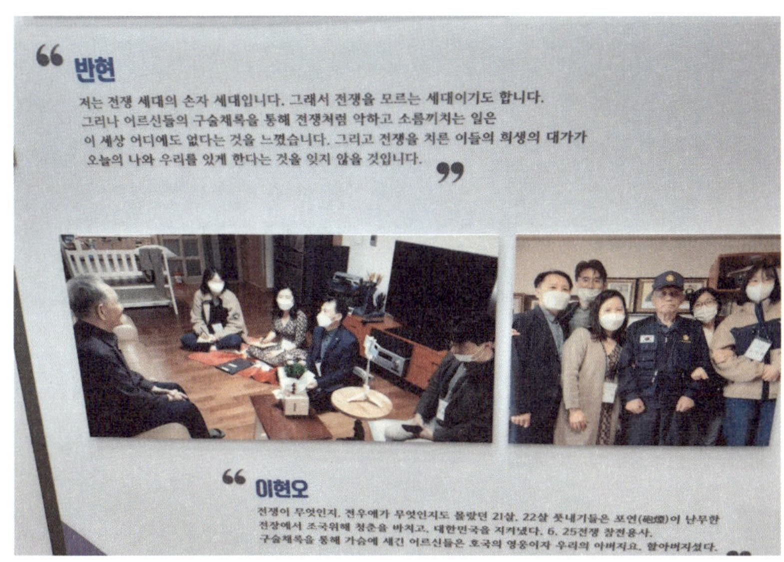

6.25 참전용사 구술채록 전시회

하남시 6.25 참전용사 구술 채록집

무궁수훈자회, 무연고 유공자를 위한 봉안행사

참배객 안내 / 방역활동

충혼당 106호실 故 안수현대위 참배

독립유공자 묘역 해설사와 함께

소망의 나무 앞에서 소망을

충혼당 계수나무

차례

1장 [현충원 보람이 보고서] 나와 우리는 이렇게 하나가 되었다

2장 6.25 참전용사 구술채록

권 두 언

'임이여, 그대가...' 그 뜨거운 숨결을 적시며

1990년대 북한 핵문제가 처음 거론되기 시작했을 때, 국회를 포함 각계 전문가분들이 힘을 모아 서울 가락동 캘리포니아호텔에서 〈국제외교안보포럼〉을 출범시켰다. 그리고 매주 목요일 새벽 눈이 오나 태풍이오나, 춥거나 덥거나를 불문하고 국방, 외교·안보, 교육, 북핵과 북주민의 인권문제를 두고 사회저명인사와 전문가가 나서 강좌와 토론을 이끌며, 문제의식을 확산시켜 나갔다. 바로 그 무렵 인연을 맺은 이현오 대기자, 인터넷 안보 전문매체 〈코나스〉 기자였으니, 근 20년이 다 돼간다.

북한문제 등 안보분야를 전공한 장교 출신답게 안보의 중요성을 일깨우며, 우리 〈국제외교안보포럼〉 지방순회 강사로 전문성을 높이기도 한 이현오 대기자는 안보 칼럼리스트이자 수필가, 강사로서의 역량뿐만 아니라 정직·성실함과 진실된 인간성으로 본인을 비롯한 많은 포럼회원들로 부터 사랑을 받았다.
우리는 세상을 살아가면서 다양한 사람과의 인간관계를 형성하기에 이런 사람, 저런 사람들을 만나게 되고, 그들과 더불어 미래를 개척해 나가기 마련이다. 그런 면에서 李 대기자는 국가에 대한 충성심과 애국심, 직분에 최선을 다하는 전문가로 각인된 지 오래다.

정년퇴직 후에도 자기계발과 노하우를 살리며, 자신이 다듬어 온 전문성을 살려 사회봉사에도 적극 나서고 있어, 귀감과 감동을 주기에 부족함이 없으리라 생각된다.

오래 전 모친(母親)의 1주기를 맞아 생전 어머니와의 대화내용을 책으로 엮어 영전에 바친 사실을 잊지 않고 있는데, 이번엔 봉사활동, 그것도 조국의 독립을 위하다 피와 땀을 흘리셨던 위대한 독립선열과 국가 위기 시 적과 싸우다 전사한 호국영령이 영면해 계신 국립 서울현충원에서 활동하며 틈틈이 기록한 내용들을 묶어 책으로 발간케 되니, 이 역시 대기자다운 생각이란 점, 그 정제되고 뜨거운 열정에 박수와 함께 고개가 끄덕여진다.

우리는 한 시대를 살아가면서 어떤 빚을 떠안고 있다는 마음을 갖지 않을 수 없다. 오늘의 대한민국을 있게 한 분, 바로 현충원에 잠들어 계시는 분들에 대한 빚이다. 그래서 현충원이 민족의 성지이고 큰 울타리인 것이다.

본인은 이 책에서 간결하지만 독립의 역사, 독립선열의 뜨거운 투쟁의 열기와 호국용사들의 불타는 조국애와 전우애, 그리고 그들을 존경하며 자랑스러워하는 가족들의 그리움과 애절함이 잠겨 있음을 보았다. 또 각 장마다 나라사랑, 안보 의식이 함축돼 있음을 보게 된다.

〈현충원 보람이〉로서 이현오 작가의 글을 통해 잃어버린 정신, 또 하나의 이야기를 찾는 방향타가 되었으면 하는 바람이다. 한 줄 한 줄 써 내려간 이 책 이야기를 통해 새로운 기억의 역사, 길잡이를 찾는 계기가 되기를 기대해 본다.

2021년 12월 10일

前민주평화통일자문회의 수석부의장
김 헌 욱

'민족의 성지' 현충원을 한 아름으로 안다

"국장님, 안녕하시죠? 이현오입니다." 지난 11월 초 어느 날이다. 언제 들어도 힘 있고 밝은 음색의 반가운 목소리가 수화기 너머로 들려왔다. "李 부장, 소식은 듣고 있었네." 서로 반겨 안부를 주고받는데, 현충원 봉사활동을 하면서 쓴 책을 출판케 됐다고 한다.

李 부장이 현충원 봉사활동을 하고 있음은 이미 알고 있던 터라, 발간 소식을 듣는 순간, 역시 李 부장답다는 생각과 함께 몇 해 전 본인과 함께 직무를 수행하며, 안보 현안문제를 짚을 때마다 진지함으로 머리를 맞대던 때가 엊그제 일처럼 떠올랐다.

현충원은 강대한 나라건, 힘이 약한 나라건 세계 모든 나라, 모든 국민들에게 하나의 동일치 사고가 형성되는 추모와 보호의 공간이다. 이유는 국가와 민족을 위해 일신의 영달을 버리고 오직 나라의 미래, 민족을 위해 스스로를 바친 위대한 분들을 모신 성역이자 성지이기 때문이다.

그 현충원에서 봉사활동에 임한 李 부장의 활약은 보지 않아도 몸과 마음을 다해 열정을 바쳤을 것으로 미루어 짐작되었다. 그리고 그 결과물로 그가 겪고 체험한 진솔한 사실들을 한 권의 단행본으로 묶어 세상에 내놓게 된 것이다.

李 부장은 가진 것이 많은 사람으로 그 능력을 쓸 곳에 쓸 줄 아는 지혜로움이 빛나는 인물이다. 오래전 수필가로 등단해 칼럼니스트로 활발한 활동을 해온 李 부장은 본인과 함께 근무하던 시기, 남다른 국가관과 안보관으로 안보사안에 대해 앞장서서 필요한 목소리를 낸 용기 있는 행동인이다. 인터넷 안보신문 〈코나스〉(konas.net) 편집장으로서 관련 기사와 칼럼을 통해 왜곡되고 그릇된 실태들을 꼬집었다. 안보대응부장으로서는 수 만명 향군회원이 참석한 '북핵문제 해결 촉구' 국민대회 등 최 일선에서 자신만의 필승카드로 목청을 높이며 안보의 중요성을 사회와 관계기관 등에 일깨운 진정한 안보 맨(Man)이었다.

그런 李 작가에게 이번 '현충원 보람이…임이여, 그대가 부르는 그 노래' 이야기는 독립선열과 선배 전우들이 영면한 현충원에서 그가 겪고 체험한 현재적 이야기들을 그만의 간결하면서도 감성적인, 뛰어난 필체로 서술하고 있어 독자들로 하여금 현장에서 스스로 참여하고 있는 듯한 느낌을 주기에 충분하다.

외양으로 보는 현충원은 짧은 순간 얼마든지 볼 수 있다. 하지만 18만여 명 국가를 위해 고귀한 생명을 바친 선열과 호국영령들의 내면의 이야기를 대하기란 쉽지 않다. 그런 점에서

李 작가의 이 책은 아프고 시린 현충원을 아늑한 우리 주변의 따뜻한 이야기로 승화시키고 있어 어떤 현충원 이야기보다도 감동으로 다가오리라 확신한다.

대한민국은 수많은 선열과 호국영령들이 계셨기에 존재한다. 더불어 그 후예인 60만 국군용사들이 155마일 휴전선에서, 하늘과 바다, 전후방 곳곳에서 선열의 뒤를 이어 철통경계, 국토수호임무를 수행하고 있다. 이 책이 널리 알려지고 읽혀져 우리 장병들에게도 마음의 양식이 되었으면 하는 바람과 함께 이현오 작가에게 축하와 격려를 보내는 바이다.

2021년 12월 10일

대한민국재향군인회 호국안보국장(예·육소장)

이 용 석

'현충원 보람이' 활약사, 이 책 한 권에 담겨

우연은 때로 필연이란 기연(機緣)을 동반케 한다는 말이 있듯이 이현오 작가가 바로 그런 경우가 아닌가 합니다. 우연하게 이 작가를 대하게 됐고, 그를 보면서 한 사람의 진솔한 사고와 의지가 어떻게 다른 누군가에게 전해지게 되는가를 알게 되었습니다. 애국심·국가관으로 요약될 그의 진심이 책 곳곳에서 묻어나는 걸 보게 됩니다.

아시다시피 국립서울현충원은 국민과 함께하는 호국추모 공원이자 성지입니다. 우리나라 국립묘지는 국립서울현충원을 비롯하여 국립대전현충원, 국립4·19민주묘지, 국립3·15민주묘지, 국립5·18민주묘지, 국립영천호국원, 국립임실호국원, 국립이천호국원, 국립산청호국원, 국립괴산호국원, 국립신암선열공원 등이 있습니다.

그 중에서도 국가를 위해 살신성인으로 하늘의 별이 되신 분들이 잠들어 계신 국립 서울현충원은 그 자체로서 국민 모두의 뜨거운 의식이 살아 숨 쉬는 곳이기도 합니다.

이 작가는 2021년 한해 서울현충원에서 봉사활동을 하면서 현장에서 직접 겪고, 듣고, 느끼고, 체험한 일상을 기록한 '현충원 보람이 이야기'를 한 권의 책으로 발간하였습니다. 그 열정에 우선 큰 박수를 드립니다. 아울러 이 글을 접하면서 우리들 누구나 마음속에 한 번쯤은 품고 있을 현충원을 대함에, 한 발자국 더 가까이에서 바라볼 수 있고, 누구나의 곁으로 더 따뜻한 온기를 담아 다가설 수 있게 한다는 점에서 또 다른 의미가 있다고 보여집니다.

특히, 나라사랑의 마음이 알알이 담겨 있는 낯익은 글들은 이 작가가 직접 현충원에서 참배객과 순간순간 나눈 대화, 인터뷰와 서로의 교감에서 오는 생각과 느낌을 그대로 전하고 있으며, 관련한 칼럼들을 묶어 나라사랑 실천을 현장감 있게 담아냈습니다. 이 작가의 꼼꼼하고 생명력 있는 필력에 독자의 한사람으로서 축하와 감동의 마음을 전하는 바입니다.

빠듯한 일정 속에서도 자신의 봉사활동 일지를 세심하게 기록·정리해 서럽고 시린 이야기들을 한편의 서정(敍情)이야기로 펴내게 됨은 현장 체험이라는 현실의 얘기가 녹아든 결과로 '추모공원' 국립 서울현충원의 이미지를 그대로 드러내, 나라사랑이란 생생한 체험담을 보는듯한 작품이라 하지 않을 수 없습니다.

이 작가가 글에서 밝히고 있듯이 18만여 국가유공자가 영면해 계신 국립 서울현충원에는 순국선열과 호국영령의 수많은 숨결과 드러나지 않은 이야기가 발길 닿는 구석구석에 살아

숨 쉬고 있습니다. 그러기에 이 책을 대하는 독자들에게도 한 번쯤 나의 삶과 나라사랑에 대한 참 가치와 의미를 되새기고 자신의 과거-현재-미래의 삶을 성찰해 보는 계기가 되었으면 하는 바람이기도 합니다.

거듭 이 작가의 뜨거운 열정과 나라사랑의 마음을 담은 저작 발간에 축하를 드립니다. 더불어 이 글이 국가를 수호하고 국민의 생명과 재산보호 임무를 수행하는 국군장병에게도 전해져 선배 전우들이 잠들어 계신 현충원을 더 가까이서 떠올릴 수 있게 하는 하나의 작은 울림이 되었으면 하는 마음 큽니다. 앞으로도 더욱 정진하시어 나라사랑을 담아내고 실천하며 공감할 수 있는 후속 작품을 기대합니다.

2021년 12월 10일

前국립4·19민주묘지 관리소장

고 휘 주 고휘주

이현오 작가의 <저작> 출판에 祝賀를 보내며

지난 6월24일 하남시와 하남시 6·25참전유공자회가 6·25전쟁 71주년을 맞아 공동 주관한 참전용사 대상 구술채록 〈기억으로 쓰는 역사 展〉 전시회가 미사도서관에서 열렸습니다. 그리고 그 분들을 대상으로 자료 수집과 인터뷰 등을 주도했던 이현오 수필가가 기간 동안 느낀 소감을 채록단 대표로 발표한바 있습니다.

참전유공자 어르신들의 눈가가 촉촉이 적셔졌습니다. 박수갈채가 쏟아지고, 입가에 흐뭇한 미소가 번졌습니다. 세상 도처에는 알게 모르게 수많은 이야기가 널려 있기 마련입니다. 하남시 참전유공자 어르신들이 겪은 숱한 6·25전투와 어렵던 삶의 현장에서 가슴에 묻은 이야기들처럼 우리 민족의 성지, 현충원에는 헤아릴 수 없는 수많은 이야기들이 잠들어 있음은 미루어 짐작할 수 있겠지요.

그 현충원에 담긴 이야기들이 한권의 책으로 빛을 보게 됨에 참전유공자님들과 함께 하고 있는 저로서, 또 관심 깊은 독자의 한사람으로 그 기쁨과 반가움이 얼마나 큰지요, 남다를 수밖에 없습니다.

현충원에 무슨 이야기가 그리 숨 쉬고 있을까? 앞서 짐작할 수도 있지만 그럼에도 조금은 의아하게, 여러 궁금증도 자아낼 수 있을 것입니다. 현충원 전체 묘역에서, 독립유공자 묘역에서, 그리고 영령들이 계신 충혼당에 이르기까지 드러나지 않은 이야기들이 잠재돼 있을 테니까요.

하지만 이 책이 나오기 전까지는 미처 헤아리지 못했습니다. 그래서 어쩌면 우리들 내면의 자고 있는 의식을 깨워준 옥서(玉書)가 이 책 '임이여, 그대가 부르는 그 노래'가 아닐까 생각게 됩니다.

몇 해 전 필자가 전쟁기념관 실무 담당관으로 재직하며 참전 16개 국가 전사자들의 명비(名碑)를 대하면 늘 마음 한구석에 깃든 아쉬움이 바로 그런 점이었습니다. 그런데 바로 이현오 수필가가 그 점을 가려내 달래 주지 않았나 생각됩니다.

돌이켜보면 이 책에는 나라를 되찾고자 몸과 마음을 다 바치다 위패로 모셔진 독립선열, 긴 세월 유골로 남겨졌다, 또는 위패로 돌아오신 분, 70여 년 전 전장터에 나간 남편을 오매불망 기다리다 결국은 사후에 만나게 된 애끓는 부부 이야기가 담겨 있습니다.

그런가 하면 사랑하는 남편을 먼저 보내고 매일 찾아오는 아내의 못 다한 이야기에서, 부모님에 대한 지극정성의 마음과 지나간 날에 대한 아쉬움에 가슴 아파하는 자식의 마음, 그러면서도 가족 간 뜨거운 마음 나눔의 장이 현충원임을 일깨우

고 있습니다,

그래서 〈임이여, 그대가 부르는 그 노래〉는 하얀 도화지 위에 검은 먹으로 붓칠 한 듯 써 내려간 진솔하고도 담백한 묵화(墨畫) 같은 얘기입니다. 어떤 화려함도, 기교나 과장도 없습니다. 우리 이야기이자, 바로 내가 겪을 수 있는 현실 이야기이기도 합니다.

작가는 이 글을 통해 국가에 대한 마음도, 부모님에 대한 생각도, 가족에 대한 끈끈한 정도 한번쯤 돌아봤으면 하는 생각을 갖게 합니다.

독자 여러분의 일독(一讀)을 권유하면서, 산고 끝에 마음을 담은 이 책 〈임이여, 그대가 부르는 그 노래〉를 펴내게 된 이현오 작가에게 큰 박수와 함께 축하를 보냅니다. 축하합니다.

2021년 12월 10일

하남시6·25참전유공자회 사무국장
정 삼 영

'현충원 보람이'로 나서…

언제나 이맘때면 아쉬움이 교차하는 시기다. 마지막 남은 한 장의 달력12월이 그를 대변해준다. 누구에게는 극한의 힘들고 가혹한 해였는가 하면 또 누군가에게는 어려움 속에서도 인내와 극기로 극복하며, 새로운 도전의 의지를 불태웠을 해이기도 한 신축년(辛丑年).

2021년은 지난해에 이어 '코로나19'라는 인류 역사상 전례 없는 감염병으로 '잃어버린 해'란 말이 자연스러울 정도로 사회 각 부분이 엉망으로 얽힌 실타래처럼 뒤엉켜버린 해로 기억되지 않을까 싶다. 〈마스크〉 지배 세상이 되었다. 얼싸안고 기쁨을 나눔은 언감생심, 악수마저 터부시되고, 대면(對面)은 부담이요, 비대면 화상회의에 줌(Zoom)을 통한 모임, 교육과 회의가 상식으로 통했다.

직장의 풍속도가 바뀌고, 인기 대면직종이 스러지고, 새로운 직업, 일자리가 똬리를 틀었다. 자영업·소상공인의 피눈물에 정부도 일자리 창출에 생색나는 모습을 보여야 했다. 어제의 웃음바다가 오늘엔 한숨과 눈물로 점철되며 당장 서둘러 직업

전환에 나서야 하는 이들도 부지기수였다.

신중년 사업이 이슈가 되기도 했다. 우연의 일치로 '현충원 보람이'로 봉사에 임하게 되고, 이 해의 주요 일정으로 자리 잡게 됐다. 현충원에는 6.25전쟁 시 나라를 수호하다 산화한 호국영령과 월남참전유공 전사자뿐만 아니라 일본제국주의 치하에서 빼앗긴 나라를 되찾기 위해 국내·외에서 풍찬노숙(風餐露宿)하며 독립운동에 나섰던 임시정부 요인과 독립군, 광복군 등 독립선열이 모셔져 있다. 독립유공자 묘역 〈충열대〉다. 그 독립유공자 묘역 해설가로 나서게 됐으니, 필자에게는 맞춤형이었다. 하지만 코로나19 감염병으로 인해 현충원에서의 해설이 제대로 진행되지 못하고 정부의 방역지침에 의거해 국가유공자 등이 영면한 충혼당에서 참배객을 안내하고 방역을 지원하는 역할을 하게 되었다.

필자에게는 현재의 '나' 스스로를 되돌아봄과 함께 동시에 '국가'를 다시 생각게 하는 계기가 되었다 해도 과언이 아니다.

현재 국립 서울현충원 국가유공자에 대한 안장(안치)은 충혼당 내에 안치 되나 제1충혼당이 꽉 들어차 제2충혼당이 건립 중에 있으며, 제2충혼당이 완공되기까지 제1, 제2 임시 안치실을 운영하고 있다. 또한 코로나19로 인해 안치되는 국가유공자님의 봉안 의식행사가 약식으로 진행되고, 묘비 정비팀 보람이 선생님을 제외한 4개 조 전체의 역할은 봉안식장과 충혼당, 임시(제1, 제2)안치실 등 세 곳에서 활동이 이뤄지고 있다.

월 57시간, 주간 3, 4회 하루 4시간 기준으로 이어지는 현충원 보람이 활동은, 각자의 부여된 역할을 통해 보람과 성취감을 느끼기에 충분하다. 필자 또한 이번 활동을 통해 자기성찰의 또 다른 계기가 되었음을 토로하지 않을 수 없다. 고향의 그리운 가족과 동료 전우를 위하고, 나라를 위한 삶을 살았던 그 분들의 고귀한 청춘. 그래서 '보람이' 명칭이 더 겸손하고 존귀함으로 다가오는지도 모르겠다. 해서일까, 하루하루 봉사일지를 빠트릴 수가 없었다. 나만의 심회로 몇 가지 관점에서 그대로를 담고자 했다. 어떤 미화도 없다. 그저 일상 그 자체, 그대로의 시각을 옮김에 불과하다.

이제 한 해의 끝자락에서 2021년 활동도 마무리 된다. 우리들 현충원에서의 보람이 역할도 끝을 맺게 된다. 그럼에도 내년, 그 다음해에도 보람이 역할은 계속 될 것이다. 이는 〈국가 = 나〉의 관계와도 연계되기 때문 아닐까? 이 글이 나오기까지 이 순간도 묵묵히 맡은바 소임에 열정을 다하고 계시는 현충원 사람들, 46명 현충원 보람이 선생님들, 특별히 독립유공자 묘역 해설가 선생님 여러분께 감사의 말씀을 전하고 싶다.

2021년 11월 30일

현충원 보람이 이 현 오

제1장

'현충원 보람이'보고서

나와 우리는 이렇게 하나가 되었다.

01 국립 서울현충원 50+ 보람이 그날 이후 나는 스스로 애국지사 독립 유공자가 되었다

"분명 오후 4시 발표를 한다고 했는데, 왜 연락이 없지? 안 됐나? 떨어진 건가? 여러 가지 생각이 떠오르기도 한다. 그렇게 열심히 이력서며 자기소개서를 작성했는데. 이거 아이들한테 떨어졌다고 쪽팔려서 어떻게 얘기하지? 또 선배를 위해 특별히 채용정보를 알려준 대전의 후배 (김)태영이한테 큰소리 땅땅 쳤는데, 무슨 말로 변명해야하나? 이 무슨 망신이람?"

지난 3월 어느 날 동작50플러스센터에서 현충원 보람일자리 합격자 발표가 있다는 걸 알고 있어 기다리고 있는데도 통 연락이 없는 것이다. 내 딴에는 나에게 가장 적격(?)이라는 생각에 지원을 했고, 서류 심사에 이어 면접도 나름 예상문제까지 작성해 무리없이 선전했다고 생각하는데 소식이 없자 망신살(?) 우려와 함께 스스로에 대한 실망감이 적지 않게 들기 시작한 것이다. 그러다 안 되겠다 싶어 동작50 플러스센터 홈페이지에 들어가 봤다. 그런데 거기 이름이 있었다. "와우, 합격이다!" 소리라도 지르고 싶은 심정은 이를 두고 이름인가! 그렇게 현충원 보람이 사업에 참여하게 되었다.
첫날 첫 근무가 그랬고, 한 해 일정이 다 끝나가는 지금도 마찬가지지만 하루하루가 보람의 연속이었다. 모든 보람이 선생님들의 한결같은 마음 대변이다. 출근 자체가 보람이자 즐거움이었고, 〈코로나19〉라는 어려운 상황 속에서도 우리 팀 우리들은 흔쾌로 운 웃음의 연속이었다. 지금 현재에 충실하며, 주어진 일정에 맞춰 현충원 충혼당에서 나의 직분에 충실하고자 해온 지 어느덧 12월 10일, 마무리 순간이 도래하였다.

그러니까 그게 언제였더라. 2월 중순쯤이 되려나? 대전에 사는 평소에도 자주 소식을 주고받으며, 친구이자 형제처럼 가까이 지내는 똑똑하고 멋진 후배 김태영 군으로부터 전화가 왔다. 내용은 서울시에서 은퇴한 중년을 대상으로 인력을 공모하는데, "형님한테 딱 맞는 자리가 나왔습니다. 인터넷에 들어가 확인해 보고 빨리 이력서 등을 준비하세요." 하는 얘기였다. 시큰둥해 하는데 '현충원 해설사'라는 것이다. 눈이 번쩍 뜨였다. 크게 웃으면서 "엉 그래, 그렇다면 그거 나한테 딱인데...." 그렇게 출발이 시작 되었다.

부지런히 서류를 준비했다. 나중 웃으며 지인들에게 한 얘기이기도 하지만 정년퇴직 후 현재 강사 활동에 임하면서 매번 필요에 따른 이력서 등 서류를 준비하곤 하지만 동작 50 플러스센터 서류 준비처럼 그렇게 공을 들인(?) 경우가 없었던 것 같다.

왜였을까? 누군가에게 보여주기 위해서? 반드시 합격하기 위해서? 아니면? 글쎄다. 어찌 됐든 이력서를 작성하면서 수정에 또 수정하면서 서류를 완성, 메일 송고가 이뤄졌다. 그리고 '합격' 사실을 확인한 것이다.

누군가에게는 별거 아닐 수 있고, '겨우'(?) 하는 하찮은 일일 수도 있다. 하지만 또 누군가에게는 보수나 직분을 떠나 가치를 따지기 어려운 값지고 숭엄한 일이 될 수도 있는 일이다. 지금은 비록 〈코로나19〉 팬데믹(pandemic.) -세계보건기구(WHO)가 선포하는 감염병 최고 경고 등급으로, 세계적으로 감염병이 대유행하는 상태- 으로 해설을 할 수 없는 안타까움이 있지만, 그럼에도 매번(전체 월 총 57시간) 봉사를 위해 출근하는 그곳이 나의 영원한 둥지(필자도 언젠가 국립묘지에 묻히게 될 것으로 보기에)가 될 곳이기에, 함께 대하는 순국선열, 호국영웅님들과 무언의 대화를 통해 심중의 소리를 듣고, 나누고 있어 하루하루가 보람이요 즐거울 수밖에 없다. 그렇게 1년이란 세월이 적어도 나에게 있어선 너무도 행복하고 빠르게 훌쩍 지나간 시간이었다.

02 이런 면접도 있나? 혀를 내두른 대입 같은 면접시험(?)

수시로 이력서를 작성하고 자기소개서를 쓰는 건 이제 '이생망'(이번 생은 망했다)이라는 자조 섞인 말로 표현되는 '취준생'(취업준비생) 청년들만의 몫이 아니다. 新 중년으로 일컬어지는 50, 60대 정년퇴직자의 일상도 된 오늘이다. 100세 시대 자신의 적성을 찾아 인생 2모작을 설계하는 청춘들(?)이 태반이기 때문이다.

그렇게 해서 지원을 했고, 현충원 보람이 1차 서류심사를 통과해 2차 면접에 임하게 됐다. 처음 면접을 생각할 때 "무슨 특별한 게 있겠나?" 했다가 곧장 생각을 바꿨다. 면접이 마지막 관문임을 알게 된 것이다. 그래서 생각한 게 예상 질문서를 만들어보자는 것이었다. 그런데 아이러니하게도 나는 학교 다닐 때도, 군 교육기관에서 여러 과정을 공부하며 수많은 시험공부를 했지만 지금도 마찬가지다. 별도로 예상 문안을 뽑거나 내용을 요약하는 등의 부지런함을 떨어 본 적이 없다. 세칭 '막고 푸자'주의다. 헌데 이번은 달랐다. 며칠 앞두고 난생처음 면접시험 대비 예상 질문서를 작성했다. 현충원 독립유공자 묘역 해설분야를 지원했기에 우선 현충원에 대해서부터 알아야 했다. 다음으로 독립선열에 대한 내용도 나름 머리를 짜가며 심혈을 기울여 작성했다. 이를테면 왜 이 분야(독립유공자묘역 해설)를 지원하게 됐는지에 대한 일반적인 내용에서부터 예측을 넘는 난이도 있는 내용까지 나름대로 정리했다. 그러면서도 ‘설마 대학시험도 아닌데 해설 면접에서 이런 측면까지 거론하겠는가?’하면서도 정리된 내용을 틈나는 대로 훑어보며 전의(?)를 다졌다.

그리고 그날이 왔다. 면접은 3명의 면접관이 한 번에 6명의 응시자를 대상으로 교차 순으로 질문하고, 그에 따라 차례로 동일질문에 답변하는 식으로 진행됐다. 그런데 질문이 일반상식과 같은 내용이 아니었다. 난이도가 예상외로 쎈 고난도였다. 응시한 분들도 다 그 분야에 일가견이 있는 실력이 출중한 분들이었다. 그런데 우연이었을까? 내가 작성했던 예상 질문서와 비슷한 질문도 있었다. 역시 응시자들의 수준도 상당해 보였다.

지금 생각해 봐도 그때 그 분들 대다수가 답변을 잘한 것 같았다. 면접이 끝나고 나오면서 함께 했던 분들과 나눈 대화가 그날 면접이 어떠했던가를 일깨웠다. “세상에 이렇게 면접을 하는 경우도 있네요. 오늘 완전히 대입국사 시험을 치른 기분입니다.” 그랬다. 정확한 표현인 것 같았다. 나라를 위해 목숨 바쳐 독립전선에서 모진 고통과 아픔을 감내했던 독립선열, 독립유공자와 관련된 사항이다 보니 당연히 우리 근대사와 관련된 얘기가 주류를 이룰 것임은 틀림없는데, 미처 예상치 못했던 사항이다 보니 그런 얘기가 절로 자연스레 나올 수밖에 없었던 같다.

그래서일까, 우리 독립유공자 묘역 해설가 선생님들의 자긍심은 대단하다. 필자도 당당할 수밖에 없다. 모든 현충원 보람이 선생님들이 자신이 선망하는 분야를, 그것도 높은 경쟁의 관문을 뚫고 들어오신 분들이기에 마음가짐도 각별하겠지만 특히 우리 독립유공자 팀 선생님들은 마음이 훈훈한 분들이다.

서로에 대한 이해와 배려가 깊고 따뜻하며 다정하다. 이 또한 차이나는 클래스가 아닌가 싶기도 하다. 단체 카카오톡 방을 통해서나 월례조회 시 업무협조, 주고받는 대화를 통해서나 이를 쉽게 확인할 수 있기 때문이다.

03 '현충원 보람이' 첫 발 내딛다… 1차 오리엔테이션

합격자들의 첫 모임 겸 교육이 진행됐다. 1차 교육과 오리엔테이션은 노량진역 인근 동작50플러스센터에서다. 나의 어깨에도 뽕이 들어갔나? 마치 오래 전 군에서 전역 후 필자의 모든 열정을 다 쏟았던 첫 직장, 회사에 입사해 첫 출근하던 그 날처럼 거울 앞에 서 스스로의 마음을 다진 뒤 상큼한 얼굴로 아내의 배웅을 받으며 집을 나섰다.

그리고 우리 독립유공자 묘역 해설사 6명도 전원 참석했다. 이현오 본인을 포함해 고○○님, 김○○님, 서○○님, 이○○, 정○○ 선생님과 반가운 상견례가 있었음은 기본이고. 1차 오리엔테이션에는 전체 팀이 한자리에 다 모였다. ▲ 대통령묘역 해설사 ▲ 독립유공자 묘역 해설사 ▲ 행사안내/지원 ▲ 무인제례실 시스템 지원 ▲ 묘비정비 팀 총 5개팀 46명이다. 첫 행사인 만큼 센터장님에다 팀장, 매니저 등이 나와 인사를 나눴다. 격려말씀과 함께 앞으로 정해진 기간까지 해야 할 일에 대한 당부와 주의 사항도 곁들였다.

이어 각 조 단위 미팅과 3월과 4월 일정을 짜기 위해 우리 팀 6명이 한 방에 마주 앉았다. 마스크 시대 아닌가? 모두가 마스크를 착용하고 있어 정확한 얼굴 모습을 확인할 수는 없지만 오가는 대화, 마음과 마음을 통해 금방 '우리는 하나, 한 팀'이라는 느낌을 강하게 받았다. 결코 나 혼자만의 생각은 아니었을 것이다.

처음 만나기에 조금의 서먹함도 있을 법 한데 그렇지 않았다. 작년에는 7명이었다고 한다. 그런데 올해는 6명으로 1명이 줄었다. 그 중 3명이 유임 되고, 또 필자를 포함해 새로 3명이 들어와 바뀐 인원이 50퍼센트가 된다는 거다.

크고 작건 하나의 모임, 단체가 하게 되면 당연히 대표를 뽑아야 해 우리는 만장일치로 작년 경험하신 이ㅇㅇ 선생님을 대표 조장으로 천거하고, 이를 또 흔쾌히 받아들여 힘찬 박수로 첫 모임을 마무리 하게 됐다.

거리두기 단계로 모임이 제한됨에 따라 함께 정겨운 자리를 할 수는 없었지만 이렇게 해서 2021년 서울시 동작50플러스 현충원 보람이 사업 일원으로서의 첫 발을 내딛게 되었다.(3.16,화)

04 '현충원 보람이', 원내에 첫발자국 찍다

"현충원이 이렇게 넓었었나!"
처음으로 현충원 전역을 돌았다. 군(軍)에서 전역 후 향군(대한민국재향군인회) 직원으로 재직하며 매년 몇 번씩은 현충원을 찾았다. 새해를 맞은 시무식 날 현충탑 참배를 시작으로 6.25 날에도, '휴전선 전적지 답사 대학생 국토대장정' 발대식에서도, 현충일 등 취재를 위해서도 수시 이곳을 찾곤 했다. 하지만 그 때마다 한정된 곳만 찾아 다녔기에 현충원내가 이토록 넓은 곳인 줄은 미처 알지 못했다. 오늘에서야 겨우 그 진면모를 알게 된 것이다.

오늘 두 번째 오리엔테이션(OT)이 앞으로 우리들 봉사 현장이 될 현충원 내에서 있었다. 오전 10시 5개팀 '보람이' 전원이 참석한 가운데 현충탑을 참배하고 네 분 대통령(이승만, 박정희, 김영삼, 김대중) 묘역, 그리고 필자를 비롯한 우리 독립유공자 묘역 해설사들이 직접 빛나는 역할을 하게 될 충열대에도 섰다. 첫 발걸음이었다. 〈충열대〉는 일제 강점기 빼앗긴 나라를 되찾기 위해 온몸으로 일제에 맞서 독립운동에 나섰던 독립선열이 모셔진 곳이다. 이곳에는 국내외에서 독립투쟁을 전개하다 이름 없이 스러져간 무명의 독립군을 기리는 무명용사위령탑이 서있고, 임시정부요인 묘역과 애국지사 묘역, 그리고 후손이 없거나 아직까지 유해를 찾지 못한 순국선열과 애국지사의 위패(位牌)를 모신 〈무후선열제단〉이 있어 이를 스크린하기도 했다.

흔히 보통의 사람들은 서울현충원 정문을 들어서면 파랗게 펼쳐진 드넓은 잔디밭 〈겨레의 얼 마당〉을 지나 현충문을 중심으로 한 좌우의 6.25참전 및 월남전참전 전사자 묘역을 둘러보는 것으로 현충원 전체를 생각할 수도 있다. 하지만 오늘 나는 분명히 알았다. 현충원이야말로 잘 알려지지 않은 아름다운 명소이자 조선 왕실 어른(11대 중종임금의 후궁이자 선조임금 할머니, 창빈 安씨 묘)이 472년 영면해 계시는 최고의 명당에, 조국을 위해 하나뿐인 목숨을 바친 순국선열, 호국의 영령들을 대한민국과 국민의 이름으로 받들어 모시는 민족의 성지임을.

현충원은 현충탑 뒤로도 한참 펼쳐진다. 관악산 줄기인 해발 174.8m 공작봉을 중심으로 배산임수(背山臨水)의 아늑한 분지로 형성돼 누구라도 금방 이곳이 '천혜의 명당이구나'임을 깨달을 수 있고, 우거진 수목과 맑은 물이 흘러내리는 '현충지' 연못이 있는 현충천은 한여름 이곳을 청량한 쉼터의 한 장으로 펼쳐도 손색이 없으리라는 것을 우매한 필자의 눈으로도 금방 알 것 같았다.

우리들 새내기를 비롯한 전체 보람이 선생님들은 2시간 이상 발바닥이 뻐근할 정도로 곳곳을 돌며 민족의 성지에서 해설과 안내, 나아가 참배객들에게 방역활동과 묘비 정비 등을 할 수 있게 된데 대해 감사와 그 역할에 마음을 다지는 기회가 되었다.

이렇게 오늘 우리는 2일차 교육을 마침으로써 첫 근무를 설레는 마음으로 이제 근무에 직접 투입될 일정을 기다리게 됐다. 오늘이 있게 함에 감사함으로 하루를 마무리 한다.
(3.18,목)

05 황당함으로 시작된 첫 봉사, '얼이 빠졌나?'

"감사합니다." 국립 서울현충원 정문을 들어서면서 혼자서만 들을 수 있는 속삭임, 웅얼거림이 자연스럽게 터져 나온다. 2021년 3월26일 오후 12시45분, 종합민원실 옆 나무그늘로 가니 먼저 도착한 몇 분, 보람이 분들이 앉아 얘기들을 나누고 있었다. 엊그제 오리엔테이션을 통해 들은 대로 준비된 일지에 서명하자 책임자 인 듯한 분이 유니폼(조끼)를 내 준다.

평소 좋아하는 색상, 녹색의 산뜻한 조끼가 나를 반겨 맞아준다. 나도 이제 조끼 입은 남자이자 '현충원 보람이'로서의 본격적인 날이 시작되는 것이다. 올해 현충원 보람이 첫 일터는 3월22일 시작됐는데, 나의 첫 날은 3월26일 오늘부터 시작이다.

그런데 오늘이 무슨 날인가?
"나는 대한독립을 위해 죽고, 동양평화를 위해 죽는데 어찌 죽음이 한스럽겠소?" 111년 전인 1910년 3월26일 오전 10시 조선침략의 우두머리 이토 히로부미를 중국 헤이룽장성(흑룡강성) 하얼빈 역에서 저격하고, 뤼순감옥에서 형장의 이슬로 사라진 안중근 의사가 죽기 전에 남긴 말이다. 그 때 그의 나이 32세였다.

그 역사적인 날 3월26일 호국의 상징인 국립 서울현충원에서 첫 봉사를 위해 받아 든 조끼와 명찰을 착용한 채 충혼당으로 향했다. 마침 오전 봉사활동을 마치고 내려오는 우리 팀 이ㅇㅇ 선생님을 만났다. 첫 날인지라 참고가 될 말씀을 자세히 알려주어 귀담아 듣고 충혼당에 도착했다.

충혼당 보람이 봉사자를 만나 소속(독립유공자 묘역 해설)과 오후(13:00~17:00) 근무자임을 밝힌 뒤 어디서 근무하면 되느냐? 고 물었다. 갑자기 들이닥친 필자로 인해서인지 잠시 어리둥절해 하더니, “여기는 무인제례실 팀이 담당하니 저쪽 봉안식장에서 근무하면 될 겁니다.”하고 일러준다. 그 곳에도 한 분 봉사자가 있었다. 첫 신출내기 근무자라고 소개와 인사를 하자, 나중에 알게 됐지만 예의사람 좋은 미소를 지은 김○○ 선생께서 “오늘이 처음이세요? 가방을 벗어 안쪽으로 놓으시고 여기서 안내를 하면 됩니다.”하며 장례절차를 다 마치고 유공자를 모시고 오는 유가족들에 대한 출입명부 작성과 체온 확인 요령 등에 대해 친절하게 안내해 준다.

그렇게 첫 날 활동이 시작됐다. 현충원 봉안식장은 밖에서 장례를 마치고 오신 국가유공자님이 제일 먼저 도착해 임시 안치실로 가기 위해 우선적인 절차를 밟는 곳이다. 지금은 코로나19 팬데믹(pandemic. 전염병이 전 세계적으로 크게 유행하는 현상)으로 인해 정식 안치 행사 대신 약식으로 진행되고 있는데, 여기서 우리가 하는 일은 도착하는 유족들을 안내하며 부수적인 역할을 하는 임무다.

이 날 함께한 보람이 선생님은 대통령 묘역 해설사로 봉안식장은 대통령 묘역 해설 팀이 담당하고 있었다. 이곳에 대한 지식이 별무했던 필자는 함께 근무하는, 해설사 경험 연차가 꽤 되는 김○○선생님으로부터 현충원 전반과 이런 저런 얘기를 주고받으며 첫 날 근무를 힘차게 시행 할 수 있었다.

그런데 나중 알게 된 사실이었지만 그야말로 '아뿔싸 근무'였다. 우리 팀이 임무를 수행해야 할 곳은 봉안식장이 아니라 건너편에 위치한 반 지하의 임시 안치실(제1안치실)로 이곳 근무와 관련해 사전 단톡(우리 독립유공자 묘역 해설사 단체 카카오톡)을 통해 공지했는데, 미처 그 내용을 확인하지 못했던 것이다. 제 집을 놔두고 다른 집에서 둥지를 튼, 그야말로 제 다리가 아닌 남의 다릴 긁은 격이니 웃어야할 지 울어야할지 모를 해프닝으로 첫 날을 시작한 셈이다.

나중 이 얘기를 하면서 한참 웃을 수 있었지만 한마디로 얼굴 팔리는 어리버리 초년생이나 벌일 일이었다. 그렇게 첫 봉사일이 엉뚱 발랄하게 시작됐다.
그럼에도 3.26 하루 일과는 나에게 많은 생각을 부여케 했다.

〈3월26일〉, 111년 전 민족의 자주독립과 동양평화를 주창하셨던 안중근 의사가 형장의 이슬로 영원히 민족의 가슴에 안기고, 그 유해는 아직도 이역 땅에서 찾지 못한 채 서울 효창공원 내 삼의사 묘역에는 윤봉길, 이봉창, 백정기 삼의사만 모셔져 있다. 아직 돌아오지 못한 안 의사는 가묘(假墓)로 현재까지 이어지고 있으니, 국가와 국민의 예지를 다 모아 하루 속히 찾아 모셔와야만 하겠다.

안 의사께서는 '최후의 유언'을 통해 "내가 죽은 뒤에 나의 뼈를 하얼빈 공원 곁에 묻어두었다가 우리 국권이 회복되거든 고국으로 반장해다오. 나는 천국에 가서도 또한 마땅히 우리나라의 회복을 위해 힘 쓸 것이다. 너희들은 돌아가서 동포들에게 각각 모두 나라의 책임을 지고 국민 된 의무를 다하며 마음을 같이 하고 힘을 합하여 공로를 세우고 업을 이르도록 일러다오. 대한독립의 소리가 천국에 들려오면 나는 마땅히 춤추며 만세를 부를 것이다." 의사의 유언이 오늘 우리의 심장을 먹먹하게 울리는 것만 같다.

사람이 나고 죽음은 자연의 이치이고, 반드시 한번은 가야할 길이지만 그럼에도 마지막 가시는 그 길 앞에서는 늘 가슴 시리고 처연해짐은 나 스스로 그 당사자가 아님에도 어쩔 수 없는가 보다. 처음으로 맞은 오늘의 유공자 니은 다섯 분, 전체 참석하신 유가족은 76명이었다.
하루를 다소의 긴장감으로 마치며, 국가를 위해 헌신하다 세상을 떠나신 분들에 감사의 마음을 간직하며 봉안식장을 나섰다.(3.26,금)

06 첫 단독 충혼탑 참배… 가슴에 뜨거운 그 무엇이

3월이 다 지나가고 있다. 머지않아 이 땅에 새로운 생명이 기지개를 켜고 환희의 봄으로 이어지며 얼어붙은 대지가 해동(解凍)하고, 그 위에서 아름다운 꽃이 피고 새들의 노래 소리가 귓전을 따갑게 파고 들 것이다. 이 봄이 오면 곳곳에 드리워진 어두운 그림자는 어찌 해소될 수 있으려나? 올해는 우리를 둘러싼 주변도 그게 확 달리지게 되지는 않으려나? 기내감이 커진 3월이다. 하지만 작금(昨今)으로 보면 기분 좋은 웃음과 기쁨보다는 답답함과 염려 그대로 다음 4월도 맞아야하지 않을까 걱정과 기대가 교차한다.

오늘은 이전의 출근 시간보다 훨씬 이른 시각에 정문을 통과했다. 나름 이유가 있었다. 현충원은 아직 깨어나지 않아 보였다. 서늘한 바람이 옷깃을 스치며 몸을 움츠려들게 하지만 기분은 상쾌하기 그지없다. 주변을 둘러보며 천천히 발걸음을 옮겨 초병 곁을 지나 현충문을 넘었다. 현충탑 참배에 나선 것이다. 탑 앞에 섰다. 3·1독립만세운동을 기리는 의미가 담겨 있다는 31m높이 높다랗게 우뚝 선 현충탑. 탑의 좌우에는 화강암 석벽이 펼쳐져 있고, 좌측석벽 끝에는 5인의 애국투사상이, 우측석벽 끝에는 5인의 호국 영웅상이 각각 동상으로 세워져 있다. 탑 내부에는 위패봉안관이 있고 위패봉안관 지하에는 납골당이 설치되어 있다.

한참 고개 들어 탑을 우러러 본 뒤 경건한 자세로 세 번에 나누어 향로에 향을 피웠다. 진한 향 내음과 함께 하얀 연기가 몽글몽글 펴져 나간다. 이번엔 거수경례. '감사함'이 몸 전체를 훑고 돈다. 이어 고개 숙여 묵념에 들어간다. 한참 동안 그렇게 마음을 모았다.

현충탑 참배는 그동안 자주 있었다. 회사 직원의 일원으로서. 하지만 오늘처럼 혼자서 단독으로는 처음이다. 해서 일찍 온 것이다. 아무래도 이제는 혼자서 자주 와야 할 것 같은 느낌을 받았음에서다.
그렇게 생각해서일까? 마음이 이상하게 편안해지고 어깨마저 으쓱해지는 건 또 어인 일일까? TV에 나오는 유명인도 아니고, 무엇을 딱히 바라서 하는 것도 아닌데. 그런데도 가슴에서는 나도 모르는 어떤 희열 같은 뜨거움이 차오른다. 벅참이다. 그러자 이내 떠오르는 생각은 '아, 단독참배 행사는 이래서 자신도 모르는 무엇을 가져다주나 보구나'하는 느낌이다.

오늘 현충탑 참배는 보람이 활동 이래 첫 단독 참배로 이어진 날이다.(3.28, 일)

07 독립유공자 묘역에 처음 서 "선열의 뜻 받드오리다"

아침 충열대 앞에 섰다. 2차 오리엔테이션(OT) 당시 이곳에 와 본 이후 두 번째다. 그 때 우리들은 각 팀 단위로 활동해야 할 주요 지역 요소요소를 돌며 국립묘지를 눈에 익혔다. 그 한 곳이 충열대였다. 우리를 안내하는 선임자에 의해 향로에 향을 피우고, 경건한 마음으로 눈을 감고 100년 전으로 거슬러 당시대를 마음으로 담았다.

독립유공자 묘역에서는 1910년 8월29일 '경술국치'로 나라가 패망하자 비밀리에 긴급히 처분해 마련된 전 재산 40만원(당시 시가600억 원 해당)을 지참해 중국 만주로 건너가 신흥무관학교 등을 건립, 독립투쟁의 산실로 만들었던 위대한 독립운동 일가, 여섯 형제 중 한 분인 이회영 선생 묘 앞에서 조국의 독립을 위해 온몸을 바쳐 희생·헌신했던 선열들의 뜻을 기렸다.

그리고 〈무후선열제단〉에 섰다. 이곳은 아무래도 많은 사람들에게 잘 알려지지 않은 명칭도 낯선 곳일 것이다. 위패(位牌)가 한눈에 들어온다. 유관순 열사, 네덜란드 헤이그 밀사이신 이위종·이상설 선열(이준 열사는 수유리 묘역에 안장), 매국노 이완용 단죄거에 나섰던 이재명 의사, 봉오동 전투의 주역 홍범도 장군, 상해 임시정부의 김규식 선생 등이 위패로 이름을 알리고 있다.

독립운동을 하다 순국 해 후손이 없거나 유해를 아직 찾지 못한 선열들이 단지 한 조각 까만(烏石) 비석 같은 위패로 덩그러니 놓여 있는 것이다. 안타까움과 엄숙함이 그대로 다가온다. 무릎을 꿇고 향을 피웠다. 임들을 위해, 대한민국을 위해 묵념과 기도를 올렸다.

자주 찾아오겠다고 마음속으로 다짐했다. 충열대, 무후선열제단은 앞으로 자주 찾아와야 될 것 같다. 올해 비록 이곳에서 해설을 할 수는 없다할지라도 향불만은 자주 피워 올려야 겠다는 생각이 든다. 우선은 그게 내가할 수 있는 유일한 방법이라 생각되기 때문이다.(4.1,목)

08 고요 속에 깃든 현충원 그 날 그 곳

4월이 깊어간다. 얼마 전만해도 강원도 어느 산골에는 아직도 싸늘한 겨울기운이 맴 돌기도 하고, 또 다른 산악에서는 바짝 마른 봄 가뭄으로 건조하기 이를 데 없어 산불경보가 예고돼 긴장이 끊이지 않는 즈음이다. 하지만 여기 국립 서울현충원 4월의 봄은 벚꽃과 개나리에 이어 진달래가 만개해 더욱 완숙돼 가는 계절이다.

오후 1시가 되려면 아직 12,3분은 남은 시각, 충혼당으로 오르는 길에는 서부덕 소위를 위시한 육탄10용사가 월남참전유공자 묘역 맨 앞에서 조용히 호국용사를 이끌고 있는 모습을 바라보며, 현충탑 뒤로 잘 정리된 도로를 따라가면 좌우로 자리 잡은 진달래가 눈길을 사로잡는다. 예의 분홍빛 화려한 색상을 자랑이라도 하듯 활짝 펴 지나는 이들에게 자신의 존재감을 확인케라도 하는 자태다.

오늘 현충원의 4월은 여름이 벌써 온 듯 했다. 그러면서도 왠지 주변이가 깊은 잠에 빠진 듯한 느낌이 강하다. 고요함 때문이다. 광장을 오가는 직원도, 보람이도, 유가족도, 새로 모셔지는 유공자분들도 모두가 스톱, 정지된 듯한 상태다. 어떤 아무런 이유도 없지만 높다란 하늘 아래 따갑게 다가오는 햇살이 주변을 더욱 고요 속으로 빠져들게 만들어버린 것 같다.

이곳에서 봉사한 지 어느새 한 달 여가 다 돼가지만 아직 충혼당을 올라가보지 못했다. 한참 뒤 충혼당으로 들어섰다. 임시 안치실과 별반 다른 게 없어 보인다. 3층으로 지어진 중앙이 원통형으로 되어 승천을 의미한다는 얘기도 있다.

오늘 임시 안치실을 다녀가신 유가족들은 다해서 9명. 방역기준이 달라져서 인가, 지난 일요일까지는 대표자 한사람만 기록하도록 했지만 다시 바뀌어서 방문자 개인별로 기록토록 기록지가 먼저 알려주고 있다.

잠시 데스크에서 나와 충혼당 바로 아래 가까이 조성된 25번 묘역으로 이동했다. 『월남참전유공자 묘역』이다. 여기에는 당시 피 끓는 젊은이들이 안장된 곳이다. ○○지역에서 전사, ○○전투 전사 등. 「해병」이 유난히 눈에 띈다. 어쩌면 해병대 작전 어느 ○○전투에서, 또 어느 전투를 위한 상륙작전 도중 채 꿈을 펼쳐보지도 못하고 이역의 하늘에서 조국의 찬 이슬이 됐을지도 모를 일이다.

오늘은 아마 현충원도 숨고르기에 들어간 모양이다. 충혼당 높다란 곳에서 내려다 본 현충원은 오후의 내리쬐는 4월의 햇살 아래 고요함으로 고즈넉하게 물들어가고 있었다.(4.20,화)

09 "아버지 저희들 왔어요" 밝은 음색에 담긴 효자·효부

이제 여름이 시작되려는 건가? 한낮 최고 기온이 28℃에 이른다는 예보대로 무척 더운 날이다. 충혼당 앞 도로는 포장공사로 한창 작업자 분들과 기계들이 분주하게 움직이며 깔끔하게 포장이 이뤄지고 있어 얼마 동안 먼지 풀풀 날리던 도로도 이젠 한결 오가는데 있어 불편함이 줄어 들게 됐다.

오늘 활동 중에 반가운 분들을 만났다. 첫 번째 반가운 분은 이번 4월부터 우리 독립유공자 팀과 함께 이곳 임시 안치실에서 함께 근무하게 된 행사안내지원 팀 조장 선생이었다.
조 선생 부친께서도 6·25참전유공자 이시고 지금은 괴산호국원에 안장돼 계셔서 누구보다 참전유공자분들의 생각과 행동을 잘 이해하고 계시고, 이곳 현충원에 대해서도 동일한 인식을 갖고 계셔서 임무 중에도 참 말이 잘 통한다는 느낌을 받았다.

두 번째 반가운 분은 오후 첫 번째로 내방하신 참배객이었다.
부친이 6·25참전 유공자로 1951년 전투에서의 공훈으로 화랑무공훈장을 수훈하신 故 손○○님의 아들과 며느님이었다.
지난번에도 만나 인사를 나누고, 커피까지 한 잔 주고 가셨는데, 오늘도 그랬다. 방문 기록부에 연락처를 기록하고 체온을 체크 한데 이어 안치실에 들어서자 곧 "아버지 저희들 왔어요.

지난 1주 동안도 잘 계셨어요? 뭐하고 보내셨어요? 집에도 아무 일 없어요, 애들도, 저희들 일 잘하고 있으니까, 아버지도 편안하세요."하는 목소리가 그대로 귓가에 들려온다.

그리고 얼마 후 "아버지, 저희들 갈게요. 오늘은 며느리가 오후에 바쁘답니다. 다음 주에 올게요."하며 나왔다. 그리고 다시 잠시 후 분향소에서 분향을 마치고 부부가 우리 근무지 앞으로 와서는 따뜻한 물에 커피를 타주고 가신다. "이렇게 잘 지켜주셔서 정말 감사합니다. 다음 주에 또 뵙겠습니다."하며 밝은 낯으로 돌아가는 것이다. 매주 찾아뵙는다는 '사당'이 댁이라는 다정한 부부였다.

짧은 한 달 남짓 근무하면서 이런 저런 일을 겪지만 이들처럼 중년의 부부가 찾아와 살가운 말로 마치 그동안 있었던 일들을 생전에 평상시 보고 드리는 것처럼 차근차근 얘기한, 다정스레 부모님을 뵈러 오는 경우는 아직 못 봤다. 지난해 부친이 돌아가신 후 2주 전 어머니도 아버지 곁으로 모셨다고 했다.

집이 가까워 매주 잠깐씩 와서 인사드리고 간다는 두 부부, '사느냐, 죽느냐'하는 전장에서 그 참혹한 과정을 겪어야 했고, 어려운 시절을 견디어 오신 6·25전쟁 참전 유공자 아버님을 자랑스럽게 마음에 품고 있는 것이 그대로 표출돼 그 모습을 보는 필자의 마음마저 훈훈해지고 있었다. 진하게 배기는 커피 향과 함께.(4.21)

10 독립군, 임시정부묘역을 감싸고 희고 붉게 피어난 영산홍

잔뜩 찌푸린 하늘, 남녘에서 비가 시작될 것이라는 예보는 있었지만 금방 올 것 같지는 않다. 요 며칠 여름 같은 날씨가 이어기는 했지만 오늘은 검은 구름이 햇살을 가리는 등 찌푸린 날씨에 걸맞게 안치실 내도 썰렁한 기운이 돈다.

오전엔 하남시 미사도시관에서 지난 주 시행했넌 6·25참선용사 구술 관련한 인터뷰 등에 대해 각 팀별로 개인발표를 통해 내용을 공유한 뒤 1시간 먼저 일찍 나와 현충원으로 향했다. 오후 봉사조이기 때문이다. 단톡(독립유공자 묘역 해설사 단체 카카오 톡)을 통해 협조사항을 상호 공유해 가며 임지에 도착해 오전 근무한 선생님들과 반가운 인사를 나눈 뒤 교대, 본격 활동에 들어갔다. 을씨년 스런 날씨 때문인지, 오후 충혼당 광장(마당)엔 오가는 방문객도 그렇게 많지 않아 보인다. 함께하는 선생님과 담소를 나눠가며 내방하는 유가족들을 친절 안내 서비스로 마음을 돋워가며 봉사에 임한다.

그러면서 서로가 나누는 말 중에 봉안행사가 너무 단조롭고 쓸쓸하다는 얘기에 일치했다. 시국이 코로나 상황으로 단체 봉안식을 할 수 없는 점을 다 알고 충분히 고려해도 쓸쓸하게 이뤄진다는 데 인식을 같이 한 것이다. 생전 국가를 위해 희생·헌신하고 봉사하셨기에 사후 국가가 이분들을 책임지고 모신다면, 아무리 코로나 상황이라고 해도, 또 단체 봉안행사를 할 수 없다면, 충혼당 광장에 분향대가 있기에 개별적으로 오시는 분들을 잠시 모시고, 10분이건 5분이건 의식을 갖추는 게 유공자 분에 대한 최소한의 예우이자 유가족들에게 국가가 자부심과 자긍심을 부여하는 일이 되지 않을까 하는 얘기다.

물론 이는 현충원의 여러 상황이나 실태, 현재적 관점에서 문제를 명확히 분석하지 못하고 단순한 관점에서 바라보고 의견을 피력하기에 우리의 생각은 맞지 않을 수가 있다. 다만 너무 썰렁하고, 때에 따라 초라하게 보이기도 해서 하는 얘기인 것이다.

오늘도 순찰에 나섰다. 순찰은 장군 제1묘역의 우리 담당 현충원 홍보지를 넣어두는 우체통을 확인하고 오른쪽으로 방향을 전환해, 박정희 대통령 묘역을 지나 국가유공자 묘역을 돌아 다시 충혼당으로 오는 코스다. 14:10분 현 위치를 출발해 발걸음을 빨리했다.

소식지와 안내지가 우체통에 제대로 비치됨을 확인하고, 임시정부요인 묘역으로 들어서 우뚝 솟은 〈대한독립군 무명용사위령탑〉 앞에 서 머리 숙여 묵념하며 선열들의 당시 모습을 머리에 떠올렸다. 국내는 물론 중국 만주와 연해주 등지에서 무도한 일본군에 맞서 처절하게 독립투쟁을 하다 이름 석자도 남기지 못한 채 산화하신 위대하신 선열님들.

이 탑은 독립군 무명용사들의 넋을 위로하고 그 뜻을 추모하기 위해 광복회 주관으로 1년여의 공사기간을 거쳐 2002년 5월17일 제막됐다고 안내판이 알려준다. 4월이 깊어가는 이곳 묘역 주변으로는 영산홍인가, 또 다른 꽃인가? 핏빛으로 붉게 피어나고 고운 모시옷처럼 하얗게 피어나 그 처절했던 임들의 마음을 감싸고 어루만져 주듯이 온통 감싸고 있어 더욱 애틋하게 만든다.

일제로부터 해방된 지 76년. 그러나 아직 일본은 과거사에 대한 반성은커녕 역사왜곡과 폄하, 적반하장으로 일본군 위안부, 강제동원 문제마저 철면피로 외면하고 짓밟고 있으니, 오늘의 상황을 당시의 무명 독립군 선열들은 어찌 지켜보고 있을 것일지, 참으로 가슴 답답해지지 않을 수 없다.

현충원 정문 건너 동작대교 저 아래로 펼쳐져 유유히 흘러가는 한강을 바라보며 후손들이 어찌해야 할 것인가에 대한 마음을 다지기도 했다.(4.23)

11

합심해서 하는 봉사,
행사지원 안내 팀과 함께

일요일 오후, 언제나 일요일의 충혼당은 평일에 비해 분주하게 돌아간다. 아무래도 일요일엔 평일에 비해 직장인 유가족이나 지인들이 훨씬 더 많이 부모님을 찾는 빈도와 횟수가 크기 때문이다.

늘 하는 것처럼 현장 도착과 함께 유니폼을 껴입고는 501호실부터 504호실까지 돌아가며 지난밤을 평안하게 쉬셨을 호국의 유공자 어르신과 대면 인사를 나눈 뒤 편안한 마음으로 다음을 준비한다. 곧 찾아올 유가족들을 맞을 채비를 갖추는 것이다. 기록부를 확인하고, 세정제, 체온계의 이상유무도 체크한다.

오늘은 과연 몇 분 유가족들이 찾아오실까? 혹시 그 분들에게 불편함을 주는 일은 없을까? 내 얼굴은 밝은 표정인가? 그 분들의 질문에 답은 제대로 해 줄 수 있는 내용이 될까? 하는 이런 저런 생각들을 머리에 떠올리며 오늘도 약간은 설렘, 조금은 긴장의 마음으로 방문객을 기다린다.

근무지 책상이 半지하 501호 앞에 있기에 아무래도 방문객이 안치실 안에서 나누는 얘기가 일부러 들으려 하지 않아도 절로 귓가에 들어오게 된다. 젊은 부부가 들어섰는데 아마 대여섯 살로 보이는 예쁜 여자아이와 함께 다. 남자의 목소리가 들린다. “아버지 저희 왔어요. 그 쪽 나라는 요즘 어때요? 엄마도 잘 계시니까요, 염려하지 마세요. 저희들 다 잘 있어요.”하면서 ”○○아, 할아버지한테 인사드려야지.’하자 생각지도 못한 “아빠, 그럼 할머니도 여기에 오는 거야?”하고 아빠의 답변을 기다리는 것 같다. 어쩌면 인접한 다른 유공자 봉안함에 함께 새겨진 할아버지-할머니 사진을 보고 하는 말인 것 같다.

그러더니 “할아버지 안녕하세요. ○○이 왔어요. 하늘나라에서 안녕히 계세요. 또 오께요” 깔끔한 인사 소리가 울려 퍼진다.

밖에서 아닌 척 하면서도 귀로는 자연스레 듣고 있는 내 입가에 미소가 어림은 당연하다. 짧은 기간 이지만 여기서 활동하면서 이처럼 아이들과 같이 오는 가족의 발걸음이 어쩌면 그리도 정겹게 보이는지, 마치 나의 일처럼 그렇게 느껴지는 때가 한두 번 아니다. 오늘도 나의 마음은 청아, 청명, 완전 맑음이다.

오후 일과를 마치고 가벼운 발걸음으로 현충원 정문으로 향하자 드넓은 잔디밭 〈겨레마당〉은 한가로이 삼삼오오 옹기종기 모인 가족들이 한데 합세해 아이들 재롱에 웃음꽃이 모아진다. 이런 장면을 보게 되는 나의 눈이 더 크고 넓어지게 됨을 보게 된다.(4.25)

12 매일 오시는 할머니, “대학교수까지 하면 뭐 하겠수”

아침 출근시각 9호선 지하철 급행은 만원사례. 오랜만에 북적이는 지하철을 타고 동작역에 내리자 일기예보대로 쌀쌀한 바람이 옷깃을 여미게 한다. 요즘이 계절변화를 읽기엔 모자라 어떤 옷차림을 할 것인가 하는 것도 고민 중 하나가 될 법 하다. 너무 일찍 한 출근길인가, 충혼당은 직원 두어 명을 제외하고 보람이 선생님들이 도착하기에는 이른 시각이다. 이제는 어느새 아늑한 우리들의 둥지가 되어버린 충혼당 경내. 오늘따라 유난히 송진 냄새가 진동한다. 송홧가루다. 황색의 송홧가루가 야외제단 광장에도, 책상에도, 의자에도 짙게 묻어나고 있다.

며칠 전부터 임시 안치실 밖에 천막 한 동이 설치되었다. 반지하 안이 천장으로부터 직접 받는 따가운 햇살과 밀폐로 인해 벌써 훈기가 후끈 달아오르고 있어 지난 월례조회를 통해 건의를 하자 현장을 확인한 매니저 조치에 의해 천막이 세워진 것이다. 훨씬 아늑하고 이 정도면 여름 따가운 햇살을 무난히 피할 수 있는 환경이 되지 않을까 싶기도 하다.

책상을 정리하고 있자니 봉안식장 근무자로 매일 고인(유공자)안치를 위해 앞에서 봉송을 선도하는 책임자 분께서 다가오며 "무엇하러 이렇게 일찍 나오셨어요? 시간에 맞춰 나오시면 돼죠."한다. 그러면서 내가 잘 모르는 이런 저런 얘기들을 해주신다. 국가보훈처의 보훈심의에서 안장 대상자에 대한 예우, 고인을 모시고자 왔다가 가족 간의 불화로 싸움이 번지는 경우, 그로인해 안치가 미뤄지는 황당 사례에 이르기까지, 〈세상 사는 이야기〉는 어디에나 다 있기 마련 아니던가.

"이제 저도, 여기서 저의 역할 얼마 안 남았어요." 말하는 그는, "고인을 모셔 안내하고, 유가족들과 짧은 마지막 공식 절차를 진행할 때면 저도 모르게 눈물이 나요. 특히나 선배보다 후배들을 모시게 될 경우 나도 모르게 눈시울이 뜨거워져 잠시 행사를 멈추곤 한 경우도 있어요." 억센 사투리가 더 매력인 그는 남자다운 인상 속에서도 인간적인 고뇌와 애증이 마음속에 크게 이는 것 같아 그의 마음을 조금은 알 것 같기도 하다.

이어 "살아서 부부간에도 잘 지내야 이곳에 와서도 잘 지내는 느낌을 받아요. 참 이상하게도 이런 경우가 있어요. 나중에 부인이 사망해 함께 모시려고, 부인의 함(函)을 유공자가 안치된 안쪽으로 넣으려고 하면 그 함이 무언가 벽에 막힌 것처럼 잘 들어가지 않아요. 마치 누군가가 '들어오지 말라'고 밀어내는 것 같은 느낌을 받을 때가 있거든요."하는 것이다. 한두 번 겪는 일이 아니라고 했다.

그러면서 그는 이런 말을 했다. 항아리(유골함)에 부착된 사진들을 비교하며 "여기에 있는 사진은 오래도록 남게 되고, 또 여러 사람들이 볼 수 있기에 가능한 밝고 웃음 짓고 있는 사진이 훨씬 더 보기 좋습니다. 부부가 함께 하는데, 찡그리고 인상을 쓰고 있는 사진이 좋겠어요? (부부가 서로)웃는 모습, 부드러운 모습의 사진을 남기는 게 좋고, 할 수 있다면 자녀들에게 얘기해서 뽀샵(포토샵)처리하면 더 좋을 거예요. 혹시 모르니 참고하세요."한다.

그래서인지 이곳에 있으면서 가끔 그런 생각을 갖게 되는 나 자신을 본다. 예전 어르신들이 말씀하신 대로 '영정사진'을 고려해봐야 할 때인데, '사진'에 대해 한 수 가르침을 안겨 준 것도 같다.

그리고 얼마 후 한 가족이 찾아왔다. 머리가 하얗게 센 할머니를 모시고 부부와 아들, 며느리까지였다. 거기에 한 두 세살로 보이는 남자아이도 함께였다. 방역수칙에 의거해 2주전 까지는 한 사람이 대표로 적고 다른 가족들은 ㅇㅇㅇ외 0명 이렇게 했는데, 요즘은 사회적 거리두기 강화에 따라 내방객 모두 각자의 연락처를 기록하게 돼있다.

순서에 따라 유공자의 성함부터 동의여부, 거주지, 전화번호(안심번호)를 기록하고 발열체크 한 뒤 손 세정을 하는데, 앙증맞은 마스크를 착용한 아이가 자기도 열을 재달라고 손을 내미는 것이다. 열 체크가 끝나자 이번에는 세정제를 가리키며 작은 손바닥을 펼쳐 보이는 것이다. "집에서 혼자 손도 잘 씻어요."하며 안고 있던 할머니가 웃으며 얘기를 한다.

아이의 그런 모습을 보면서 마스크가 아직은 무엇인지도 모르고, 세정제가 무엇인지도 몰라야 할 2021년 우리사회 아이들이 어쩌다 마스크며, 언제나 없이 손을 씻어야 하는 상황으로 내몰리게 되었는지 안타까움이 다시 이는 것이다.

필자 외손녀도 올해 다섯 살로 광주에서 어린이집을 다니는데, 이제는 자기 스스로 척척 이란다. 밖에 나갈 때면 엄마, 아빠한테 먼저 마스크를 쓰라고 성화에다, 어린이집을 다녀오면 의례히 화장실로 달려가 손부터 비누로 씻고 나온다는 거다. 이제는 어른들의 일상이 되어버린 이 현실이 언제까지 구김살 없이 한창 소리 지르며 뛰어 놀아야 할 우리 아이들에까지 마스크, 손 세정, 거리두기와 같은 걸림돌이 지속되어야 하는지 안타깝기만 하다.

참배객들을 맞으며, 또 돌아가시는 분들께 인사로 잠시 소란한 가운데 할머니 한분이 천막으로 다가와 “여기 잠시 앉아도 괜찮아요?” 하신다. “그럼요, 편히 앉아 쉬세요. 어디로 오셨어요”하자 “저기”하며 충혼당 건물을 가리킨다. 그러면서 “이제는 하루하루가 달라. 매일 오는데, 예전 같지가 않아요.”하신다. 그 말을 받아 “아, 매일 오시는 거예요?”놀람으로 대하자 “벌써 햇수로 4년째인데 뭐. 집에 있으면 뭐해요? 집에 있어봤자 텔레비전이나 보지, 누구 한사람 얘기할 사람이 있어야지. 여기 나오면 우리 아저씨랑 이런저런 얘기도 나누고, 자주 만나는 사람들과 대화도 나눌 수 있지만 (집에나 여기 충혼당으로) 아들이 오나, 며느리가 오나. 대화를 나눌 사람이 없어요. 그래서 이렇게 나오면 집에 들어가기가 싫어. 썰렁하니까”하시는 거다.

그 어머니와 앉아 한참 동안 도란도란 얘기를 나눴다. 올해 연세가 88세이신데 허리도 곧고 걸음걸이도 정정하신데다 곱게 화장하신 얼굴이며 외양이 깨끗하고 단정하셔서 젊어서는 미인

이란 말을 곧 들으셨겠다는 생각이 든다. 말씀에도 막힘이 없었다.

유공자님이 국방무관으로 해외에서 근무를 해 이란, 터키, 파키스탄 같은 중동국가와 유럽 등 국외에서 오랫동안 살았다며 예전 시절을 회고하고, 당시 그 나라 사정을 돌아보면서 "아무리 외국이 좋다고 해도, 그래도 나는 우리나라가 제일 좋습 디다"고 하신다. 할머니께서는 코로나와 관련해서도 "어제(4.27)백신예방접종을 했어요."하며 "코로나가 무서우니 여러분도 꼭 백신을 맞으세요"하고 권하기도 했다.

"집이 어디신데 매일, 4년씩 빠짐없이 나오세요."하고 묻자 "마포. 마포인데 5호선타고 오면 멀지 않아요."하면서 "매일 이렇게 와서 할아버지를 뵙고 가면 기분이 개운해요. 그리고 하루 동안 일도 잘 풀리고 하는 것 같아. 그런데 집에 있으면 너무 답답해. 나는 이렇게 매일 오는데 우리 아들이나 며느리는 안 와."하며 충혼당 지붕을 한참 쳐다보고 계셨다.

"아버님이 국방무관이셨으면 어려서부터 해외에서 생활하고 관계도 좋으셨을 텐데 왜 안 올까요?"하고 넌지시 여쭈자 "그랬지요. 부자간에 사이도 아주 좋았는데, 돌아가시고 난 뒤에는 한 번도 여길 오지 않았어요. 내가 가자고 몇 번 얘기를 했지요. 한데 무슨 생각인지, 내색을 않기에 이젠 (가자는)얘기를 안 해요. 아들이 갈 생각을 하지 않으니까 며느리도 그렇고. 그러니 손자들도 제 아빠를 닮아요. 그래서 집안엔 남자 어른이 계셔야 해요. 할아버지가 계셨어야 하는데." 쓸쓸함이 짙게 묻었다.

그러면서 “아들을 잘 키웠지요. 잘 키워서 대학 보내고 ㅇㅇ 대학교 교수도 하고 그랬는데, 교수하면 뭐해요? (아들, 며느리가 오지 않아도)나 혼자 이렇게라도 올 수 있으니 좋아요. 하루하루가 달라지긴 하지만 그래도 이렇게 나와서 식사도 하고, 할머니들이랑 얘기도 나누고.....”하고 일어서시더니 “이제 갔다 와야 겠어요. 말동무 해주어서 고마워요”하신다.

살아생전에 유공자님과 금술이 참 좋으셨단다. 그래서 잊지 못하고 계시겠지만. 가난한 시절에도 언제나 먼저 당신을 챙겨주시고, 아내를 최우선으로 대해주셨다는 그 분, 그래서일까 충혼당으로 올라가는 그 뒷모습이 설레어 보이면서도 쓸쓸함으로 다가오는 건 아무래도 아버지를 모신 후 한 번도 찾아뵙지 않는다는 아들이 오버랩 되기 때문이었을까?(4.28)

13 충혼당 경내가 북적이는 날, 주말은 여기도 좋은 곳

오늘 하루 전국에 비가 계속되겠다는 아침 뉴스를 듣고는 일어남과 동시에 베란다 밖을 보자 벌써 도로는 빗기로 젖어 있다. 오늘 낮 최고 기온이 18도라는 얘기에 우선 옷부터 단단히 챙겨야겠다는 생각이 든다. 다시 옷장에서 겨울옷을 꺼내 들었다가 아무래도 이건 아니다 하는 생각에 조금은 더 가벼운 차림으로 나섰다.

현충원 도착 시간은 정확히 아침 8시 35분. 아직 종합민원실 문이 열려있지 않았다. 오늘은 5월의 첫날, 토요일 주말이자 노동절이기도 하다.

옷을 껴입긴 했어도 빗기를 머금어 옷깃을 스치는 바람결은 사뭇 몸을 떨게 하며 움츠리게 하고 만다. 그래서인지 발걸음은 더 빨라진다. 지난 세월 이 땅의 모진 풍파에도 한결같이 묘역에 누워 정적 속에 이 나라의 변화상을 켜켜이 지켜봐 오셨을 독립의 영웅, 호국의 선열님들은 이날도 임의 곁을 스쳐가는 필자의 발걸음을 말없이 바라보고 계심이었다. 묘비에도, 그 옆 꽃송이에도, 잔디에도 촉촉이 내린 5월 첫날의 빗기를 받아서인지 더한 청초함으로 다가오고 있었다.

바람이 불고 비가 오고 있어 책상은 안치실 내 복도에 위치해 있어 곧바로 유니폼으로 장착, 직원 사무실을 노크하였으나 아직 출근 전. 그럼에도 충혼당 주변으로는 이른 시각임에도 벌써 참배 온 가족들의 발걸음이 이어지는 중이다. 주말을 맞아 가족단위 참배객들의 이동이 부산해 보인다. 오늘은 얼마나 또 분주하게 이어질까? 역시 평일과는 판이하게 다르게 오늘 하루 많은 분들이 충혼당을 찾았다.

여기에서도 에피소드는 언제나 만발이다. 그 중 하나가 전화번호다. 필자도 예외일 수 없지만 나이가 들어 보이는 남자들은 대부분 자신의 전화번호 외에는 거의 기억을 안 하는 편이다. 하지만 젊은 여성들 같은 경우는 달랐다. 대부분 가족들의 번호를 머릿속에 많이 저장해 놓고 있었다

그런데 오늘 한 가족은 딸이 나서 번호를 작성하면서 엄마의 전화번호가 떠오르지 않는 것이다. "엄마, 번호 몇 번이지?"하자 그 어머니 웃으시며 "생각해봐라, 나는 네 번호 아는데 너는 엄마 번호 모른단 말이야."하면서 앞서 들어가신다. 휴대전화를 꺼내 엄마의 번호를 확인한 딸, 엄마가 먼저 들어간 안치실을 향해 웃으며 "엄마 그럴 수도 있지. 나도 이제 늙어 가는데."환한 웃음이 언저리를 돌고 있었다.(5.1,토)

14 사후(死後)에도 번호 타는 인생은 영원한 주사위(?)

5월의 날씨가 이토록 변덕이 죽 끓듯 극을 달리하는지 새삼 느끼게 된 날이다. 어제 오월 초하루는 도저히 5월의 날씨라 말할 수 없을 만큼 쌀쌀하기 이를 데 없더니만 오늘은 솔솔 불어오는 바람마저도 적당히 햇볕을 타고 날아와 화창하게 내리쬐기가 그지없을 정도다. 헌데 여기에도 또 다른 변수가 있었다. 저녁 뉴스는 강원도 곰배령을 비롯한 산간지방에 34년 만에 5월의 흰 눈이 내렸다는 보도다. 그래서 방송을 비롯해 개개인 카톡 창에도 곰배령 눈 사진이 도배로 장식되고 있었던 모양이다.

어쩌면 어제의 맑은 날씨, 화창한 기온이 오늘에 어떤 기상, 어떤 변화로 이어질지 예측할 수 없듯이 어제와 다른 오늘, 또 다른 내일이 어찌 전개될 지 모르고 살아가는 게 우리들의 일상이 아닌가 돌이켜보게 된다.

오늘부터는 오후 시간을 보다 여유롭게 하기위해 도착 시간을 당기기로 했다. 작은 이유도 있다. 우리 팀 선생님들도 그렇지만 '보람이' 활동을 하시는 선생님 대부분이 퇴직 전 공직에 계셨거나 조직 단체생활을 하신 분들이기에 조직의 생리를 잘 안다. 또 상대에 대한 배려심도 깊어 보인다. 조직생활을 하다 보면 A에서 X, Y, Z에 이르기까지 해당 직장 내의 분위기와 또 그 분위기와 무관치 않게 문서화되지 않은 기준이 있기 마련이다. 필자의 경우도 그랬다. 엄격한 규율과 일사분란을 모토로 하는 군 생활로부터 전역 후 이어진 직장도 현역 시 모셨던 예비역 상관과 선배님들이 즐비한 군과 다름없는 직장이었기에 예전의 직속상관이자 선배님은 선배님대로, 부하이자 후배는 후배대로의 리더십과 솔선수범, 상호교환이 수반되기에 어떤 상황이 되면 자연스럽게 (스스로가) 앞장 선 생활화, 행동화로 이어지는 게 하나의 룰, 기준이고 준거이기도 했다.

그런 면에서 우리 독립유공자 팀 조장님의 행동철학은 솔선수범이다. 연배(年輩)를 떠나 가장 맏형의 위치에 있으면서도 늘 무언의 행동을 통한 시연으로 팀을 이끌고 타 팀에도 모범을 보이는 것이다. 일례로 오후 근무시간이면 오전 근무 조 선생님들을 생각해 정해진 시간보다 훨씬 앞서 나온다. 꼭 그래서 만은 아니겠지만 이는 무언의 내리 돌림으로 이어지기도 한다. 그래서 또 하나(원팀)가 되기도 하는 것 같다. 어쩌면 우리들 독립유공자 팀 모두의 마음이 그리 통하나 보다. '통' '통', 통으로. 그런 것 같다. "내가 조금 더 하면 어떻고, 조금 더 많이 봉사하면 그 보다 더 아니 좋으랴."하는 마음들이 선행된다. 다른 팀 모두가 동일한 마음이라 보지만 그래서 우리들의 분위기는 더 아늑하고 따뜻할 수밖에.

오늘도 지하철 9호선(중앙보훈병원 – 김포공항) 급행은 기세 좋게 석촌역을 출발해 정확히 20분 만에 동작역에 도착한다. 종합민원실에 들러 현충원 리플렛을 가방에 담고 충혼당으로 향하자 5월의 향긋한 봄바람이 콧속 가득 파고드니 내 마음속 기분은 이미 현충탑 저 꼭대기를 돌아 공작봉 정상으로 훨훨 날아가는 것만 같다.

오전 수고하신 선생님과 반가운 만남으로 인사를 나누고, 곧장 봉사에 들어간다. 어제와 동일한 기분 좋은, 얼굴 가득 미소를 담은 채 각 호실을 돌며, 목례를 올린다. "평안히 보내셨지요." 오후 1시가 가까운 시각, 오후 함께 할 행사안내 지원팀의 선생님께서도 도착해 활발한 움직임 속에 본격적인 임무 수행에 들어간다. 현재 임시 안치실은 501호실부터 505호실까지 5개실로 구성돼 있는데 각 실마다 330위가 들어가게 돼있다. 3개실은 이미 차있고, 남은 2개실 중 1개실도 3분의2가 훨씬 넘게 차서 이 상태라면 현재의 임시 안치실도 6, 7월이면 새로운 임시 안치실로 모셔야 되지 않을까 예견돼 진다.

그런데 오늘 나는 실기(失期)하고 말았다. 현충원 소개 리플렛을 비치해야 할 장소에 가져가지 못했다. 아직 많이 남아 있을 터지만, 그럼에도 내일 근무케 될 다른 분에게 누(累)를 끼치게 될까 마음이 편하지만은 않다. 그리고 며칠 전 한 방문객이 참배 후 돌아가면서 "안치실에 꽃이 붙어 있던데 꽃을 꽂아도 되는 거예요?"하고 물은 적이 있어 "아닙니다. 안치실에는 안되고요, 꽃을 바치려면 밖에 합동분향소에 올리게 돼 있습니다"하고 답을 했다.

그 분은 안치실에 개별적으로는 꽃을 부착하지 못하게 된 것으로 알고 있는데, 부착돼 있어 의아한 마음이 들어 묻는 것이라고 했다. 돌아간 후 안치실을 둘러보자 어느 분인가가 작은 색종이로 접은 조화를 붙여 놓았다. 그 꽃을 보자 그런 생각이 드는 것이다. 필자를 포함해 자식 누구라도 돌아가신 부모님을 생각하는 마음은 하나일 것이라고.

거기에 깜짝 놀랄 일이 있었다. 한참 근무 중에 세 명의 젊은 남녀가 들어왔다. 방문일지에 기록을 하는데 유공자 이름이 '박세환' 님이다. 고개를 갸웃했다. '동명이인(同名異人)인가' 하면서도 얼마 전 지나간 신문 부고(訃告)란을 통해 확인케 된 전 대한민국재향군인 회장님과 같은 이름이어서 혹시나 하고 참배를 마치고 나오기를 기다렸다.

얼마 후 안치실에서 나와 돌아가려는 그 분들을 향해 "혹시 조금 전 참배하신 고인 분이 박세환 장군님이십니까?"하자 "네 저희 아빠신데 누구시지요?"한다. 반가웠다. 나의 신분을 알리고 회장님과의 인연을 짧게 얘기 나누었다. 인사를 나누며 위로의 말을 전하자 눈물을 글썽이며 반가움과 함께 고마워했다. 자녀분들이 돌아간 후 회장님이 영면하신 곳을 찾자 뚜렷하게 새겨진 위치 번호 〈504121〉번이다.

박세환 장군.

마지막 헌신한 직분이 대한민국재향군인회장인 박세환 장군님은 고려대학교 ROTC 1기 육군소위로 임관해 학군최초의 4성 장군을 단 군인이다. 제12보병사단장, 8군단장, 제2작전사령관을 역임하고 전역 후 재선 국회의원을 지냈으며, 대한민국재향군인회장으로 국가안보에 헌신하셨다.

장군께서 재향군인회장으로 재임하실 때 필자는 호국안보국 인터넷안보부장 겸 코나스 편집장으로 임무를 수행했고, 어느 날 필자의 의사와는 전혀 무관한 인사이동으로 참전부장에 보직돼 우여곡절을 겪기도 했다. 이후 안보국에 신설된 안보대응 부장을 마치고 박 회장님 퇴임 후 다시 원래의 직으로 원복 된 바 있다.

허나 그게 무슨 상관인가? 회장님께서는 당시 필자를 타 부서로 인사이동 명령을 낸 뒤 못내 편치 않으셨던 모양이다. 재임시절 어느 날 회장님께서 나를 불러 이런 말씀을 하신 적이 있다. 불현듯 떠오른다. "이 부장, 이 부장도 군 생활을 해서 알고 있듯이 육본에서 낸 인사명령이 설령 잘못되었다고 했을 때 그 명령을 바로 취소한 경우가 있던가?"하고 묻던 그 말씀이. 이후 향군 행사나 다른 행사자리에서 만나면 회장님께서는 늘 악수를 청하시고 격려해주시던 모습이 생각난다.

몇 년 만에 뵌 회장님 사진 앞에 서서 거수경례로 예를 표했다. 묵념과 기도를 올리며 짧지만 지나간 순간들을 회상하면서 하늘나라에서 평안하심을 염원했다. 천하의 진시황제도, 삼천갑자 동방삭도, 그 누구도 때가 되면 한 줌 흙으로 돌아가는 길인 것을, 오늘도 그렇게 옛 상관 회장님과의 뜻밖의 조우아래 하루가 지나가고 있었다.(5.2, 일)

15 혼자서도 잘해요, 고향 분을 만나 짧은 인사도

오늘 임시 안치실 봉사자는 혼자 편성된 모양. 아무래도 두 사람이 설 때보다 혼자 하게 되면 마음의 부담이 더 가게 마련이다.

혼자 근무를 섬일까, 조금은 단조로운 시간으로 이어지는 중에 잠깐이지만 반가운 분을 만나 가벼이 인사를 나눴다. 참배객으로 자녀들과 함께 외 연락치를 기록하는데 거주지가 신안이라고 적은 분이 계셨다. 내가 태어나고 어린 시절을 보낸 고향 '천사의 섬' 신안군이다. 아무래도 연장자이신 어머니이실 것 같아 "어디 전남 신안군에서 오셨습니까?"하고 묻자 "어떻게 신안을 아세요?"하는 답변이 돌아온다.

"네, 저도 고향이 신안군입니다."하자 "그러세요, 저는 비금입니다."한다. 지금은 부모님과 할아버지, 할머니의 산소가 있는 내 고향 팔금(八禽, 8종류의 날짐승이 많다고 해서 붙여진 지명)에서 뱃길로 30여분 더 들어가는 먹거리가 풍성하고, 지금은 해양관광자원도 잘 개발돼 있다는 곳이다.

한참 후 돌아가면서 다가와 밝은 표정으로 "수고하세요"하는 인사말을 남기고 돌아섰다. 생각지도 않았던 고향 신안 분을 만난 날이다.(5.3,월)

16 독립운동가 고하 송진우 선생 131주기 추모제

오늘은 황사가 무척 심한 날이다. 하늘이 그야말로 뿌옇다. 5월초에도 이토록 황사가 강한지 할 정도로 온통 하늘이 잿빛으로 쌓여 답답하기만 한 날이다. 오후 임시 안치실 봉사자는 세 사람. 그런데 엊그제 입구에 설치된 천막이 보이지 않는다. 고개를 갸웃하자 오전 근무를 선 동료 李선생께서 "오늘 독립유공자 묘역에서 송진우 선생님 추모식이 있어서 그 쪽에 설치한다고 오전에 가져갔습니다."고 한다. "아 참, 오늘 송진우 선생님 탄신 기념 추모식이 있다고 했지."마음에 새기며 임무교대.

"저는 퇴근하면서 독립유공자 묘역에 들러서 어떻게 준비하는지 한번 보고 가겠습니다." 역시 독립유공자 팀답다는 생각이다. 이렇게 우리 팀 보람이 선생님들은 본연의 임무와 자세가 확실한 분들임을 다시 확인케 되는 거다.

오후 2시 30분이 가까워지는 시각, 함께 편성된 행사지원안내 팀의 박 선생과 함께 독립유공자 묘역으로 향했다. 독립운동가요, 교육자이며 정치가이신 임정 국무령을 지내신 송진우 선생님의 탄신추모식을 간만에 자칭 독립유공자 팀 기자 자격(?)으로 취재차 였다. 팜플렛을 구하고 행사 장면 사진을 찍는 등 오랜만에 기자 신분으로 돌아가 현장을 취재했다. 현장에서 일정을 마친 후 무후선열제단에 들러 향을 피우고 예를 드린 뒤 돌아와 안치실에서 곧장 핸드폰으로 기사작성에 들어갔다. 우리 팀원들과 더불어 오늘의 내용을 공유하기 위해서다.

충혼당에는 동작50플러스센터의 매니저께서 방문하였다. 추모식장에서 오는 길에 만났는데, 내 눈썰미가 부족해 미처 알아보지 못했다. 다행히 함께 간 박 선생께서 알아보고 도로변에 서서 얘기를 나누는데, 난 먼저 그 자리를 떴다. 돌아와서야 '아까 그 분이 매니저'라는 걸 알아챘으니. 우리 책상에는 선물로 놓고 간 음료와 과자가 가지런히 놓여 있는 것이다. 미안한 마음과 함께 따뜻한 배려에 감사를 잊지 않았다. 황사 탓일까, 오늘 방문객은 3팀 28명이 다녀가셨다.(5.7,금)

- 민족지도자 고하 송진우 선생 탄신 131주기 추모식 거행 -

고하 송진우.
민족지도자, 독립운동가, 교육가이며 언론인, 정치가인 고하의 탄신 131주년 추모식이 7일 오후 그가 누워 잠들어 있는 동작동 국립 서울현충원 묘역에서 재단법인 '고하 송진우선생기념사업회' 주관으로 정중하게 거행되었다.

이날 추모식에는 국가보훈처 서울 남부보훈지청장을 비롯해 화정평화재단 이사장, 국립 서울현충원장 등 50 여명이 참석해 국민의례에 이어 고인의 생애를 돌아보는 약전낭독, 추모사와 추모강연 등으로 진행됐다.

특히 이 날 추모식에서는 '고하 송진우 선생님의 범태평양 회의(1925년)을 전후한 조선과 일본과 세계에 대한 인식' 을 주제로 한 강연을 통해 선생의 다채롭고 다양한 경력이 당대 우리 민족사에 어떤 영향을 끼쳤는가도 조망하는 뜻깊은 시간이 되기도 했다.

이어 헌화·분향, 유족인사, 폐회식순으로 고요 속에 고인의 나라사랑 민족사랑의 영원한 애국혼을 기렸다.
이날 추모식에서 약전을 봉독한 남시욱 동아일보사 부설 화정평화재단 이사장은 고인을 회고 하며..........(생략)

기념사업회는 매년 5월8일 동작동 국립 서울현충원 독립유공자 묘역에서 선생의 탄신 추모행사를 지내고 있다.

현충원 독립유공자 묘역에서 5.7 3시 40분에

17 오늘은 어버이날, 붉은 꽃 카네이션으로

오늘은 어버이날. 우리를 세상에 태어나게 해주시고 오늘에 이르기까지 알뜰살뜰 키워주신 부모님 은혜를 생각하며 더 감사 드려야 하는 날이다. 어제 막내딸 은경이와 사위 승원이 초대로 인근 식당에서 즐거운 시간을 보냈다. 충혼당 마당은 9시 이전임에도 벌써 북적이는 사람들의 발걸음으로 부산했다.

출입자 명부를 보자 6시 오신 분도 계셨다. 합동제례단 분향소 향로에서 피어오른 하얀 연기가 춤을 추듯 바람결 따라 올라가고, 이 날을 맞아 들고 온 빨간 카네이션 꽃다발이며 국화꽃 다발이 빛을 내고 있었다.

부모님을 찾아뵙는데 1일이면 어떻고 30일이면 어떤가? 날짜에 무슨 차가 있으랴마는 그럼에도 하늘에 계신 부모님을 뵙고자 특별히 어버이날 찾은 현충원. 전국의 부모님 계신 묘역, 산소 등을 찾는데는 또 다른 의미가 담겨 있지 않을까, 애써 의미를 담고 싶어진다. 어쩌면 필자가 부모님을 찾아뵙지 못한데 대한 죄스러움도 한 몫 하는지 모르겠다.

카네이션을 바라보며 잠시 생각에 잠겨 드는데, 어디서일까? 작은 울음소리가 들려온다. 흐느낌은 계속 귓전으로 파고든다. 가슴이 뜨끔해진다.

이번에는 고사리 같은 어린 아이의 손을 잡고 밝은 표정으로 인사를 하며 한 30대 부부가 들어온다. 그 모습을 바라보면서, 언젠가 나도 이곳에 자리를 잡게 될 때 은지·은경 두 딸들이 손자·손녀의 손을 잡고 찾아와 이미 하늘나라 소속이 된 우리들 엄마, 아빠 앞에서 어떤 모습과 표정을 짓게 될까, 하는 생각이 떠오름에 피식 웃음과 함께 조금은 궁금해지기도 한다.

설마 우리 아이들도 저 누군가와 같이 섧게 울까? 설마. 아마도 세영이, 하은이, 하준이 등 손자, 손녀들에게 할아버지·할머니 얘기를 들려주며 아빠와의 추억이 깃든 어떤 시절들을 떠올리며 아이들과 즐거운 시간여행을 하게 되지는 않을까 하는 생각이 겹쳐지기도 한다.

누구나 돌아가신 부모님을 떠올리면 그리움으로 가슴 찡해지기 마련이지만 그럼에도 고통스럽고 아픈 기억보다 미소가 터지는 순간이 더 좋을 것이라는 생각에, 혹여 이전 그러지 못했다면 지금부터라도 즐겁고, 행복한 추억을 더 많이 쌓게 하는 추억을 남겨주어야 겠다는 마음 더 크게 채워진다.

헌데 이 날 문제는 체온계였다. 계속 말썽을 부려 평소에도 애를 먹게 하더니 이 날은 계속해서 작동이 제대로 되지 않는 것이다. '차가우면 잘 되지 않는다'는 경험에 손바닥으로 감싸기도 하고, 주머니 안에 넣거나 따뜻해지게 손에 꼭 쥐든가, 사무실로 가 두 번에 걸쳐 건전지를 교체해도 역시 해소되지 않는다. 오호라, 결국 이 날 체온계는 오후 가서 먹통이 됐다는 전언을 들어야 했다.

그런가 하면 최근 사회적 분위기와 연계해 꼬집는 분도 계셨다. 한 참배객은 한참 방문객 안내와 체온을 재는 중에 다가와 '왜 여기서는 사회적 거리두기를 제대로 지키지 않느냐? 한 팀이 참배하고 있으면 다른 가족들은 들이지 말고 대기하고 있다가, 나가고 난 다음에 들여보내야 하지 않느냐? 나도 그렇게 하라고 하면 밖에서 기다리고 있을 것이다'며 항의다.

옳은 얘기다. 하지만 이 경우 인원이 많은 것도 아닌데 정색하며 따지듯 하는데, 이럴 경우가 간혹 있다. "네, 그렇지요. 참배객들이 서로 양보하고 지켜가며 해야지요. 지금은 괜찮은듯 합니다만." 서로가 양보와 배려, '말 한마디가 천냥 빚을 갚는다'는 말도 거리두기에 포함시킬 수는 없을까? 유의와 조심해야 할 것임을 전해야만 했다.

충혼당 벽면에 조각된 안중구 의사, 유관순 열사 등 독립운동가와 호국의 순국선열님들, 국립묘지 전역에서 어버이날을 맞은 유공자님들의 나라사랑 기상 위로 카네이션 향기가 널리 퍼지고 있었다.(5.8,토)

18 오늘 유공자님은 또 어떤 사연을 간직하신 분일까?

오랜만에 충혼당에 선 느낌이다.
지난주 토요일에 이어 근 1주일여만이니 멋쩍은 생각과 낯선 기분이 드는 거다. 여느 때와 마찬가지로 각 호실 앞에 서서 목례와 함께 뵙지 못한 동안에 별 일 없으셨느냐는 문안인사로 오후 일과를 시작한다. 그런데 그새 여러분 유공자님들께서 영원한 안식처로 입실해 계셨다. 504호실도 어느새 다 들어찰 정도다.

여름이 오려나 보다. 아침 기상예보는 낮 최고기온이 29.6도라고 하니 30도가 코앞이다. 여름으로 달려가는 기세고 보면, 또 올 여름은 그 기세가 얼마나 드세려고 이럴까? 이상기후 변화가 우리의 4계절에도 이미 빨간불을 켜게 한지 오래다.

국립 서울현충원 정문에서 충혼당으로 오르는 길은 여러 방향이 있지만 조금은 힘들어도 도보로 빠르게 가는 길은 월남참전유공자 묘역을 거쳐 육탄10용사 기념비를 지나 현충탑 후면 독립유공자묘역으로 올라가는 오르막길, 그 중간지점으로 좌향좌해서 가다 100여 미터를 지나 다시 우측방향으로 꺾어 가는 길이 가장 빠른 길로 꼽는다.
하지만 성인의 빠른 걸음으로 걸어도 10분이 훌쩍 넘는데,

이 때쯤이면 호흡이 빨라지고 가슴이 쿵쾅거리는 게 연세 드신 분들에게 여름의 충혼당 걷는 길은 아무래도 봄·가을에 비해 느려지는 건 당연해 보인다. 오전 봉사하신 보람이 선생님들에게 조금이라도 더 빨리 교대해 주고자 씩씩대며 발걸음을 옮기면서도, 오늘은 또 어떤 분들이 오게 될 것인가? 설렘이 인다. 세상에 태어나 한 생을 살다 누구나 한번은 반드시 가야 할 길이고, 또 잠시 맞이하는 우리들이지만 그럼에도 아픈 길보다 밝고 건강함으로 맞았으면 하는 마음이 일게 됨은 매일의 연속이다. 그 때 어디선가 "죄송해요, 아버지 자주 오지 못해 정말 죄송해요"하는 울음 섞인 목소리가 조용하게 귓전을 파고 든다. 아마 조금 전 안내를 받아 000실로 들어간 50대 중반쯤으로 보이는 중년 남성일 것 같다. 갑자기 내 마음도 싸해지며 숙연해짐을 어쩔 수 없다.

잠시 뒤에는 배위(배우자) 한 분의 봉안함이 조용하게 유족들의 뒤따름 속에 들어선다. 정중하게 부동자세를 취하며 머리 숙여 배례 한 뒤 유족들을 향해 목례를 취한다. 그리고 얼마 뒤 다른 유공자님이 자리를 잡고 유족들이 돌아가는데 질문이 들어온다. "유골함이 진공으로 돼 있어요? 아니면 그냥 밀폐돼 있어요?"

순간적으로 당황했다. 진공이라니? 아니 뚜껑을 어떻게 진공한단 말인가? 하는 생각이 들지만 제대로 알지 못한 걸 상식으로 답할 수는 없다.

나중 확인하니 함(函)속 유골(遺骨)을 진공으로 포장해 넣은 뒤 봉안함은 그냥 밀폐 시킨다고 한다. 이를 팀 전체가 공유토록 했다.

현재 임시 안치실은 1개실에 가로 14위, 세로 8위해서 한 벽면에 112위가 모셔져 전체 336위가 모셔진다. 여기에 5개실이니 총 모시게 되는 분은 1668위. 그런데 이곳도 머지않아 다 들어차게 될 것 같다. 그러자 조금 전 안치실로 들어선 유공자님의 유가족들 사이에서 울음소리가 터져 나온다.

또 고인 앞에 선 검은 상복을 입고 몸을 가누지 못해 부축받고 계신 부인께서는 한동안 입을 가린 채 울음을 내뱉고 계셨다. 안치를 마치고 돌아가는 유가족들을 향해 고개 숙여 배웅한 뒤 영면하신 유공자님을 찾아 예를 갖췄다.

고인께서는 1930년 영월에서 태어난 정○○ 대위님으로, 1952년 6·25전쟁 중 전상을 당하셨다고 함(函)에 기록돼 있다. 6·25전쟁 발발 71년이 되는 오늘, 전상을 당한 69년 그 세월 동안 또 얼마나 숱한 인고의 세월을 보내야 했을까? (5.14,금)

19 "아버지와 장인 어르신이 함께 계세요"

부지런히 동작역 8호선 출구 계단을 올라서자 현충원 정문 옆으로 어제까지 보지 못한 현수막이 부착돼 있다. 아마 5.18 관련단체가 내건 현수막으로 보였다. 이곳에서 집회가 예정돼 있나 보다. 오늘은 5.18민주화운동 41주년이 되는 날이다. 관련단체에서 이곳에 안장된 것으로 보도된 어떤 분들에 대한 입장을 피력하기 위한 게 아닌가 하는 생각을 하며 경내로 들어섰다.

우리 활동 처로 들어서기가 바쁘게 한 젊은 부부가 들어섰다. 출입명부 기록과 함께 안쪽으로 향하더니 이내 "아빠, 이제 아프시지 말고 편안하게 지내." 따님의 아버지에 대한 인사말이 들려온다. 어쩌면 생전에 많이 아프셨던 걸까? 아버지의 아픈 모습을 보면서 딸의 입장에서 또 얼마나 마음 졸이며 살아야 했을까, 그 정경이 보이는 것 같아 애잔한 생각이 드는 것 또한 어쩔 수 없다. "아빠, 행복하게 잘 있어. 또 올게." 하는 말과 함께 두 손을 꼭 잡은 이들이 밖으로 나오고 있었다.

두 사람을 향해 "안녕히 가세요.. 너무 슬퍼하지 마세요."하자 아직까지 눈가에 눈물이 고인 따님이 머리를 숙이며 인사를 보낸다. 그러자 그 옆에 선 신랑이 "감사합니다. 장인어른이 계신데요, 저희 아버지가 돌아가신지 28일 만에 장인어른도 돌아가셔서 두 분이 같은 방에 나란히 계십니다."하는 것이다. "아, 그러시군요. 아버지와 장인분이 무척 친분이 두터운 관계이셨나 봅니다."하고 나도 얼른 예의를 표했다.

이제 이곳 임시안치실 5개실 중 504호도 다 차고 마지막 505호실이 문을 열어 7위가 모셔진 상태다. 오후 1시 15분경 이번에는 504호실에 모셔진 유공자님의 부인(배위)께서 아들 내외에 의해 안으로 들어섰다. 조용히 뒤를 따라 다가서자 고인께서 잠시 계신 곳에서 나와 아내를 마중하고 계시고, 아들부부가 그 아래 돗자리를 깔고 엎드려 큰절로 아버지와 어머니께 고(告)하고 있었다.

어쩌면 자식으로서 두 분 부모님을 국가가 운영 관리하는 이곳 국립묘지 충혼당에 함께 모시게 돼 얼마나 평안한 마음일지, 그를 떠올리자 부러운 마음이 들지 않을 수 없다. 실제 이곳에 모셔진 유공자님을 배웅하기 위해 오시는 지인 분들의 얘기를 종합해 보면 10명이면 10명 모두가 국립묘지에 모셔지는 분들에 대한 부러움 섞인 말을 빼놓지 않는다.

그래서 국립묘지 충혼당은 우리의 마음을 추스르게 하는 또 다른 안식처가 되기도 한다.(5.18,화)

20 부처님 오신 날, 이런 사람, 저런 사람을 본다.

지금 현재 충혼당에서 안내 임무를 담당하고 있는 우리들은 묘비 관리팀을 제외한 대통령 묘역 해설 팀이 봉안당에서, 무인 제례실 관리팀이 충혼당에, 그리고 행사 안내 지원 팀은 우리 독립유공자 묘역 해설 팀과 함께 임시 안치실에서 봉사에 나서고 있다. 서로 팀 단위 독자적이고 독립적인 편성에 의거해 상호 존중과 배려로 일을 하고 있기에 어떤 제약이나 문세 없이 하고 있다.

오늘은 불기 2565년이 되는 부처님 오신 날이다. 공휴일이고 날씨도 좋아 많은 참배객들이 찾아오실 것이라는 생각으로 서둘러 현충원 종합민원실로 들어서자 마침 무인제례실 팀 조장께서 있어, 인사를 나누고 함께 충혼당을 향했다. 걸으면서 얘기를 나누어보니 김 선생님께서는 숲, 나무에 대해 척척 이셨다. 숲에 대해 공부를 하셨다는 그 분은 현충원 내에 자라는 벚나무의 종(種)에 대해서도 해박했다. 현충천변으로 심어진 나무 등 전 같으면 아무런 생각 없이 바라보던 나무들이 해설이 곁들여짐에 새롭게 다가오는 것이다.

공휴일에 날씨마저 맑아 충혼당 경내는 사람들의 발걸음이 이어지고 있었다. 오전 봉사하신 행사안내 지원팀 조장께서 특별히 저를 위해 커피를 남겨 놓아 한 모금 음미한 뒤 곧장 유니폼을 입고 위치한다.

우리 임시 안치실에도 곧 방문객이 뒤를 잇기 시작했다. 그런데 아들, 딸, 부인과 함께 온 60대의 방문객께서 출입부에 기재를 하며, "이거 꼭 기록해야 하나? 나만 하면 되지?" 한다. "아닙니다. 개인별 전체 다 기록하셔야 합니다."하자 "아니, 우리 모두 한 가족인데 뭘 다 기록합니까?"하고 퉁명스레 한마디 했다. 그러자 그 말을 이어 곧장 따님의 말이 뒤를 따랐다. "아빠, 여기서 그렇게 하도록 돼 있으면 규칙이 그런 거야? 하라는 대로 하면 되지?"하고 아빠를 채근한다. 그러자 아버지 또 한마디, "여기 현충원장이 전체 적지 않아도 된다고 했는데, 무슨 시간 낭비하게 전체를 기록하는 거야?"

한마디 덧붙여야 한다. "여기 원칙이 그러네요. 출입자 전원 다 기록토록 하고 있습니다."하며 기록부 상단에 적혀 있는 문안을 가리키며 설명을 하는데도 기분이 별로 인 것 같다. 언짢은 기색 역력히 안치실로 들어갔다. 가족들의 손에는 접이식 휴대용 작은 테이블과 가방들이 들려 있었다. 아마 오늘이 어떤 기념일이라도 되는 듯한데.

그러자 두 사람 오가는 말을 옆에서 듣고 계시던 보람이 선생님 왈, "꼭 한마디 해요. 여기서 현충원장 얘기가 왜 나오는지 모르겠다. 음식물(제수품인 듯)을 가지고 온 것 같은데 그것은 갖고 들어갈 수 있나? 말 같아서는 당장 못 갖고 가게 하겠구만."하고 말해 서로 얼굴을 바라보며 한번 웃고 넘어간다.

이번에는 꼬마 손님이 들어왔다. 엄마, 아빠, 할머니와 함께 온 5, 6세 정도 사내아이는 나를 향해 씩씩하게 인사를 하고 바로 가까이 있는 502호실로 들어서더니 "할아버지 저 왔어요."하면서 한참 재롱 떠는 얘기가 크게 들려온다. 웃음소리가 한데 어우러지더니 "할아버지, 이번엔 꽃을 못 가져왔어요. 다음번 올 때 꽃가지고 와서 더 많이 놀다갈게요."똑 부러진 목소리가 복도를 울린다.

그 아이가 내 곁을 지나갈 때 "참 똑똑하구나." 하며 칭찬의 말을 건네자, 아이 할머니가 "집에서도 똑 부러 진답니다"하며 흐뭇한 웃음을 흘리고, 아이도 엄마, 아빠와 함께 나를 향해 "안녕히 계세요." "수고하십시오" 인사말을 남기며 발걸음도 가볍게 안치실을 나섰다. 참 보기에도 기분 좋은 참배 팀이었다.

그로부터 한참이 지난 시각, 이번에는 통곡의 곡성(哭聲)이 퍼져 오른다. 어떤 사연일까? 오열(嗚咽)이 한동안 계속된다. 이럴 때는 잠시 복도를 비켜주는 게 봉사자로서 할 수 있는 예의임을 짧은 기간을 통해 느낀 소회다.

오늘은 참 사연 많은 날로 기억될 것 같다.(5.19,수)

21

"우리의 Hope 조장님" 오늘은 월례회의 날

매월 1회 있는 월례조회의 날이다. 지난 4월 첫 월례회의가 동작동 50+센터에서 있었다. 이번 2회 차엔 현충원 〈만남의 집〉에서 각 조별 자체 행사로 진행되었다. 9시30분 만남의 집 앞에서 전체 5개조가 팀 단위로 실시되는데, 업무총괄 동작 50플러스센터에서 나온 주무관과 매니저가 맛있는 샌드위치와 음료를 선물로 가지고 왔다. 센스 있는 분들 아니신가.

우리는 먼저 기념사진 한 컷을 남긴 뒤 바로 만남의 집 카페로 들어섰다. 조장님 주관아래 사전 개인별 염두 판단한 6월 봉사일자를 토대로 서로 조율하고 협조를 통해 순식간에 일정 조율을 마쳤다. 어쩌면 서로의 시간 일정이 있기에 조율에 시간이 많이 걸릴 수 있는데, 지난 4월에도 그랬지만 이번에도 순식간에 끝낼 수 있었다. 이는 무엇보다 구성원들이 자신의 시간 우선보다 전체 속에서 스스로를 양보하고 배려하는 마음 씀씀이가 크기 때문일 것이다.

거기에는 또 조장님의 평소 팀을 위한 헌신과 희생이 조원들의 마음에 크게 어필됨과 적시 적절한 조정·안배가 빛을 발하기 때문에 부드럽게 끝맺음 할 수 있게 되지 않나 하니, 결코 나만의 생각이 아님을 안다. 어느 사회, 조직에서나 리더는 정해지기 마련이다. 여기서 보스(Boss)와 리더(Leader)의 차이를 논할 계제는 아니지만 개인보다는 팀을 위해 힘써 일하는 리더에게는 언제나 신뢰와 믿음, 존중과 존경이 바로 이심전심으로 통용되는 것임을 알게 된다.

일정조정이 끝나면 우리는 작지만 본연의 임무와 역할인 '독립유공자 묘역 해설사'로서의 직(職)에 적절한 얘기로 의견을 주고받는데 또 한번 빠져든다. 그래서 일지 몰라도 독립유공자 묘역 해설사는 아무래도 국가에 대한 충성, 나라사랑하는 마음이 누구보다 더 크고 높은 분들로 이뤄진 것 같아 마음 뿌듯하다.

모든 선생님들이 겸손하고 겸허한 분들이라 드러내지는 않지만 평소 은연중 내뱉는 말 한마디에서도 감과 촉이 온다.

오래 전 나라를 송두리째 빼앗겨 가난하고 춥고 배고팠던 시대, 어떤 대가나 후일의 기약이 없음에도 온몸을 불살라 오늘의 대한민국이 있도록 초석을 다진 독립선열과 호국의 영웅들. 그 선조들에 대한 숭모의 염과 열혈의 마음이 그 누구보다 지극하고 그윽함이 느껴짐을 보게 됨에서다. 하여 오늘의 주토론 내용도 선열들에 대한 마음을 들여다보는 것으로 진행됨은 당연한 수순 이었다

'의사'와 '열사'의 차이, 순국선열의 날 유래와 의미, 현충원 안장대상으로부터 6월 호국보훈의 달을 앞에 두고 71주년 6·25전쟁의 호칭이 이런 저런 명칭으로 불려 지는데 대한 어떤 규정 등이 있는지에 대한 의견들이 토론 석상에서 빛을 발

하기도 했다.

이때쯤이면 또 관련 분야에서 오랜 공직생활을 한 조장님의 한 수가 빛을 발한다. 그렇게 토론은 우리들 업무에 직접적인 연관 내용으로 마치 '세미나가 별거냐?' 식으로 시간가는 줄 모르게 진행되기도 한다. 이 날 토론도 그렇게 뜨거운 커피가 다 식어빠질 때까지 계속되었다.

지난 달 월례회의에서 나는 끝까지 함께 하지 못했다. 하남시 6·25전쟁 참전 유공자 구술 관련 회의에 참석해야 했기 때문이다. 그렇지만 이 날 우리들은 토론이 끝난 뒤 바로 위층 식당으로 이동했다. 연장된 토론과 더불어 이제부터는 단결활동도 도모해야할 시간이다. 적절한 음료가 가미된 속에 사회적 거리두기에도 적극 동참하면서다.

이렇게 5월의 월례회의는 우리들 모두에게 또 하나의 아름다운 추억거리를 남기면서 진행되었다.(5.20,목)

22 임시 안치실에도 QR(정보생성 바코드)코드가

금방이라도 비가 올 듯한 날씨. 오전 하남시로 가야한다. 지난 11일 미사도서관에서 국내외 6·25 참전용사들을 찾아 무료 사진을 촬영해주는 유명 사진작가인 라미 현(Rami Hyun·한국명 현효제)씨가 구술에 나서고 있는 하남시 참전 어르신들을 대상으로 사진을 촬영했는데, 그 때 우리가 인터뷰한 이상현(91. 화천 크리스마스고지 전투 등 참전) 어르신이 한 번 더 만나 인터뷰를 하자고 해서 10시에 약속돼서다.
빗방울이 오락가락한 날임에도 현관 앞에서 우리를 기다리고 계시던 이상현 참전용사님께서 반겨 맞아 주셨다.

그동안 두 번 댁을 방문했어도 일을 나가 뵙지 못했던 사모님께서 한사코 사양함에도 내오신 커피를 마시며, 잠시 얘기를 나눈 뒤 지난 2차까지의 인터뷰에서도 못다 하신 말씀을 중심으로 인터뷰에 들어갔다. 강원도 화천에 있는 크리스마스 고지와 M1고지 전투얘기였다.

예전 현역으로 군복을 입고 있을 때도, 전역 후 대한민국재향군인회 참전부장으로 임무수행 중 직접 6.25참전단체의 많은 원로 참전선배님들을 뵙고 그분들의 실제적 전투얘기를 들을 적에도 늘 그랬듯이 언제 들어도 전쟁실화, 전투의 참상은 너무도 참혹하고 비인간적인, 그래서 전쟁은 결코 인류 역사에서 재연돼선 안 되는 것임을 절실히 깨닫게 된다. 하지만 세상이 어디 다 같은 마음인가? 인간이라고 할 수 없는 탐욕스런 야만인들의 욕망에 의해 잔혹한 미친 행동들이 일어나고 있을진대.

강원도 화천의 크리스마스고지 전투와 연이은 M1고지 전투도 1953년 7월 27일 휴전을 불과 얼마 두지 않고 전개된, 피아가 그야말로 피 터지게 싸우며 밤과 낮으로 주인이 바뀌는 마치 철원의 백마고지 전투와 같은 그런 상황의 연속이었다고 한다. 낮에는 한국군이 빼앗았다가 다시 어둠이 내리면 중공군이 자리 잡는, 그래서 한 치의 땅이라도 더 빼앗기 위해 국군과 인해전술을 펼치는 중공군의 공격과 방어가 되풀이돼야 했던 곳이 그 전투였다고 한다. 오늘의 155마일 휴전선이 38선 이북지역으로 한참 올라가 형성된 것은 우리 해병대의 강원도 양구 도솔산전투의 승리가 있었기 때문인 것처럼 결국 당시 이상현 어르신과 같은 용맹한 우리 국군이 있었기에 이 고지를 탈환할 수 있었던 것이다. 휴전은 그 직후 이뤄졌다.

마치 엊그제 일처럼 전투상황을 말하며 눈가가 붉어짐도 동시였다. 인터뷰가 끝나고 서둘러 나오려하자 사모님이 음료수를 내오고, 이상현 어르신께서는 냉장고문을 열어 과일 캔을 꺼내 한사코 먹고 가라 성화다. 하지만 오후 현충원 봉사시간이 있어 감사한 마음을 거듭 전하면서 일어섰다.

그런데 사모님께서 '꼭 하고 싶은 말씀이 있다'고 다시 앉을 수밖에 없었다. 얘기는 바로 며칠 전까지도 하남시내 호텔에서 계약직으로 일을 해오셨다고 한다. 그런데 어느 날 호텔 측에서 '나이'를 이유로 일을 그만두라고 해 "아직은 건강이 뒷받침되고 생활비도 벌어야 해서 할 수 있다"고 했지만 결국 일을 그만 두어야 했다고 하셨다.

이상현 어르신의 역정을 내는 만류에도 개의치 않고 논리정연하게 "어려운 참전용사와 그 가족들에게 최소한도로 '일 할 수 있는 길'은 열어 주어야 하지 않느냐?"며 "가능하시다면 취재오신 분들께서 이런 내용을 조금이라도 지자체나 관계기관에 알려주시면 좋겠다."고 가슴 속 뭉친 속내를 숨기지 않았다.

이상현 참전용사님께서도 시(市)에서 하는 일자리를 통해 거리에 나가 종이박스며 캔 종류들을 거두는 일을 하신다는 얘기를 들은 적 있다. "(일자리가)없어서 탈이지 아직은 할만 해" 하시며 씁쓰레한 미소를 머금었다. 새삼 지난 인터뷰에서 "국가가 5.18단체에는 그렇게 지원을 하면서도 6.25참전용사들은 인원수가 많다는 이유로 우리 참전용사에게는 쥐꼬리만한 정도의 지원을 해주는지..." 하던 말씀이 머리를 채웠다.

언론 보도나 여타 경로를 통해, 특히 그 중에서도 미국은 참전용사에 대한 사회적 예우와 존경의 분위기가 어떻다 하는 걸 잘 알고 있기에 현관을 나서면서도 인터뷰 후의 마음만은 그렇게 편치가 않았다.

비는 계속 내리고 있었다. 시간이 여의치 않아 점심 대용 빵쪼가리를 우산을 받쳐 들고 우걱대며 서둘러 충혼당에 도착하자 "어 보지 못한 게 있네요?" QR코드 휴대전화기가 설치돼 있었다. 그동안 일부 방문객들이 출입부에 기록하면서, "QR코드 없어요?"하곤 했는데 이제 설치된 것이다. 한꺼번에 참배객들이 집중하면 줄지어 기다리게 하며 기록하는 시간이 꽤 걸리고는 했는데, 이젠 시간도 한층 줄어들 것으로 기대돼 마음이 가벼워졌다.

많은 비가 쏟아졌다. 이렇게 비가 오는 날은 참배객도 뜸해진다. 대신 임시 안치실 복도 천정 투명한 아크릴 판위로 떨어지는 빗방울소리는 더욱 요란하게 귓전을 때린다.

6·25전쟁 참전용사와의 인터뷰를 마치고 온 뒤다. 생과 사가 오가는 치열한 전투현장에서 나라를 지켜낸 이 시대의 어른으로 90세가 넘은 연세임에도 어려운 가계를 돕기 위해 수시로 리어카를 몰고 거리에 나가 고철이며 캔류를 모아야 하는 이상현 참전용사. 어디 사회 도처에 그 어르신만 계시겠는가?

전투현장 이야기를 들어서 인가? 전투상황을 전하며 눈가가 붉어짐을 본 때문인가, 그 날 전투장면, 그리고 이어진 현재적 삶이 마치 영화 속 파노라마의 한 장면처럼 머릿속을 맴돌고 있었다.(5.21,금)

23 오늘은 또 어떤 일, 사연을 들으려나!

마치 여름 장마라도 온 듯하다. 그런 착각이 들게 하는 게 요즘 날씨다. 하루가 멀다하게 내리는 빗줄기를 두고 하는 말이다. 오늘도 이른 아침 기상과 함께 창밖을 보자 아파트 도로가 흠뻑 젖은 데다 후드득 빗물이 창문을 타고 흘러내리고 있었다. 황사까지 함께 할 것이라는 전날 뉴스 예보를 떠올리며, 오늘은 두툼하게 옷을 챙겨야겠다는 생각이다. 자주 겪은 경험의 발현이다. 그런데 오후 날씨는 또 변했다. 가을하늘처럼 청명한 잉크 색에 하얀 뭉게구름이 둥실 떠다니는, 미리 보는 계절의 하늘이었다.

언제나처럼 안치실 유공자님들께 문안 인사를 드리고 안내 임무에 소홀함이 없다. 1시40분 경 혼자서 찾아온 20대 후반으로 보이는 다소 초췌한 모습의 참배객, 젊은이의 말소리가 또박또박 들려온다. “아버지, 저 왔어요.” 하더니 한참 동안 독백이 이어진다. 혼자지만 실제 아버지 앞에서 하는 것처럼 말소리가 새어 나온다. 많은 말을 하는 것으로 봐 아마 아버지 생전에도 부자 간 대화가 많았지 않았을까 하게 할 정도였다.

그러자 오래 전 TV 개그 프로그램에 〈대화가 필요해 - 밥묵자〉 코너가 떠올랐다.
중년의 부부와 대학생 아들이 밥상을 사이로 앉아서 나누는 얘기를 소재로 만든 내용인데, 하는 얘기라고는 식사가 끝날 때까지 아버지의 '밥 묵자'가 전부요, 아들로부터의 어떤 얘기가 이어지기라도 하면 금방 수저가 날고 밥상이 엎어질 것 같은 험악한 분위기가 연출돼 지금과는 또 다르게 당시 부모자식 간 대화가 얼마나 빈약했던가를 일깨우며 안방에 웃음을 선물한 코너였다.

한 10여분이 지날 무렵 "아버지 또 올게요." 인사와 함께 그는 안치실을 나섰다. 가볍게 목례를 보내자, 시무룩해 보이는 표정 속에서도 무언가 할 말을 다하고 난 다음의 시원함이랄까 그런 느낌을 갖게 한다. 여기 안치실에서 이렇게 일정기간 있게 된다면 금방 상대방 표정을 통해 마음을 읽는 심상사(?)가 되지 않을까, 나만의 의미 있는 미소가 서린다. 그런데 각 안치실에 며칠 째 몇 개의 꽃들이 치워지지 않고 벽면에 붙어 있어 마침 들른 현충원 직원에게 물어보자 "5월 가정의 달이기에 원장님께서 (이 달만은)그대로 두도록 했다"고 한다.

간혹 방문객들이 다른 분들이 꽃을 놓고 간 것을 보고 "(부모님 봉안함 앞에)꽃을 놓고 가도 되느냐?"는 문의가 들어오는 경우가 있기에 전후 사정을 얘기하고, 합동제례단에 바치도록 하고 있어서 5월에 담긴 의미는 십분 이해하지만 이럴 경우 다소의 혼선이 있을 수도 있기에 조금은 혼란스러워진다.

현충원에도 여러 가지 '민원'이 제기될 것이다. 하지만 이는 경우에 맞지 않는 말이다. 왜냐하면 현충원은 일반 민간운영의 사설 납골당과는 달라야 한다. 법과 규정에 의거해 모든 일이 규칙대로 이뤄지기 때문이다. 유가족들도 알 것이다. 이곳이 국가가 운영·관리하는 국립묘지라는 사실이고, 또 모든 것이 법과 규정, 원칙대로 이어져야 한다는 것을. 법과 규정을 무시해가며 하는 요구는 자제되어야 하지 않을까?

국립현충원에 안장(묘역)되거나 안치(충혼당)되는 유공자는 생전에 각기 다양한 임무와 역할을 수행해 오신 분이고, 국가가 이를 인정해 모시게 된 유공자분들이시다. 살아 계실 때는 직분과 직위가 분명 다를 수 있다. 그러나 사후에는 정해진 법률과 규정에 의해 모셔져야 함이 당연하다 할 것이다. 유족으로서 고인을 좋은 자리(?)에 모시고자 함은 어느 누구를 막론하고 당연히 갖는 지극한 마음일 것이다.

그렇다고 해서 자신만의 이기에 의해 정해진 법과 규정을 무시하고자 한다면, 더구나 그 분이 더 높은 직위에서 봉직했다면 오히려 더 겸허하고 겸손함으로 원칙을 준수하고 따라야 하지 않을까? 고인께서는 그를 더 바라고 있을지도 모르기 때문이다.

월남참전유공자 묘역에 부하들과 함께 잠들어 계시는 채명신 장군님을 우리사회가 존경하는 이유가 바로 이런데도 있지 않을까. 채명신 장군께서는 필자가 재향군인회 참전부장 재임 시 공식석상에서 대할 때면 자주 그 말씀을 하신 걸 필자도 직접 들은 바 있다. "나는 내가 죽으면 월남전에서 함께 싸웠던 내 전우들과 함께 묻히기를 원한다. 나는 이 말을 내 아내와 자녀들한테도 자주 얘기했고, 우리 가족들도 찬성하고 있다."고 하신 말씀을.

월남참전유공자 묘역 맨 앞에 장군님이 계신다. 베트남 정글을 누비며 자유와 평화를 위해 이역만리에서 부하들을 지휘하는 사령관의 기개로 진두지휘하는 형상이다. 생전에도 그러셨겠지만 사후에도 드넓은 연병장한복판에서 부대를 호령하던 열정의 뜨거운 지휘관으로 전우와 함께 하는 모습이다.

원칙은 지켜지기 위해 존재하는 것이다. 그렇지 않다면 누가 법을 존중하고 지키려 할 것인가? 하기에 그를 위배했을 때는 누군가 또 다른 이들의 아픔과 설움, 피해로 이어질 수 있지 않겠는가? (5.25,화)

24 반가운 그 분 “날 걱정하실까봐 오지 않을 수 없어”

5월의 날씨, 기상 변덕이 참 심하다. 예전 같으면 ‘계절의 여왕’이란 호칭에 주말이면 마음 닿는 곳으로 놀러 다니기에 바쁜 시기였을 텐데 코로나19 여파에다 이상기후로 인해 그마저 이제는 바뀌어져야 할 것 같다. 오늘도 충혼당 마당엔 빗줄기가 오락가락하고, 싸늘한 기운이 여지없이 다가온다.

임시 안치실 복도 책상 바로 옆에 활짝 열린 출입구로부터 차가운 바람이 계속 들어오고 해 참고 견디다 못해 책상을 한 걸음 뒤로 물리고 출입문을 반쯤만 열어 놓았다. 그제 서야 추위가 조금 가신다. 어디 이 좋은 계절 5월에 춥다고 해서야 말이 되겠느냐만? 날씨 탓을 자주 들먹여도 안 되겠지만 그렇다고 해도 오늘 충혼당을 찾는 발걸음은 뚝 떨어진 것만 같다.

잠시 광장(마당)에 서있자 반가운 분의 목소리가 들려온다. “아니 오늘은 왜 짝도 없이 혼자서 근무를 서고 계실까. 심심해서 어떡해요?” 4년 전 돌아가신 부군을 만나러 매일 방문하시는 마포에 사시는 그 분, 할머니다. 그동안 뵙지 못해 궁금해 했는데, 얼굴을 대하게 됨에 반가운 마음이 앞선다.
“할머니 오셨어요? 또 어르신 뵙고 가시는 거예요? 이렇게 매일 오시면 힘들어서 어떻게 하십니까?”하며 인사와 함께 걱정스런 표정으로 쳐다보자 “죽은 사람보다 더 힘들겠어요? 집에 있으면 뭐해요? 맨날 혼자 TV만 보고 있는데.”

아들을 잘 키워 서울에 있는 Y대학교 교수가 되게 했지만 무슨 사연이 있어서인지 몰라도 장례식을 제외하고 지금까지 단 한 번 아들은 물론 며느리, 손주들까지 찾아오지 않고 있다는 할머니의 말씀을 기억하고 있기에 다른 얘기는 할 수가 없었다. 오늘따라 의자에 앉으려 하지도 않고 그냥 계단을 내려가려 하시기에 잠깐 서서 주고받은 얘기는 짧았다.

“매일 오다보니까 이제는 안 올수가 없게 됐어”하신다. 무슨 말씀인가 했더니 “만일 내가 하루라도 안 와봐. 그럼 저이가 걱정할거 아녜요? 어디가 아픈가 하고, 그래서 또 걱정할까봐 오게 돼요.”하시며 덧붙이는 말씀이 나를 뜨끔케 한다. “조물주께서 잘 못됐어요. 부부가 갈 때가 되면 함께 행복하게 있다 같이 가게 해주어야 하는데, 왜 한사람은 먼저 가게 하시고, 또 한 사람은 남아서 이렇게(홀로 쓸쓸하게 살다 현충원으로 만나러 오게) 하게 해주느냐 말예요? 아이구, 주책바가지. 또 쓸데없는 말을 늘어놨네요. 갈게요. 수고하세요.” 손사래와 함께 바로 계단 아래로 향하신다.

짧은 시간 얘기를 들으면서도 스스로가 부끄러워진다. 어르신(남편) 살아계실 제 해외무관으로 복무하셨기에 중동과 유럽 등 여러 나라를 다니며 사신 할머니다. 거기에 어르신이 다정다감한데다 언제나 당신을 챙겨주시기를 좋아해 하늘나라로 가실 때까지 부부금술도 무척이나 좋으셨다고 예전 말씀하신 적 있다. 그런데 3년 전 이유를 알 수 없이 시름시름 앓다 그만 돌아가시고, 이후 자식도 집을 잘 찾지 않은데다 홀로 TV 보기도 지겨워 매일 충혼당을 찾아오신다는 할머니. 그 분의 말씀을 들으며 나 자신에 대한 반성도 하게 된다. 그렇잖아도 요즘 집에서 부부간 냉랭한 한랭 전선이 형성되고 있는 상황인데 할머니의 말씀을 듣게 되니 어쩐지 괜스레 트집을 잡는 자신이 속 좁은 놈인 것만 같아 미안스런 생각이 확 들게 되는 것이다.

임시 안치실에서 봉사하면서 특히 느껴지는 게 '가족'이라는 단어이고, 가족이란 끈으로 묶여진 관계다. 혈연으로 맺어진 가장 가까운 공동체 사이가 가족이고, 가족의 연을 바탕으로 모든 인간관계가 형성되게 마련인데, 어떤 가족은 이렇고 어떤 가족은 저러는 모습이 알게 모르게 비춰짐을 봄에서다. 가족도 변화하기 마련일 것이다. 마냥 좋을 때만 있는 것도 아니고, 나쁜 경우가 계속 이어지는 것도 아닌, 서로가 서로를 얼마나 어떻게 보듬고 배려하고 양보하느냐에 따라 달라질 것이기 때문이다.

할아버지와 할머니 두 분 사이, 가족과의 관계, 거기에 대비되는 또 다른 가족들의 모습을 보면서 새삼 가족의 소중함을 되새겨보는 5월 마지막 이현오 봉사의 날이었다.(5.27,목)

25 오늘은 6월1일, 이 달은 호국보훈의 달!

며칠 전이다. 지금 현재 막바지 전시회 준비가 진행 중인 하남시의 6·25참전유공자 구술채록과 관련해 우리 팀의 유일한 대학생 K양이 카톡으로 나를 찾았다. 미사도서관이 이번 6월 25일 구술 내용 전시회 때 리플렛을 작성하는데, 거기에 포함되는 구술자(참전용사) 소개와 하이라이트에 들어갈 내용초안 수정을 가해 줄 수 있느냐는 것과 K양이 작성한 내용 초안을 보내왔다. 곧장 검토에 들어갔다.

지난 2월 26일 구술채록과 관련해 이전 직장에서의 경험과 ○○대학 교수님과 함께 한 첫 수업 이래 지금까지 참전용사(선정 구술자)님과 인터뷰를 하면서, 당시의 전투상황과 군 생활을 다른 사람보다 더 빠르게 이해할 수 있는 입장이기에 수정이야 그렇게 시간 걸릴 이유가 없다. 참전내용이야 처한 상황에 따라 다 다르겠지만 구술자 어느 누구의 사연이라도 그분들이 겪은 사실은 그 사실의 경중을 예외로 논한다 치더라도 가슴을 울리기에 부족함이 없다. 거기에 현재 현충원에서 참전유공자 관련 임무를 덧붙이고 있기에 그 감정은 더할 수 밖에.

6월 호국보훈의 달, 하남시 미사도서관은 하남시 거주 6·25 참전용사 중 선정된 10명의 참전용사가 구술한 내용을 정리해

71주년이 되는 6월25일 전시회를 개최하기 위해 준비가 한창이며, 그 내용을 정리해 연말 책자로 출간할 예정이다.

이날 오후 지하철 9호선 동작역입구로 나오자 주변에는 국화향이 진동했다. 작은 꽃바구니와 다발로 묶여져 참배객을 기다리는 이동 꽃 상인들이 훨씬 더 늘어나 있었다. 5월과는 또 다른 풍경이다. 6월이 묻어나는 것 같다. 평소 가던 방향대로 월남참전유공자 묘역을 지나 6·25참전유공자 묘역을 끼고 독립유공자 묘역을 향하는데, 묘역 전체 한 눈에 들어오는 전 지역에서 묘비 옆에 꽂혀진 태극기가 힘차게 펄럭이고 있었다. 호국보훈의 달을 맞아 묘역 정비가 이뤄져 화병에 꽂힌 꽃과 태극기가 새로 입혀진 것이다. 태극물결이 바람에 넘실대고 붉고 초록에 노란색상 조화(造花)들이 영면하고 계신 유공자님들에게 흐뭇함으로 다가서게 하는 것 같아 내 마음도 덩달아 밝아지고 있었다.

6월은 호국보훈의 달이다.

'호국보훈'이란 쉽게 말해 '나라를 위해 자신의 몸과 마음을 바친 분들을 기리는 달'이라는 뜻이다. '호국보훈의 달'은 6월 6일 현충일, 6.25 한국전쟁, 6.29 제2연평해전 등에서 국가를 위해 희생한 순국선열과 호국영령들을 기리고, 국민의 호국·보훈의식 및 애국정신을 함양하기 위해 국가보훈처에서 지정한 달이다. 1950년 6월25일로부터 휴전해인 1953년 7월27일까지 3년간 이어진 6·25전쟁은 국군과 유엔군을 포함해 178,569명의 전사자와 555,022명의 부상자, 28,611명의 실종자와 14,158명의 포로를 낳았고, 민간인 사상자 100만여 명, 전쟁고아 10만여 명에 1천만 이산가족을 남겼다. 그리고

70년이 지난 지금도 과거의 역사가 아닌 현재진행형으로 이어지고 있다.

오후 2시가 가까워진 시각, 안치실 반대편 출입문이 덜컹거려 바라보니 노신사 두 분이 잠긴 문을 열려고 흔들고 계셔서 다가가 안내했더니 503호실 ○○○ 유공자님을 찾는 분들이었다. 두 분 모두 6·25참전용사이셨다. 안내를 받아 동기생 앞에 서자마자 "정○○아, 내가 왔다. 우리가 왔어. 이 사람아."하며 인사를 나누고 잠시 숙연해 하더니, 봉안함에 새겨진 가족관계를 한참 들여다본다.

그런 다음, 옆에 친구와 전투얘기로 들어간다. 군대 갔다 온 남자들은 해도 해도 질리지 않는 게 군대얘기라고 했던가. 이 분들도 마찬가지 인 듯 했다. 나 또한 엊그제 이상현 참전용사님과 인터뷰를 하면서 1953년 7월 휴전직전 강원도 화천 크리스마스 고지와 M1고지에서의 치열한 전투 이야기를 들었던 뒤인지라 두 분이 나누는 얘기에 금방 빠져들고 말았다.

정○○ 유공자님은 1951년 전투 전공으로 훈장을 받은 분이셨다. 도란도란 얘기를 나눈 두 사람, 아니 세분은 이윽고 "정일병, 잘 있어, 우리도 이제 멀지 않았어. 멀지 않은 날 또 만납시다. 잘 있어" 작별을 고한 뒤 돌아선다. 걸음걸이는 느려도 목소리며, 기억력은 아직도 쟁쟁했다. 안치실을 나서면서 들고 온 보따리에서 박카스 한 병을 꺼내 필자에게 내밀며 "수고가 많습니다."하신다. 그러면서 '서울과 대전 현충원에는 누가 묻히느냐, 비석으로 묻히느냐, 납골당으로 하느냐, 나는 괴산으로 간다고 하는데, 어떻게 확인할 수 있느냐' 등 다양한 질문이 이어졌다. 이어 '훈장', 무공수훈자에 대한 얘기가 나오자 "그러게 말이예요, 지금 보니 여러 가지 차이가 많이 납디다. 나도 전쟁 당시 훈장 받을 일(공훈)이 많이 있었는데, 이렇게 될 줄 알았나? 그냥 대수롭게 생각했었지."아무래도 아쉬움이 묻어나는 표정을 감출 수 없어 보인다.

이번에는 엄마를 모시고 온 오빠와 자매가 돌아가면서 밝은 목소리로 "아빠, 오늘은 이만 갈게, 갔다가 현충일에 또 올게." 잠시 한가해지는 시각, 나는 출근길 종합민원실에서 가져온 리플렛을 우리 담당구역 우체통에 채워 놓기 위해 베낭에 넣고 제1장군묘역으로 향했다. 두 개의 우체통에는 각각 종류별로 리플렛이 충분하게 채워져 있었다. 역시 책임감이 강한 독립유공자 묘역 해설사 선생님들이다. 조장님을 중심으로 서로가 먼저 하고자 하는 마음들이어서 일 것이다.

우체통 확인 후 이번에는 독립유공자 묘역으로 향했다. 6월1일 첫날이어서 선열님들께 인사를 드리기 위함이다. 무후선열제단에 올라 향을 피우고 머리를 조아렸다. "이 나라 이 땅, 이 민족의 고통과 서러움을 끝내기 위해 온몸으로 독립운동에 나섰던 선열들이시여, 이 나라의 백년 천년대계를 지켜주소서. 임들께서 오늘의 대한민국 초석을 다지신 그 조국사랑정신을 오늘의 우리들이 잊지 않게 해주옵소서." 예를 올리고 돌아서는데, 갑자기 빗방울이 현충원을 가득 적시기 시작한다.

6월 1일 오후 4시, 현충원에 어떤 의미와 뜻(!)이 담긴 빗방울이 연한 안개무리 함께 계속적으로 떨어지고 있었다.(6.1,화)

26 부친의 유지를 받든 아들 '뜻밖의 만남' 있었다

여름이 성큼 온 듯하다. 5월에는 지겨울 정도로 비 내리는 날이 많더니 오늘 날씨는 30도를 오르내리는 한여름을 방불케 한다.

오후 가장 먼저 오신 참배객은 엄마와 아들이다. 어머니는 무릎 관절이 많이 안 좋으신 모양, 그럼에도 손에는 접이식 간이 탁자가 들리고, 뒤 따르는 아들의 손엔 피크닉 용 가방이 들려 있어 아마 오늘이 짐작컨대 49재라도 되는 모양이다. 한데 이 곳 안치실에 근무하면서 무엇보다 제일 곤혹스러울 때가 바로 이런 경우다.

〈코로나19〉로 음식물 반입을 하지 못할 뿐 아니라 제례와 관련된 사항은 제례 동에서 하게 돼 있는데, 이마저 코로나로 제동이 걸린 상황이어서 난처할 때가 한 두번 아니기 때문이다. 당연히 안 된다고 얘기를 드리지만 이 또한 쉽지가 않다. 한편으로 다른 방문객의 참배나 눈치도 고려해야 함에서다. "간략히 빠르게 끝내 주세요."조용조용한 말투로 부탁 아닌 부탁을 요청할 밖에 없다.

그렇다고 길어야 10여분 안팎인데 그럼에도 그 시각이 우리 봉사자 입장에서는 짧은 시간이 아니게 느껴진다. 특별히 봐준다거나 눈감아 준다는 개념은 아니지만 알게 모르게 묘하게 그렇다. 결국 내 마음 속에 솟는 작은 그 무엇, '나' '우리' 입장보다 돌아가신 분이 누군가의 아버지나 남편, 또는 자식임을 알기에 당사자인 '유족'입장을 먼저 고려 한다는 이타감(利他感)이 더 크게 작용하는 건 아닌지 모르겠다.

들어간 지 한 5,6분 지났을까, 조금 전 젊은 친구가 손에든 음료수(망고, 요구르트)를 내밀며 "더운데 이거라도...."하며 쑥스러워 한다. 이심전심(以心傳心)이련가? 미소를 전하며 고마운 마음으로 받아 든다. 그러더니 금방 가방을 챙겨 어머니를 모시고 밖으로 나온다. 그 어머니 또한 내게 "오늘이 49재여서요. 감사합니다." 하는 말과 함께 아직도 마음 무거워 보이는 발걸음을 내딛고 계셨다. 한참 뒷모습을 좇는 나를 본다.

오후 4시가 가까워지는 시각, 이번엔 40대 초반으로 보이는 한 남자가 한쪽 다리가 불편한지 절뚝거리며 얼굴의 땀을 닦으며 들어온다. 휴대전화기로 QR 코드를 찾아 찍으면서 "번호를 모르는데 李ㅇㅇ님을 찾을 수 있을까요?"한다. 이런 경우가 간혹 있기에, 대략적인 사망 일자를 물은 뒤 예상되는 안치실로 안내해 고인 성함을 재확인해 찾고 있는데, 앞서 들어와 옆 호실에서 참배하던 유가족이 의아한 표정으로 다가와 "누굴 찾는다고 하셨죠?"하고 묻는다.

그가 또렷하게 유공자의 함자(銜字)를 대자 "우리 아버지이신데 누구시죠? 왜 찾으시죠?"하는 것이다. 조금은 긴장되는 순간이다.

“아 그렇습니까, 정말 반갑습니다. 저희 아버지 동기생 되는 분이십니다. 아버지께서 돌아가시기 전에 꼭 찾아뵈라는 말씀이 계셔서 왔습니다.” 의문이 풀린다. 그러면서 감동이 다가온다. 그러자 곁으로 온 앞선 참배객의 어머니가 다가오더니 상대 남자의 아버지 이름을 묻더니 “알지요, 그런데 돌아가셨다고요?”하며 연신 그 남자에게 고마운 인사를 전한다. 그쯤에서 나는 그곳에서 살며시 나와 본래의 자리에 위치해 있는데, 서로의 거리가 가까이 있기에 주고받는 얘기가 그대로 들려온다.

어머니의 목소리가 “그럼 아버지는 어디에 계세요. 여기에 모셨나요?”하자 “아닙니다. 아버지는 고향에 묻히는 걸 바라셔서 고향에 모셨습니다.” 답변이 나온다. 그러자 “아니 그러면 일부러 오신 거예요?”하니 “네, 어제 오려고 했는데, 일이 있어서 오늘 혹시나 하면서 왔습니다.”한다.

그러면서 어딘가로 전화를 연결하는 음성이 들리더니 집에 계시는 어머니를 바꿔주는 모양이다. 이내 통화가 연결되더니 “네네, 안녕하세요. 지금 여기 현충원에서 아드님을 만났습니다. 그런데 몸이 아프시다구요? 건강하셔야 하는데, 대령님 소식은 들었습니다. 찾아뵙지 못해 죄송합니다. 오늘이 애들 아버지가 가신지 100일이 됩니다. 그래서 왔는데, 뜻밖에도 이렇게 아드님을 만나게 되다니, 얼마나 반가운지 모르겠네요. 정말 감사합니다.” 서로가 감동에 찬 목소리로 주고받는 전화음이 또렷하게 들려온다. 듣고 있는 나마저 가슴이 벅차오른다.

얼마 동안 이야기를 나누다가 고인의 유가족과 남자는 작별

인사를 나눴다. 그리고 잠시 뒤 다시 나에게로 다가 온 그가 물었다. "여기에 이기백 장군님이 계시다고 하는데, 어떻게 뵐 수 없을까요?"한다. 다리가 불편해 보이지만 '눈이 참 선하게 생겼다'싶게 무언가를 도와주고 싶은 마음이 절로 나 보이는 사람이다. 충혼당 사무실을 가르쳐주며 그 곳에서 확인하면 곧 찾을 수 있다는 얘기를 해주자 그는 고개 숙이며 천천히 발걸음을 옮겼다.

그로부터 한 30여분이 지났을까? 충혼당을 들르기 위해 안내실 쪽으로 향하자 좀 전의 그 친구가 내려오고 있는 것이다. 웃음을 띠며 "이기백 장군님 만나 뵀어요?" 하자 "네 감사합니다. 만나 뵙고 이제 가려고 합니다." 한다. 그 자리에 서서 잠시 대화가 이어졌다. "아버님은 고향으로 모신 모양이네요." 하자 "네 아버지께서 평소에도 그렇게 말씀을 하셔서 고향으로 모셨습니다."이에 "아까 보니 (돌아가신)두 분이 동기생이셨다고 하시던데?" "네 평소에도 무척 가까이 지내신 것으로 알고 있습니다." "장교이신가요?" "네 아버지께서는 대령으로 예편하셨습니다." "참 대단하시네요. 아버님 뜻을 받들어 일부러 이렇게 오셨네요. 그러니 또 그 분 가족들도 뵙게 되구요."나의 말을 받아 "네 아버지께서 돌아가시기 전 6월 이때 쯤 가보라고 하셨거든요. 그래서 어제 오면 혹시 만나게 되지 않을까 생각을 했는데, 어제는 집에 일이 있어서 못 오고 오늘 왔는데, 만나게 돼서 아버지의 마음이 통하지 않았나 그런 생각이 들기도 합니다." 하며 활짝 웃음을 보였다. 그렇게 목례를 나누고 헤어졌다.

오늘 충혼당에는 특히 여러 명 예비역 군인들이 단체로 찾아

왔다. 합동제례단에는 '육사 00기 동기생 일동', '3사 00기 동기생 일동' 등 사관학교 동기생을 중심으로 한 많은 화환들이 놓여져 나라를 위해 안보전선에서 직무를 수행하고, 유명을 달리하신 유공자님들을 위무하고 있었다.

퇴근길 현충원 어느 묘비 앞에서는 돗자리를 깔고 앉은 머리가 하얀 할머니 한 분과 젊은 남녀 두 사람이 음식을 사이로 도란도란 경쾌한 말소리가 바람을 타고 퍼지고 있었다.

이번 현충일엔 아무래도 이곳 현충원을 못 올 것 같다. 꼭 오고자 했는데, 광주 사는 큰 딸의 둘째 아이(장하준)가 1백일을 맞기에 목포에 내려가 고향 선산 부모님 산소로 해서 광주로 가야하기 때문이다. 이른 아침 출발해야 한다.
그래도 현충일 계양 태극기는 꼭 내걸고 가야한다.(6.2,수)

27 임시 안치실, 근무 여건이 확(?) 달라졌어요

9일만의 길이었다. 6월 1, 2일 이후 오늘 출근 했으니 그리 됐다. 역시 현충원으로 가는 길은 언제나 가슴 벅차고 뿌듯하다. 왜 그런지 나도 잘은 모르지만 어찌 됐든 발걸음이 가벼운 것은 어제도 오늘도, 그리고 내일도 쭉 그러리라 생각돼진다. 우리 모든 보람이 선생님들의 한결같은 마음이지 않을까 싶다. 어제도 그랬지만 오늘 아침도 하늘은 금방이라도 한줄기 비를 퍼부을 것 같았다. 오전엔 도서관에서 필요한 책들을 확인한데 이어 오후 시간에 맞춰 현충원으로 달렸다.

오전 봉사조 인 조장께서는 다음 달 월례조회 때 있을 일정표 작성을 위한 회의록을 검토하고 있었다. 이쯤에서 진짜 자랑을 해야 할 점이 있다. 회의록이다. 우리 독립유공자 팀 회의록을 보면 알겠지만 한마디로 '명품 회의록'이다. 전직 국가고위 공직자답게 조장님의 회의록 작성 능력은 칭찬하지 않을 수 없다. 필자도 실무현장에서 적지 않은 보고서를 작성해보곤 했지만 역시 우리 팀을 대표하는 조장님의 기획력은 대단하고, 고급 명품이라는 생각을 늘 갖게 한다.
누군가 벤치마킹을 해도 좋을 작품이다.
한참 후 난 또 리플렛을 한아름 가방에 담아 우리 담당 우체통(홍보지 비치)으로 향했다. 장군제1묘역 방향 국가유공자묘역으로 나아가자 미처 눈여겨보지 못했던 곳에는 지난 1983년 전두환 전 대통령의 버마(지금의 미얀마)순방 당시 우리의 현충원에 해당되는 아웅산 묘소에서 북한 공작원의 테러로 순직한 청와대 경호관들의 무덤과 비석이 있었다.

모두가 국가를 위해 임무를 수행하다 순직한 공직자분들이었다. 그런데 그곳에서 나는 가능한 안보면 더 좋았을 것을 봐야 했다. 아마 현충일을 기해 군의 후배들이 고인들을 기리기 위해 왔다간 모양이다. 헌데 마지막 흔적이 그대로 남은 것이다. 비닐봉지와 소주병, 먹다 남은 안주들이 묘역 주변을 뒹굴고 있는 것이다. 또 묘비 한쪽에는 장교가 되기 위해 공부하고 있는 학교(후보생) 관련 명패(문진)도 함께 놓여 있어 군에 대해 조금만 상식이 있는 사람이라면 누구라도 출신을 알 수 있게 놓여진 것이다. 당사자들은 좋은 의미로 그렇게 놓고 갔을지 몰라도 많은 방문객들에게는 눈살을 찌푸리게 할 그런 것임을 왜 조금 더 생각지 못했을까? 국립묘지 현충원에서는 휴지 한 장, 침 한 방울이라도 가벼이 해서는 안 된다는 사실, 새겼으면 좋겠다.

국가에 대한 충성심이 솟구치던 시절, 군(생도) 교육을 받을 때, 야외 교육장에서 귀에 딱지가 붙도록 들은 얘기 중 하나가 바로 '전장정리' 였다. 분대전투, 소대전투 등 각 교장에서 교육, 훈련을 하다 다른 교육·훈련장소로 이동하게 되면 원래 교육생들이 있던 자리에는 어떤 흔적도 남게 해선 안 된다는 게 '전장정리' 군사용어다. 교육자료 하나, 잔반찌꺼기, 심지어 분뇨 하나라도 결코 보여지게 해서는 안 된다는 거다. 적으로 하여금 위치를 노출당해 언제 추적을 당할지 모르게 되기 때문이다. 영화를 통해서도 알게 모르게 보게 되는 이야기이기도 하다. 수많은 세월이 흘렀지만 그럼에도 나 스스로 얼굴이 화끈거려야 했다.

가져간 리플렛을 넣어 두고 이번엔 우리들 성지(聖地)라고 할 충열대로 향했다. 충열대 무후선열제단은 공사를 진행하고 있어 공사자재가 여기저기 흩어져 있고, 제단도 먼지 예방을 위해 비닐 천으로 뒤덮여 있었다. 그래도 그냥 돌아설 수 없어 조심조심 걸음을 옮겨가며 제단을 향해 무릎 꿇었다. 향을 피우고 경례, 묵념으로 마음을 다진 뒤 이내 충혼당으로 향했다. 이때가 또한 마음 가벼워지는 순간이다.

그런데 9일 만의 시간이 흘러서인지, 바뀐 것들이 몇 가지 있었다. 여건이 좋아졌다고 해야 하나, 개선됐다고 할까, 우선 참배객 도착 시 확인하는 소형 체온계가 바뀌었다. 예전 것은 몇 번 체크를 해도 잘 되지 않아 오시는 분들에게 민망할 때가 한두 번 아니었는데, 새로 바뀐 체온계는 속도감도 속도감이지만 금방 확인할 수 있어 서로에게 윈윈이다.

거기다 지금까지 복도를 비추는 천정이 투명 아크릴로 돼 있어서 햇빛이 그대로 투영돼 햇살을 피하기가 어려웠는데, 그 위로 검은 천을 드리운 것이다. 그리고 복도 한쪽 폐쇄된 출입문을 개방해 바람이 양쪽 출입구를 통해 그대로 들어오게 한 것이다. 며칠 전 갖다 놓은 선풍기 한 대에 이것만으로도 올 여름 우리들 활동에 큰 도움이 될 것 같은 생각이 든다.

이 날도 교대와 함께 모셔진 유공자님들께 인사를 드렸지만 금방 금방 안치실이 채워진다는, 안타까움 이랄까 이런 마음이 든다. 정확히 한 벽면이 다 채워진 것이다. 이제 505호실 전체는 3분2실만 남았다. 이번 달 말이면 아마 5개실 전체가 다 차 다음을 준비하는 〈제례실〉 이 문을 열어야 될 것 같다.

오늘 찾은 가족 중에는 엄마와 딸 두 사람이 참배를 하였는데, 처음 아마 호실을 잘 못 찾았나 보다. 엄마와 딸이 서로 '이 방이 맞다, 저 방이 맞다' 오가다가, 딸이 찾은 실(504호)이 맞았는지, 딸의 음성이 높아졌다. "아니, 어떻게 이럴 수가 있어? 아빠 가신지 얼마나 됐다고, 딸이 돼서 아빠 계신 곳도 모를 수가 있어?" 그러면서 웃음소리가 들리더니, 이어 도란도란 얘기꽃이 한창이다. 혼자 피식 웃으며, 나만의 일손 집중에 들어간다.

퇴근 무렵에는 현충원장님이 낸다는 시원한 수박이 있어 잠시의 휴식이 주어지기도 했다. 감사한 오늘 하루도 저물어간다.(6.11,금)

28 일하면서 '아이스크림 팁' 받던 날!

정문에서 충혼당까지 가는 길이 만만치가 않다. 요즘 같은 날씨에도 그럴진데, 한 여름은 더 안 봐도 비디오다. 물론 지금이야 대부분 개인 차량으로 다니기에 큰 문제는 없겠지만 그럼에도 홀로 참배오시는 분들 같은 경우 또 얼마나 땀을 흘리게 될지 미리 걱정이다.

오늘도 도착과 함께 복장을 착용하고 숨을 돌리는데, 유니폼(조끼)이 바람이 통하지 않아 후끈한 열기가 그대로 상체 안으로 파고 든다. 그 때 안쪽으로부터 경쾌한 목소리가 들려온다. "아이구, 아버지 저희 왔어요." 아마 방금 전 들어간 인상 후덕해 보이는 엄마와 아들, 며느리 인 듯 한데 아들의 목소리 같다.

이 댁에도 오늘이 어떤 날인 듯 했다. 들어올 때 작은 휴대용 접이식 탁자를 들었는데, 가방엔 꽃도 들어 있었다. 얼마의 시간이 흐른 뒤 안치실 내를 둘러보자 그들이 펼쳐놓은 테이블 위로 여러 종류의 작은 꽃묶음들이 가지런히 자리를 차지하고 있어 서로가 폼 잡으며 자신을 드러내려 하고 있어 보인다.
순간 "아, 저렇게 상차림을 하는 수도 있구나." 입안으로 혼잣말을 하는데, "어머니, 어젯밤 아버지 만나셨어요? 꿈에 나오시던가요? 무슨 대화 했어요? 잘 계시대요?"웃음과 함께 밝은 음성의 여자 목소리가 들려온다. 돌아가신 분의 며느리인가 보다. 분위기가 무척이나 밝았다. 그러더니 "아버지, 갔다가 다시 올게요."이번엔 아들의 말이 뒤를 잇는다. 그렇게 이 날 기온 30도, 나른한 오후의 시간이건만 참배객의 경쾌한 음성에 묻혀 파릇하게 지나가고 있었다.

또 일단의 참배객들이 나간 얼마 후 이번엔 한 무리의 대가족이 들어온다. 이럴 때 QR이 제격이다. 한꺼번에 많은 사람이 몰려 올 경우 길게 늘어서서 출입명부에 기록하려면 시간이 꽤나 걸리는데, QR로 하게 된 이후 시간이 퍽이나 단축돼 우리도 덜 미안하고, 참배객들도 신속하게 찾는 분이 계시는 방으로 곧장 찾아갈 수 있기 때문이다. 501호로 들어선 걸 보면 오늘이 돌아가신지 1주년 기일이 돼 보였다.

한참 동안 서로가 웃어가며 고인을 추억하고 있었다.

여러 방문객들이 오가고 난 조금은 한산해진 시각, 이번엔 할머니 한분의 손을 잡고 20대 남녀가 들어선다. 손자, 손녀였다. 명부에 기록함과 함께 할머니, "다리가 아프고 허리가 쑤셔서 서 있을 수가 없어." 하며 금방이라도 주저앉을 자세여서 금새 일어나 옆에 있는 의자를 내밀며 앉으시길 권유하자, "그러면 할아버지 앞에다 좀 놔줘"하신다. 얼핏 바라보니 빨간 색 〈해병대 모자〉를 쓰고 웃고 계시는 사진 속 해병하사 계급의 유공자님께서 이 날 참배의 당사자 였다. "우리 할아버지(남편)셔. 얘네들 할아버지시고." 말씀을 하시는데, 돌아가신 후 작년 여기로 모시기까지 꽤 어렵고 힘든 과정을 겪고 오셨단다.

곧바로 현충원으로 모시지 못한 것은 고인께서 오해와 음해를 받아 일반 납골당에 모셔야했고, 그 과정에서 비싼 비용도 지불해야 했다고. "도둑놈들 같으니, 오늘날 어떻게 참전용사들이 이 나라를 지켜 이만큼의 나라를 만들게 했는데, 그런데 억울하게 누명을 씌워? 죽어서 어디 제대로 눈인들 감았었겠냐고? 나쁜 인간들 땜에 전과(前過)를 뒤집어써야 했지만 애초에 죄가 없는데, 뭐." 한참 말씀을 하시니, 나도 덩달아 할머니 말씀에 고개를 끄덕이고, 답변을 해야 하는 등 말동무가 돼드리고 있었다.

머리가 하얀 할머니의 말씀이 계속 이어졌다. 할아버지 고향은 개성이었다. 6.25 이전에 지리산 공비토벌작전에도 참가하셨고, 6.25전쟁의 흐름을 바꾼 더글라스 맥아더 장군의 9.15 인천상륙작전 때는 당당하게 대한민국 해병대의 일원으로 참가하기도 했다. 말씀에 묻어나는 할머니의 할아버지에 대한 애정과 자긍심은 연세와 무관하게 대단했다.

한참을 나는 앉아 계신 할머니의 눈높이에 맞게 허리를 낮추어 응대를 해야 했다. 할머니 얘기를 듣다가 자리로 돌아와 다시 방문객을 맞아 분주하게 움직이다 책상에서 메모를 하는데, 할머니가 곁으로 오시는 기척을 느꼈다.
돌아보니 언제 꺼내셨는지 한 손에 돈 1만원을 쥐고서 내 조끼 주머니에 넣으시는 거다. 깜짝 놀랐다. 돈을 꺼내 "아닙니다. 할머니, 이거 받을 수가 없습니다."하면서 옥신각신 하는데, "더운데 아이스크림이나 한 개 사먹어, 내가 고마워서 그래. 내 손 부끄럽게 하지 마러" 몇 번 서로의 손이 왔다 갔다 했지만 완고하신 할머니 행동과 말씀에 더 이상은 무리라고 판단됐다. "알겠습니다. 감사히 받겠습니다."하고 물러섰는데,

이번에는 "주변을 한번 돌아보고 오겠다"고 나갔던 손자, 손녀가 들어오는데 손에는 캔 음료를 하나 들고 오는 것이다. "우리 할머니 말동무 해드려서 고맙습니다."하는 것 아닌가. 어제 내가 무슨 꿈을 꾸었지?

두 손자, 손녀의 부축을 받으며 나란히 손을 잡고 나가시는 할머니에게 '항상 건강하시라'는 인사를 잊지 않았다. 그렇게 배웅하고 있는 찰라 이번에는 '할렐루야, 찬양합니다.' '아멘' 하는 찬송가 음악과 걸쭉한 목소리가 귓전을 파고 든다. "잠시 들리러 왔다"는 중년의 두 여성분이 찬송가 1곡을 부르고 할렐루야를 외친 뒤 금방 밖으로 나오고 있었다.

오늘은 다양한 분들이 고르게 다녀가시는 날인가 보다. 그야말로 '할렐루야~~~'다.(6.12,토)

29 휠체어 93세 어르신, "이곳엔 어떤 분들이 오는가?"

'후아' '후아', 참 대단한 날씨다. 웬만해선 '덥다'는 얘기를 잘하지 않은 필자인데 오늘은 그렇지 않다. 6월 중순의 날씨가 이러면 7, 8월엔 어느 정도 될 것인지 미리 예견해 볼 수 있는 그런 기온이다. 아무리 그렇다고 바람 한 점 없다. 안치실로 들어가는 입구에 햇빛을 가리고자 쳐놓은 텐트 위로 쏟아지는 태양열은 그 열기가 고스란히 그대로 투과되는지 오히려 더 후끈 후끈이다.

오늘은 안치실 안에서가 아닌 밖(텐트)에서 체온계 하나 들고 주변을 서성였다. 그런데 이곳에서는 뜻밖의 수확을 얻을 수 있었다. 안치실 내에선 제대로 알 수 없는 합동 제례단아니 봉안식장, 충혼당을 오가는 분들의 면면을 대하면서 그들의 생각을 조금은 읽어볼 수도 있다는 것이었다. 휠체어에 탄 할머니의 손을 옆에서 꼭 잡고 오는 손자·손녀, 두 손을 꼭 잡고 오는 젊은 부부, 연인 등 다양한 모습의 가족, 거기에 한아름 꽃바구니에서 손수 접어 만든 종이꽃까지. 참 숱한 가족 지인들이 이곳을 오가는 구나함을 보게 된다.

오후 1시50분경, 엄마와 함께 제례동쪽으로 올라가는 한 사내아이가 엄마를 보며 "엄마, 엄마 할아버지 어디 계세요?"하고 묻는 목소리가 퍽은 귀염성 있게 들려오더니만 잠시 뒤엔 초등학교 4학년이라는 양옆으로 머리를 길게 땋아 내린 여학생이 가족들과 함께 내 앞으로 오면서 "안녕하세요."하는 인사와 함께 먼저 손을 내밀어 체온을 측정케 하더니, "감사합니다." 깍듯하게 예를 표하고 안치실로 향한다.

그러자 이번엔 충혼당에서 참배를 마치고 나오던 휠체어 탄 할머니가 내려가시다가 저만치서 무언가 궁금한 게 있으신지 머뭇거리며 쳐다 보길래 잽싸게 달려가 "할머니 어떤 점이 궁금하세요?"하고 묻자, "엄마, 이 선생님께 엄마 묻고 싶은 것 다 물으셔."한다. 할머니께서는 "어떤 분들이 이곳에 묻히시느냐? 이곳이 다 차면 또 어떻게 되느냐? 운영에 문제가 되는 것은 무엇이냐" 등을 또박또박 물으신다.

무릎걸음 자세로 어르신과 눈 맞춤을 하며 차근차근 답변해 올리자 고개를 끄덕이며 "그래, 그게 내가 제일 궁금했던 거야."하신다. "고맙습니다"는 인사말과 함께 휠체어를 밀며 돌아가는 따님에 의하면 어머니 연세가 올해 93세란다. 그 모습을 보며 몇 년 전 돌아가신 어머니가 더욱 생각나는 순간이기도 했다. 천천히 가시는 어르신 뒤를 향해 "어머니, 안녕히 가세요. 그리고 건강하세요." 어르신이 잠시 휠체어를 멈추고는 나를 향해 미소와 함께 손을 한번 흔들어 주셨다.(6.13,일)

30 故 김성근 육군일병, 71년 만에 가족 품에 안겨 잠들다

오후 12:20, 동작역에 내리자 빗줄기가 더 굵어졌다. 서둘러 현충원으로 향하는데 하얀 머리에 양복의 왼쪽 깃에는 6.25참전마크를 부착하신 초로의 어르신 한 분이 천천히 계단을 따라 내려오고 계셨다. 얼핏 짐작에도 71년 전 전·후방 어느 고지, 전선에서 함께 싸우다 앞서 간 동료전우를 찾아 시간을 보내다 오시는 분이시겠다 혼지 떠올리며 걸음을 빨리했다.

도착해 전임자와 인사를 나누자 우리 팀의 막내 서○○선생이 "오늘 '유해 발굴'로 신원이 확인된 두 분의 유해가 안치 되었는데, 71년 전 미혼으로 전사하신 6.25전쟁참전 국가유공자님께서는 충혼당 단독실로, 그리고 결혼하신 유공자님께서는 임시안치실로 모셔졌다"고 일러 주었다.

언제나처럼 501호실부터 505호실까지 돌며 인사드리는데, 오전 중 71년 만에 가족의 품으로 돌아오신 故 김성근 육군 일병 유공자님께서 조용히 나를 바라보신다. 머리 숙여 인사를 올리며 평안하시기를 기도했다. 오후 1시가 조금 지난 시각, 오늘 있은 유해 발굴 행사에 참석하셨다는 참전유공자 한 분이 "오늘도 여기 우리 전우가 한 명이 들어왔다"며 들어오신다.
김 일병 유공자님을 뵈러 온 분이었다. 잠시 후 다시 다가와

"이렇게 좋은 곳에 있다는 건 영광이다. 나도 언젠가 이곳으로 오겠지만...." '수고하라'는 말씀과 함께 곧 발걸음을 옮기셨다.

그 어른이 돌아가심과 함께 난 우리 단체 카톡 방을 열었다. 부지런히 손을 놀리기 시작했다. 무언가 쓰지 않고는 안 될 것 같아서였다. 안치실 작은 공간, 짧은 순간 만나 뵈었지만 그 분은 무언의 많은 전갈을 필자에게 던져주는 것 같아서였다. 일필휘지(一筆揮之故)란 말이 이럴 때 쓰는 건가? 그리 적용되는 것인지, 알 수 있을 것 같았다.(6.15,화)

- 71년 만에 조국과 가족의 품에 안긴 故 김성근 육군 일병 -

현충!!

삼가 저희 독립유공자 묘역 해설 팀 6명 제위는 대한민국의 자유와 평화를 위해 불법 남침한 북한 공산주의자들과 최전선에서 일각의 여유와 틈도 없이 싸우다 장렬하게 전사하시고, 지난 70년 세월 아무도 돌아보지 않는 강원도 외딴 산골에서 후손의 손길을 기다려 오신 6.25참전용사 고 김성근 육군일병의 숭고한 나라사랑 정신 앞에 머리 숙여 합장배례하며 기도드립니다.

오늘 6월15일 오전 국립서울 현충원 충혼당에 안치되신 6.25전쟁 당시 강원, 춘천지역 전투에 참전, 전사해 이름 모를 산야에서 70년 하루같이 꿈에도 잊지 못할 가족들을 그리다가 이제 가족의 품으로 안기신 6.25전쟁 호국영웅님은 안치번호 505168 故 김성근 육군 일병으로 1950년 11월 26일 치열했던 춘천지구 전투에서 전사 하신 꿈 많던 청년, 청춘이었습니다. 그러나 어찌 하였으랴! 강산이 수없이 바뀌고 바뀌어도 가족의 품에 돌아갈 수 없었으니.

임께서는 그렇게 아무도 찾아보지 않은 차가운 음지에서 오직 이날만 돌아오기를 애타도록 기다리셨습니다.

후손들의 정성이었나요? 유해발굴단에 의해 햇볕을 보게 되고, 이날 국립 서울 현충원 현충관에서 정부 관계자, 가족, 동료 전우와 지인들이 참석한 가운데 예식을 마치고, 충혼당 임시 안치실에서 평온한 안식에 들어가시게 됐습니다.

비록 가난한 나라였지만 한참 꿈을 펼치고자 했던 스물여덟에 부모형제와 사랑하는 아내, 어린 아들 하나를 남기고 조국의 하늘에 별이 되셨으니, 아! 그 이름 故 김성근 육군 일병.

그 모진 세월 어찌 눈을 감을 수 있었겠습니까? 아들 하나만 믿고 의지하며 온갖 풍파를 겪으며 삶을 일궈 오셨을 부인 정옥자 님. 남편의 유해 발굴 소식을 미처 알지도 못한 채 한 많은 서러움을 곱씹으며 2018년 4월 눈을 감으셨으니요. 그리고 이제 사후일망정 임시 안치실 505호실에서 사랑하는 남편과 만나 그동안 못다 한 그 시절의 수많은 얘기를 나눌 수 있게 되었네요.

임이여, 사랑하고 감사하며 존경하는 임이시여!

2021년 호국보훈의 달 6월이 깊어가고 있습니다. 제71주년 6.25 날도 멀지 않았습니다. 오늘 한줄기 두 줄기, 줄줄이 흐르는 빗물 따라 현충원 묘역의 태극기도 고요 속에 묻히는가 합니다.

지난날 빼앗긴 나라를 되찾고자 모진 풍파, 비바람에도 굴하지 않고 오직 조국의 자주독립을 위해 온몸으로 일제와 맞섰던 유·무명 독립군, 광복군 독립의 선열님. 붉은 이리떼와도 같이 동족의 가슴에 총부리를 들이댄 북한 공산주의자들의 불법남침에 맞서 자신을 바쳐 내 나라 대한민국의 자유와 민주주의를 지켜낸 호국의 영웅, 참전용사님을 잊을 수 없습니다.

임의 위훈을 다시한번 되새기는 이 날이 되고자 합니다.

현충원 임시안치실에서(14:56)

독립유공자 묘역 해설사 이현오 배

31 "네에, 제가 오전근무라고요?" 혼비백산한 그 날!

한마디로 혼비백산한 날이다. 아니 어떻게 그런 실수를 한단 말인가? 어제까지도 확인해서 오전 봉사일임을 알고 있었는데, 전 날 마신 술기운으로 그만 깜박했단 말인가? 그렇게 자신을 탓하며 헐레벌떡 옷을 입고 내달려 암사 지하철d[몸을 실었다.

아침 일찍 눈을 뜨고 "오늘도 오후지"하면서 느긋하게 시간을 보내다 시간에 맞춰 식사를 하고 있는데, 휴대전화에 조장님 전화번호가 떴다. "근무 중이시죠."한다. "아닙니다. 오후입니다."하자, "네, 아닌데. 지금 이○○ 선생님하고 같이 서시는 것 아니에요?" 그제서야 순간적으로 '아차'했다. 그 때부턴 정신이 없다. 비상이다.

마치 목욕탕 사우나실에 들어가 느긋한 폼으로 자세 잡다가 초특급 전사처럼 쏜살같이 일어남과 동시에 튀어나가 옷을 입었던 젊은 시절 그 어느 날처럼 "바로 가겠습니다." 옷을 입으랴, 가방을 챙기랴 혼비백산해서 지하철로 날았다. 아니 도대체 이게 무슨 꼴이란 말인가? 스스로를 자책하면서. 조장님의 "천천히 하세요. 이○○ 선생님께 전화도 한 통화 드리시고요." "네 네. 감사합니다." 충혼당에 도착하니 이 선생과 정○○ 선생께서 웃으며 반겨 맞아 준다.

호흡이고 땀이고 고를 계제가 아니다. 그런데 두 분은 그렇게 생각하셨단다. "항상 일찍 나오시는 이 선생님께서 안 오시니, 한 시간 늦으시는가 보다."했단다. 그러다가 다시 "시간이 3시간으로 다음 시간부터 하시는가 보다."그랬다는 것이다. 상대방을 먼저 생각하고 배려하는 깊은 인성(人性)이다. 그제서야 우리들은 한참을 웃었지만, 웃는 순간에도 난 멋쩍고 미안해했어야만 했다.

그 가운데서도 우리 조장님께서는 또 다른 임무를 수행하고 있었단다. 매니저에게 전화해서 나의 깜빡함을 전하고, 봉사시간을 오후로 정상적으로 조정해 놓은 것이다. 그렇게 해서 그 날 오후는 뜻하지 않게 남자 네 명이 우글우글(?) 해야 했다.

한동안 잊혀지지 않을 황당, 혼비백산한 봉사 일이었던 셈이다. (6.18,금)

32 "이런 예쁜 마음씨도 있어요"

"오늘도 보람찬 하루일과가 맛깔나게 익어 가고 있는 성하의 계절 6월의 오후입니다. 존경하옵는 우리 독립유공자 팀 조장님을 위시하와 여러 선생님, 휴일의 즐거운 한 때 잘 보내고 계시지요.

이곳 충혼당에도 시원하게 불어오는 산들바람 타고 저희 봉사 용사들 심차고 보~람 차게 임하옵고 이제 하루일과를 정리하려고 합니다.
오늘은 서○○ 선생님과 행사안내 지원팀 정○○ 선생님 더불어 정성과 예의를 다해 참배객들을 맞고 환송하였습니다.

그런데 오늘 한 가지가 있었습니다.
이곳을 오셨다 가시던 한 내방객께옵서 "수고 하십니다"하고 인사를 건네며 빙긋 웃으시더니 "우리 교회에서 나온 마스크예요" 하면서 마스크 2매를 저와 서○○ 선생님께 주고 가려는 겁니다. 그래서 제가 웃으면서 그랬지요. "근대요, 여기 두 사람이 있고, 저기에 봉사는 제대로 하지 않고, 근무 시간에 물 마시는 분도 있습니다." 하고요. 하하하하.
그러자 감사 하옵게도 그 분, 계단을 내려가셔서 또 한 장을 정○○ 선생님께 드리는 겁니다. 그런데 문제는 그것으로 끝난 게 아니었습니다. 잠시 후 더 놀라운 감동의 순간이 바로 제

곁에서 펼쳐졌으니까요.

우리 팀의 막내이자 총무인 서○○ 선생이 "이 마스크를 이곳에 보관 하였다가 나중 불시에 마스크가 필요한 분에게 드리면 어떨까요, 선생님?" 하며 얼마 전 그런 경우가 있었다는 얘기를 하는 겁니다.

감동 감동. 순간 벅찬 감동의 물결이 제 가슴을 뒤흔들고 있었습니다.

비록 작은 마스크 한 장이겠지만 요즘 같은 상황에서 당장 필요한 누군가에게는 귀하고, 고맙고 감사한 금싸라기 같은 마스크가 아닐런지요?

- 오늘 상황을 그대로 정리해 카톡에 올린 내용 -

(6.20,일)

33 北 공작선에 격침당한 호국영령 추모 현장 다녀오다

오전 담당구역 우체통으로 해서 독립유공자 묘역을 들러 다시 충혼당으로 돌아오는데, 해군, 해병대 용사들이 잠들어 계시는 20번 묘역에 행사용 텐트가 설치되고, 행사 예행연습 방송이 들려 궁금증이 일어 발걸음을 그곳으로 향했다. 한참 음향 장비를 설치하는 분들에게 물어보니 "무슨 행사인지 잘 모르지만 11시에 계획돼 있습니다." 한다.

얼핏 설치돼 있는 화환을 보니 국군정보사령관 화환이 보이고, UDH회장 명의의 화환이 보이기도 했다. '해군 관련 추모 행사가 있구나.' 생각하며 돌아왔다. 하지만 11시가 가까워지자 가만있을 수가 없었다. 20번 묘역으로 향했다.

아직 행사장에 사람들의 모습은 보이지 않았다. 한참 후 일련의 검은 사복 정장차림의 참석자들과 유가족들이 속속 들어섰다. 이내 추모식이 진행되는데, 오래 전 순직한 특수부대원들을 위한 추모행사였다.

1968년 6월23일 경남 ○○앞바다에서 북한 공작선의 포격으로 작전에 나선 우리 해군 구포함이 침몰해 당시 함(艦)에 승선했던 UDH 대원 6명 전원이 전사하고 6명이 생존 장병으로 남았다고 경과를 설명했다.

행사가 진행되는 장면을 인근에서 지켜보다 곧 돌아 왔지만 53년 전 조국의 바다를 지키던 젊은이들이 NLL을 넘어 대한민국 영해를 침범한 북한 공작원들을 섬멸키 위해 작전을 전개하다 적함의 포격에 의해 숨져간 그 순간을 떠올리자 가슴이 싸해졌다.

돌아보면 1968년은 북한으로부터 무장간첩들이 휴전선 철책을 뚫고 침투해 많은 사건사고들이 몰아친 해이기도 하다. 1968년 1월 21일 북한 민족보위성(民族保衛省) 정찰국 소속인 124군부대 무장 게릴라 31명이 청와대를 기습하기 위해 침투한 〈1·21김신조〉(목사) 사건이 국민을 경악케 한 해다.

그런가 하면, 필자가 2007년부터 2018년 정년퇴직 때까지 매년 12월 9일(이승복, 동생 승수, 승자, 엄마 주대하 학살된 날) 이면 〈대한민국 육·해·공군·해병대영관장교연합회〉와 함께 강원도 평창군 속사리 위치의 〈이승복 기념관〉에서 잔혹하게 학살된 이승복 군을 추모하는 행사를 취재해 왔는데, '나는 공산당이 싫어요'의 반공소년 이승복(당시 나이 9살)을 잔인하게 살해한 1968년 11월, 120명의 북한 무장공비가 유격대 활동 거점 구축을 목적으로 울진·삼척 지역에 침투한 무장공비사건이 발생하기도 했다.

그리고 1968년 7월 20일엔 간첩 및 간첩 활동자 일당 27명이 당국에 구속되고, 관련 수배자는 118명에 이르렀던 지금은 '천사의 섬'으로 일컫는 전남 신안군 '임자도간첩단'사건은 고기잡이를 가장한 뱃길을 이용해 1962년부터 6년간 연 13회에 걸쳐 북한을 내왕하며, 공작지령을 받고 공작금 1845만 원을 수령하는 등 국내에서의 무장간첩사건은 물론 고정간첩단 사건(관련기사 참조)등이 터진 해이기도 하다.
이렇듯 1968년은 그렇게 전 국민을 공포에 떨게 한 북한의 무장침투가 컸던 해였다.

* 12월 9일, 강원도 평창군 용평면 속사리 故 이승복 군이 엄마, 두 동생들과 잠들어 있는 계방산 기슭은 매년 갈 때마다 항상 눈으로 쌓여 있거나 눈발이 휘날리는 차가운 날이었다. "나는 공산당이 싫어요." 한 때 초등학교 교과서에도 실렸던 이 말이 '허구' '조작'이라고 선동했던 이들이 있었지만 법원에 의해 사실로 확인된바 있다. 그리고 어느 해, 추운 그의 기일(忌日)에 한 명 살아있던 전향한 당시의 무장공비가 추모식에 참석해 묘소에 술잔을 올리고, 이승복 형과 형수 앞에 참회하던 모습, 그리고 필자와 인터뷰를 통해 북한 지배자들에게 전하던 말들이 되살아나기도 한다.(6.22,화)

34 『광복회장 화분 직함』이 숨겨진 진정한 이유는?

호국보훈의 달, 6월의 마지막 날이다. 어제와는 또 다르게 습한 날씨의 계속이다. 오늘은 행사지원안내 팀의 두 분에 필자, 이렇게 세 명이 편성돼 이런 저런 얘기로 화기롭게 진행하는데, 요즘은 근무여건이 올해 초에 비해 많이 좋아진 느낌이다.

충혼당으로 들어서는 출입구나 봉안식장, 임시 안치실에 출입자를 확인하는 QR(정보저장 격자무늬2차원 바코드)기가 설치되고, 체온측정기도 새롭게 바뀌어 보람이 선생님들이나 참배 유가족 모두 불편함이 최소화된 듯해 보인다.

왜냐하면 이전 QR기가 없을 땐 출입명부에 일일이 본인임을 기록하거나 낡고 성능이 좋지 않은 구형 체온측정기를 사용할 때면 시간이 그만큼 많이 걸리고 해서다. 이마에 대기도하고 팔목에 대보면서 계속 오류가 발생해 흔들기도 하고, 기온이 내려갈 때면 주머니나 품속에 품기도 하곤 했는데, 지금은 곧장 돼서 여유만만 해진다. 오시는 분들도 한결 편안해 함 또한 당연지사다. 그런 면에서 우리 일상에서, 특히 대중을 대상으로 한 면에서는 어떤 고정관념이나 정해진 틀보다 상대를 먼저 고려한 생각과 변화가 우선 되어야 하지 않을까 생각이 들게 한다.

오전 10시가 조금 지나자 갑자기 하늘이 어두워지더니 우르릉 쾅쾅 요란한 소리와 함께 소낙비가 내리기 시작한다. 비는 이내 엄청난 폭우로 돌변했다. 요즘은 날씨가 그야말로 제멋대로다. 저 하고 싶은 대로 다 하는 듯하다. 베트남이나 인도네시아 같이 스콜 현상이 이는 형국이다. 이 달은 거의 매일 비가 온다.

비가 그친 후 무후선열제단으로 향했다. 순찰을 겸해 선열들께 문안인사를 드리기 위해서다. 빼앗긴 나라, 잃어버린 조국의 독립을 위해 국내외에서, 풍찬노숙으로 온몸을 바치신 독립선열님. 1주에 한번은 꼭 들리고자 한다. 비록 무명의 이름 없는 필부(匹夫)에 불과할지라도 내가 이곳을 찾고 행하고 있는 이 순간만큼은 누구보다도 더 크고 높은 국민의 한 사람으로서 그 역할을 다하고 싶다. 그 마음이 커짐에서다.

“선열님이시여! 당신께 고(告) 하나이다. 오래 전 이 나라 힘이 미약해 국권을 상실해야 했던 암울한 1900년 초에서 1945년 8월15일 해방 전까지, 일제 식민치하 모진 고문·압박 속에서도 조국의 독립을 위해 몸을 바치셨고, 다시금 민족과 국토가 분단된 오늘의 상황을 지켜보고 계시는 선열님들이시여.
이 나라를 굽어 살펴주소서. 이 나라에 덮인 검은 구름이 걷히고 더 큰 꿈과 희망의 빛이 밝게 비추게 해 주시옵소서. 선열님께서 지켜내신 이 나라가 더는 피로써 얼룩지지 않도록 이 민족에게 지혜와 슬기, 은혜의 손길로 가득하게 해 주소서.
아직도 우리는 반목과 불신, 갈등과 대립으로 서로가 서로를 찢고 짓이기고자 음모와 대결의 장이 끊이지 않고 있습니다.

〈코로나19〉란 괴물로 세상은 온통 피폐하고 힘든 세태에 내몰리고 있습니다.
그러나 위국의 독립선열님들이시여. 위대한 호국의 영령들이시여!
선열께서 피 흘려 되찾은 이 나라, 영령들께서 지켜내신 이 나라, 이 민족 구성원들이 더 이상 서럽고 시린 삶이 되지 않도록 지켜주소서."
한참동안 기도를 올렸다.

그리고 '民族正氣'글귀가 새겨진 임시정부기념조형물을 돌아보고 나오는데 조형물 좌우측에 비치된 화분 중 오른쪽에 놓인 김○○ 광복회장 명의의 화분이 이름이 보이지 않도록 기념조형물 안쪽으로 돌려져 있는 게 보였다. 화분은 그대로 있는데, 그 이름이 보이지 않도록 한쪽으로 치우치게 해 놓은 것이다. 짧은 순간이지만 왜, 누가, 어떤 이유로 이름이 보이지 않게 화분을 돌려놓았을까를 생각지 않을 수 없었다. 고개가 끄덕여질 수밖에.

김○○ 광복회장은 좌편향적인 발언 등으로 언론에 오르내리며 눈총을 받고 있는 인물이다. 광복회원 중에서도, 또 그 후손들로부터도 비판을 받을 뿐 아니라 일반인들로 부터도 비난의 중심에 서있기도 하다. 지난 3월1일 문재인 대통령이 참석한 제102주년 3.1절 기념식에서는 애국가를 작곡한 안익태 선생과 애국가를 폄훼하는 발언으로 언론을 장식하기도 했다.

필자는 구태여 언론에 보도된 그와 관련한 사실들을 구구절절 늘어놓고 나열하고 싶은 생각이 없다.

그가 어떤 길을 걸어왔고, 어떤 사고의 행동거지를 해 왔는지에 대해서도 구태여 얘기할 가치와 필요성은 더더욱 느끼지 않는다.

다만 중요한 건 어떤 경우든지 예를 들어 나이가 많든 적든, 지식이 있건 없건, 말을 잘하든 못하든, 그의 이념이나 사고가 어떻든 간에 어떤 사안을 놓고 주의주장을 펼치거나 논하고자 할 때는 표피적 현상의 접근보다 필요충분한 근거와 논리에 입각해 방향을 맞춰야 한다는 점이다.

더 이상 말해 무엇 하겠는가?

우르릉 쿵쾅, 비는 계속 내리고 있었다. 큰 비가 내린 뒤 현충원의 푸름은 더욱 푸르고 짙게 비쳐진다. 비례해 현충원에 영면(永眠)하신 18만1천여 위의 호국영령과 독립유공자들은 오매불망 조국의 안위만을 염려하고 바라고 계실 것이다.
(6.30,수)

35 "어 내 지갑, 지갑이" 한바탕 이뤄진 쇼!

7월 첫 봉사 일부터 정신이 쏙 빠져나갔나? 아님 나이 한 살 더 들어간다는 걸 표시라도 내려고 그랬나? 등허리에 땀 깨나 흘리면서 혼자만이 아는 피식 웃음을 흘리고 말았다. 그러면서 그 날 일이 떠오르는 것이다. 오전이 정해진 근무시간 임에도 불구하고 태평스레 오후로 알고 느긋하게 여유를 부리다 혼비백산한 적이 있는데, 이번에는 반대였다.

7월 첫 주 월요일인 5일 오전 애마(세븐-10호, 자전거)와 함께 천호역으로 향했다. 출근을 위해서다. 애마를 세워놓고 지하철을 타고자 지갑을 찾는데, '아뿔싸' 보이지 않는다.

왜지? "분명히 가방에 넣은 것 같은데?" 다시 거실 TV탁자위에 놓고 나온 것으로 기억되기도 한다. 쏜살같이 애마를 달려 집에 도착하니, 오호라 지갑이 노트북 가방에 담겨 있는 것이다. TV탁자 위에 놓인 지갑을 노트북 가방에 넣고는 실제 가방은 평소 가볍게 메고 다니는 다른 가방에 옷과 책자, 일용할 양식 등을 매고 온 거다.

망설일 틈이 없다. 지갑만 챙겨 날쌘 다람쥐처럼 지하철로 달렸다. 석촌역에서 환승, 9호선 급행을 기다리자 평소 늘 타던 그 시간대 급행열차가 들어온다.
언제나 30분 일찍 출근하던 버릇이 오늘 같은 경우 어쩌면 지각할 수도 있었을 긴박한 경우를 면하게 해준 것이다. 동작역 도착(12:08), 현충원 정문도착(12:13), 곧바로 종합민원실에 들러 확인, 체크. 충혼당으로 가는 길에 6.25전쟁 전사자 호국영웅들이 잠들어 계신 24번 묘역에서 빵과 우유로 점심을 때운다. 임시 안치실 도착(12:29).

6월30일에 이어 오늘 하기에 5일 만의 봉사일인데, 오늘은 또 어떤 사연의 참배객들이 오실지 기다려진다. 잠시 뒤 모녀가 들어서는데, 무척 다정한 모습이다. 딸이 자신의 휴대전화로 먼저 QR을 찍고 이어 엄마의 전화기를 받아 확인시키고는 바로 아버지를 모신 곳으로 향한다.

물론 오시는 가족들이 다 그렇지는 않지만 대체적으로 보면 남편을 마주대할 때 아들이나 딸보다는 부인이 더 많이 쉽게 울거나 울먹이는 모습을 자주 보게 된다. 이 분들도 그랬다. 엄마가 마치 얘기를 나누듯 말을 하면서도 울음소리가 복도로 향한다. “ㅇㅇ 아빠, 마누라가 아무리 보기 싫어도 그렇지, 꿈에라도 한번 나와 주면 안 되겠소?” 코를 훌쩍이며 손수건으로 눈물을 훔치면서도 다음 말이 이어진다. “꿈에 안 나와도 좋으니 얘들 잘 되게 해줘요. 우리는 그냥 살아왔지만 자식들은 잘 되게 해줘야지요.”

가만히 안치실을 들여다보니 딸은 아빠 앞에 쪼그려 앉아 울고 있고, 엄마는 뒤에 서서 흐르는 눈물을 훔치며 생전의 남편과 대화를 하듯 말을 잇고 있다. 자주 보는 장면이지만 그럴 때마다 바라보는 나의 마음마저 아련해 진다. 또 한편으로 내가 세상을 떠 동일한 상황일 때 우리 딸이나 아내도 저렇게 할까 하는 점이다.

처음 한 두 번은 은지, 은경이가 아빠를 보며 울지도 모르겠다. 하지만 아마 아내도 울까? 요즘도 난 아내와 조금 서먹하다. 부부가 살다보면 좋을 때도 있고, 싫을 때도 있음은 한 흐름이라고도 하겠지만 우리도 간혹 온탕과 냉탕을 오간다. 주로 내 스스로가 사서 하는 것이지만 이젠 그것도 그만 둘 때가 되지 않나 싶다.

오늘도 필자가 속한 〈한국시니어교육협회〉 양학승 선배님께서 쓴 책 〈청어가 살아있는 비결〉을 읽으며 그 분의 부모님에 대한 극진한 마음, 특별히 아내와 자녀(1남3녀)들에 대한 각별한 사랑의 정을 통해 '가족'의 소중함을 다시 되새기게 된다.

계속해서 울음 섞인 엄마의 얘기가 이어진다. "○○ 아빠, 오늘 딸 생일인 거 알지? 그래도 서울에나 있으니 오지, 멀리 있으면 오지도 못해."하더니 "보고 싶으면 또 올게요."하며 자리를 턴다. 이윽고 본인이 꽃을 안고 나오는데, 눈가는 붉으레 젖어 있지만 어느새 얼굴 전체는 환한 웃음으로 한결 편안해진 모습이다. 두 사람의 모습을 보면서 나의 한마디가 또 빠지지 않는다. "한결 평안해 지셨지요."웃음으로 말을 건네니, 역시 두 사람도 미소를 얹어 "네, 감사합니다." 편안한 마음을 서로 주고받으며 목례로 배웅 한다.

얼마 후 이번엔 한 손에 예쁘게 포장된 국화를 든 어머니를 모시고 온 40대 후반쯤 남자가 양손에 무언가 잔뜩 들고 들어오면서 "오늘이 아버님 삼우제인데 여기서 간단히 술 한잔 올릴 수 있겠습니까?"하고 이해를 구한다. 또 난처해진다. 그러자 옆에 계시는 다른 선생님께서 요즘 상황을 말씀드리며 야외 합동제례단에서 할 수 있음을 설명하자 금방 얼굴이 환해지며 '그렇게 하겠다'며 안으로 들어선다.

그런데 이번엔 한 여성 참배객이 음료수 2개를 들고 와 '수고 하신다'며 건네준다. 참배를 마치고 나가면서 몇 가지 질문을 하신 분인데, 그게 고마웠던 것일까? 답변이 어려운 것도 아니었는데..... 그러고 보면 우리 주변엔 마음 따뜻한 분들이 참 많다는 걸 이곳 충혼당 임시 안치실에서 근무하면서도 자주 느끼게 된다. 살아가면서 때로 흔히 하는 말 중 하나가 '왜 세상이 이리 힘들고 어려운가?'하고 푸념 할 때도 있곤 하지만 그럼에도 "세상은 이래서 아름답고 살맛나는 세상"이란 말이 또 나오게 되는 것 아니겠는가!

이번엔 안치실 내에서 밖으로 나와 잠시 하늘을 우러러보는데, "안녕하세요."하는 목소리가 들려 고개를 돌리니, 마포에 사시며 지난 4년 동안 매일 충혼당을 찾아오시는 분께서 반가이 인사를 건네신다. 맞받아 인사를 드리는데, 왠지 오랜만에 보는 것 같다. 그 어르신을 뵐 때마다 마음이 안쓰럽다. 자식을 잘 가르쳐 Y 대학 교수까지 하게 했는데, 어떤 사유인지 모르겠으나 자식, 며느리, 손주까지 단 한번도 이곳을 찾지 않는다는 그 말이 늘 걸리기 때문이다.

그러자 눈길이 가는 곳은 합동제례단. 조금 전 〈삼우제〉라고 말을 했던 참배객이 어머니와 함께 제례단에 꽃을 바치고 북어포에 술잔을 올리고는 절을 한다. 술을 거푸 따라 올리고 큰 절을 올리는 모습이다. 그 장면을 보면서 내 입가에도 웃음이 돈다. 왜냐? 어쩌면 저 분의 아버지께서도 생전에 술을 좋아하지 않았을까 해서다. 그러니 술잔을 거듭 올리고 많이 드시라고 절도 그렇게 하는 것 아닐까.

오늘은 유독 부자(父子), 모녀(母女), 모자(母子) 이런 관계가 찾아온 날인가 싶다. 오신 모든 분들이 평온하고 편안함으로 돌아가시기를 소망한 날이다.(7.5,월)

36 "아니요, 아닙니다. 저는 불효자 였어요"효자 vs 불효자?

오전 하루가 시작되는 시각, 정문에서 정○○ 선생을 만났다. 오늘 함께 편성된 파트너다. "선생님, 차를 가지고 왔는데 같이 타고 가시겠어요?"한다. "이른 시각이지만 습한 날씨에 벌써 팔뚝이 눅눅해지는데, 이 웬 횡재인가." 얼른 옆자리에 올라 그간의 얘기들로 반가움을 더해가며 근무지에 도착, 서둘러 주변을 정리한 뒤 각 실(室)을 돌며 며칠 못 뵌 인사를 몽땅 담아 드린다.

오늘 새로 들어오시게 되는 유공자님들은 전체 6위. 어느 전선에서 조국을 위해 피 흘려 싸우셨고, 또 어떻게 위국헌신(爲國獻身)을 하신 분들이실지 궁금함이 이는 한편, 남편과 아버지를 잃은 슬픔으로 가족들은 또 얼마나 이별의 아픔과 눈물을 흘려야 했을까? 마음이 그리 닿으면 네일 이고 나의 일이고를 떠나 마음이 편치 않다.

정 선생과 함께 '세상사는 이야기'들로 도란도란 하고 있는데, 참배를 마치고 돌아서던 한 장년 인께서 "날씨도 더운데 수고 많으십니다."말을 건네며 "요즘 같은 더위엔 정문에서 여기까지 걸어와도 땀이 줄줄 하네요."한다. 맞장구를 치자 "저는 1주에 한번 씩 오는데, 겨울보다는 여름이 더 힘 드는 것 같습니다.” 이 말에 옆에 있던 정 선생이 “정말, 선생님께서는 효자시네요. 아버님 생전에도 분명 효자이셨겠어요?”웃으며 말하자 두 손을 내저으며 “아닙니다. 아닙니다. 제가 무슨 효자는요?”손사래를 거듭하며 쑥스러워 한다.

그러더니 “예전 어머니와 아버지가 따로 계실 때는 찾아뵙기가 참 쉽지 않더라고요. 그런데 이렇게 두 분을 한 곳에 뫼시니 1주에 한번 씩 찾아 뵙게 되네요. 그런데 1주일에 한번 씩 오는 것도 어쩌면 부모님을 위해서 라기 보다도 저를 위해서 오는지도 모르겠어요? 오지 않으면 마음이 께름칙하고 와서 뵙고 나면 마음이 편안해 지는 게 아무래도 그래서 지금까지 이렇게 오고 있습니다.”한다.

이에 필자가 다시 “그러시죠. 역시 그래서 선생님은 효자이십니다.”하자 극구 손을 흔들며 “아니에요. 효자 아닙니다.”하며 인사와 함께 “다음에 또 뵙겠습니다.” 하며 가벼운 발걸음을 남긴 채 현장을 떠나갔다. 돌아서가는 그의 뒷모습을 보면서 언뜻 오래 전 ‘효도’라는 걸 한 번도 생각해 볼 겨를도 없이 세상을 떠나신 아버지의 모습과 그래서 아버지 생각만 하면 지금도 가슴 아련해 지는 필자 모습이 동시에 겹치는 것이다.

곧이어 작은 토론마당이 펼쳐졌다. ‘효’에 대해서다. 예전 유교를 모토로 한 우리사회는 부모님 상(喪)을 당하면 대개 삼년상을 치루거나 시묘(侍墓)살이가 보통인 때가 있었다. 그렇게 하는 게 부모님에 대한 효행의 근본이요, 으뜸으로 봤음에서다. 같은 맥락으로 현재적 관점에서 볼 때 매일이건 아니면 그에 걸맞게 남편이나 부친이 계신 곳을 찾아뵌다는 게 어떤 마음의 동화가 있어서일까 하는 점이다. 여러 가지 이유와 사연이 있을 것이다. 그럼에도 애써 어떤 궁금증이 더해짐은 '가까이 있던 멀리 있던 1주에 한번 씩 부모님을 찾아오는 저 분 같은 많은 사람들이 부모님 살아생전 효도를 어떻게 했을까?' 하는 생각이다.

효, 효도, 효행, 자식에게 있어 부모님의 사랑, 그 지극한 사랑에 대한 표출이 어떠해야 할 것인가를 성인이 되어 한참 지난 후에서야 돌아보게 되니, 그걸 알고 행하고자 할 때는 이미 부모님은 이 세상에 계시지 않는다는 사실이다. 옛 성현의 한 사람 정철의 이런 시구가 문득 떠오른다.

'어버이 살아신 제 섬길 일란 다하여라.
지나간 후면 애닯다 어이하리?
평생에 고쳐 못 할 일이 이뿐인가 하노라.'(7.8,수)

37 조국을 지키는 최선두에서 전력을 다하다 조국의 품에 안긴 故 심○○ 상병'이시여, 잘 가시게나!

있어서는 안 될 일이 발생해 예비역의 한사람으로서 마음이 무겁다. 여군 성추행과 이로 인해 발생한 극단적 선택, 그리고 수사를 통해 드러난 사건의 일면을 보면서, 자식을 〈국토방위 수호자〉로 보낸 부모의 심정으로 착잡하지 않을 수 없다. 다만 군을 사랑하는 국민으로서, 또 선배로서 국군장병의 사기가 꺾이지 않고 다시는 동류의 사고가 재발되지 않도록 제도적 장치들이 이뤄지기를 간절히 바라는 마음이다.

잠시 뒤 한 가족 아이 두 명이 함께 왔는데, 한 애는 노란 원피스를, 또 그 위로 보이는 아이는 나뭇잎 무늬가 들어간 옅은 분홍색 원피스를 입고 광장을 이리저리 뛰 노는데 참 예쁘다. 고요한 광장에서 아이들 웃음소리는 나른함을 깨우는 신선한 청량제로 다가오기도 한다.

그 무렵 오후 3시가 가까워진 시각, 장례식장 앞으로 군복차림의 청년 군인들이 속속 모이고 있었다. 무슨 일이지? 군과 관계된 누군가가 오시는 건가? 그렇다면 중견 간부나 장교들이 많을 텐데 왜, 짧은 머리 병사들이 많이 오지?

주로 젊은 군인, 병사에 부사관, 위관급 장교들이 많고 숫자는 점점 더 늘어 약 30여명이 줄을 지었다. 그리고 얼마 후 길게 줄을 지은 행렬이 고인의 영정을 선두로 서서히 걸음을 옮기고 있었다. 우리 봉사자들도 정 위치해 예의를 갖추고 있는데, '어, 우리 쪽으로 오지 않고 충혼당으로 방향을 틀었다. 그리고 우리가 서 있는 출입구 앞에서 충혼당으로 막 방향을 잡는 고인의 영정사진을 보고 순간 놀랐다. 군복을 입은 앳된 군인의 모습이었기 때문이다. 유골함을 뒤로 앞서의 여러 장병과 가족들이 숙연한 표정으로 따르고 있었다.

아니 왜 젊은 군인이 오늘의 주인공(?)이 되어야 했을까? 또 왜 이곳 임시 안치실로 오지 않고 저리(충혼당) 가는 거지? 하고 의문을 품었는데, 얼마 후 담당직원을 통해 알아보니, 고인은 현역군인으로 계급은 상병이라고 했다. 단독실로 간 것이다. 나중에 위패를 보니 상병 심○○군이었다.

훈련 중 열사병으로 사망(순직)했다는 말이 전해졌다. 안타까운 마음 그지없었다. 한 젊은이가 국가를 위해 국토방위 일선에서 그 직무를 다하다 훈련 중 불의의 사고를 당해야 했으니. 그 가족의 아픔과 슬픔은 어떠할 것인가? 사랑하는 자식을 여읜 부모의 마음이 어떨지는 같은 아픔과 슬픔을 겪어보지 않는 입장에선 결코 얘기조차 될 수 없는 일이다.

젊은 청년 ○○상병은 대한민국 국민의 한사람으로서 맡은바 국방의 소임을 위해 최선을 다했다. 뙤약볕 아래서도 자신에게 부여된 임무를 잊지 않았을 것이다. 어쩌면 동료 전우를 위해, 자신의 안위에 앞서 동료를 더 깊고 치열하게 도와가며 임무를 수행하다 사고에 직면했을 수도 있을 터다. 젊은 청년의 죽음 앞에 가슴 시려지며, 그의 숭고한 군인정신에 절로 머리가 조아려지고 있었다. 모든 절차를 마치고 충혼당 광장에서 고인과 함께 했던 장병과 가족들이 다시 모였다. 서로를 위로하고 아픔을 나누는 모습들이었다. 거기에 대령 계급의 지휘관도 있었다. 고인의 연대장인 듯싶다. 소령도, 대위도, 여군 부사관도, 남군 장병들도 눈시울을 붉히며 가족들과 일일이 어깨를 껴안아 다독이기도 했다. 고인의 아버지로 보이는 한 분은 군인 전원에게 돌아가며 한 사람 한사람의 어깨를 어루만지기도 했다.

자식 잃은 슬픔을 억누르며 아들과 함께 했던 아들 같은 군인들을 껴안아주는 그 모습에서 자식을 군에 바친 부모의 마음을 잠시 헤아리기도 했다. 사람은 누구나 이별을 떠올리게 되고, 또 언젠가 이별하게 된다. 회자정리(會者定離)다. 이별의 아픔이 얼마나 크고 절절하랴. 오늘이 또한 그랬다. 나라를 위해 무더운 여름날에도 국방의무에 충실했던 한 젊은 군인. 그는 이제 하늘의 별이 되어 부모형제를 지켜보며 자연으로 귀의, 영원한 삶으로 떠났다.
故 심준용군의 평온한 안식을 기원해 본다.(7.10,토)

* 심 군의 충혼당 영면은 미혼 사망(순직)으로 현재 충혼당에는 미혼 사망(순직) 시 안치하는 단독실이 있다.

38 충혼당에도 '코로나19' 사회적 거리두기 4단계 이뤄지다

〈코로나19〉 확진자 수가 기하급수적일 정도로 무섭게 번지고 있다. 지난해 대구에서 확산 일로를 걸었던 공포감과 같은 엄청난 두려움이 지금 서울을 비롯한 경기도, 인천에까지 하루가 다르게 상승곡선을 타고 있다. 수도권뿐만 아니다. 부산, 경남, 대전 등 전국 광역시·도까지 일파만파다. 하여 방역당국은 오늘(7.12)부터 25일까지 2주간 지금까지 가 본 적이 없는 가장 강도 높은 사회적 거리두기 4단계를 시행하고 있다.

오늘 현충원에도 4단계 관련 여파가 바로 불어왔다. 방역당국이 사회적 거리두기 이행실태를 전국 곳곳에서 계속적으로 확인, 점검하고 있는데 충혼당도 대상이 된 것이다. 서울현충원은 대전현충원(국가보훈처 소속)과 달리 국방부 산하 기관인데다 참배객들이 끊이지 않고 1년 12달 계속 이어지는 만큼 당연히 주요 관심 지역이 될 수밖에 없을 것이다. 그래서인지 4단계 거리두기 첫날 검열을 받게 된 것 같다.

현역시절에도 그랬고, 또 정년퇴직 전 직장에서도 마찬가지지만 검열을 앞두고는 언제나 긴장하기 마련이다. 현충원장을 포함해 직원들 입장에선 준비를 철저히 해 수검을 해야 하니 바쁠 수밖에 없을 것이다. 우리도 덩달아 조금은 긴장하면서 평소 방역수칙대로 그대로 보여주고자 마음을 다지면서 있는데, 오후 2시 정해진 시간에 국방부와 국무조정실 관계관으로 편성된 검열관이 도착했다. 검열관들은 먼저 들어오는 길목에 위치한 봉안식장을 본 뒤 충혼당으로 들어가 방역상황을 점검했다.

우리 독립유공자 팀 모두는 자신이 검열을 받지 않음에도 카톡의 단톡방을 통해 서로의 마음을 나누기도 했다. 우리 팀 서ㅇㅇ 선생은 문자를 통해 "중요한 날 딱~~~ 이현오 선생님 근무시라니 이런 놀라운 일이..."하고 격려 메시지를 보내기도 했다. 하지만 아쉬움으로 끝났다. 임시 안치실은 보지 않고 그냥 지나쳤다. 우리들 상황을 보여주지 못해 아쉬움이 있었지만 이런 점검이니 검열을 받고 안 받고 가 중요한 게 아니지 않는가?

어디서건 직무 수행자들이 평시 어떻게 하느냐가 중요하고, 참배자들도 원칙에 입각해 따르면서 발열체크와 거리두기를 지키도록 하는 게 바로 한사람 한사람의 역할이고 책무가 아닌가? 또 그렇게 될 때 그게 바로 나를 위하고, 나아가 사회전체를 위하는 것으로 연계 될 것임을 믿는다.

한 사람 한 사람의 역할, 부여된 소임의 중요성을 다시 생각게 된 오늘 이기도 하다.(7.12,월)

39 '유공자님 계신 곳'이 더 시원한 오늘

올 여름은 유난히 더울 것이라는 보도가 매일 달궈지고 있는 요즈음이다. 그래서인지 출근과 함께 우리 실로 들어서면 오히려 유공자님들이 계신 곳이 더 시원함을 발견케 되는데, 마치 그걸 알기라도 하듯 친한 친구로부터 농담 섞인 얘기가 휴대전화기를 통해 들려온다. "여보시게 친구, 날씨도 더운데 땡볕 내리쬐는 복도에서 힘들게 있지 말고 거기 선배님들이 계시는 안치실에다 책상 갖다 놓고 해. 그러면 시원할 것 아닌가?" 한다.

그러면 필자도 곧 같은 수위로 응대한다. 워낙 기온이 급상승해서인지 오늘은 충혼당을 찾는 분들도 평상시에 비해 왕래가 뜸하다. 발걸음이 뚝 떨어진 것으로 보인다. 하지만 날씨가 덥다고 해서 근무지침이 달라질 리 없다. 여기는 더워도 참으며 해야 할 곳이다.

작은 선풍기 하나에 의지해 교대로 바람을 쏘이며 있는데, "이게 무슨 일인가." 직원이 커다란 선풍기를 어깨에 메고 들어온다. "무척 덥지요. 선풍기 하나 더 가져왔습니다."한다. '마른하늘에 단비'는 바로 이런 때를 두고 하는 말일 듯싶다. 선풍기 한 대의 효과가 그렇게 클 줄은 그래서 겪어봐야 안다.

오후 유공자님 안치 후 유가족들이 다 돌아가고 난 시각 이번엔 친구 분을 떠나보낸 네 분의 어르신이 참배를 마치고 나서 다가와 묻는다. "내 친구는 언제 안장되고 언제 사진도 함께 하게 되느냐?"고.

아마 야외묘역에 묻히신 분들처럼 나중 묘역 안장을 생각하신 모양이다. 하지만 그렇지 않다. 현재 우리나라 국립묘지 묘역은 안장은 되지 않게 돼 있다. 전원이 충혼당(납골당)으로 안치케 된다. 그리고 현재의 충혼당이 이미 만장 상태여서 임시 안치실로 모시게 되고, 제2충혼당이 완공되면 내년 초 경에는 전원 새 집(제2충혼당)으로 이전, 안치케 된다. 설명을 드렸다.

오후 4시가 가까워지자 이번엔 갑자스런 소낙비가 내리기 시작한다. 먼 곳에서부터 우르릉 쿵쾅 우르릉 쾅 쾅 쾅 하는 소리가 연달아 들리더니 갑자기 하늘에서 빗발이 보이기 시작한다. 천천히 서서히 내리던 빗발은 점차로 큰 소나기로 변했다. 후두둑 후두둑 소리도 요란하게 빗발이 굵어지기 시작한다. 함께 한 행사지원안내 팀의 이ㅇㅇ 선생이 "여우가 시집가나 봐요"한다. 아니 "'호랑이 장가간다'는 말은 들었는데, '여우가 시집간다'는 말도 있어요?" 하며 한바탕 또 웃음을 터뜨린다.
우리사회 이상기후 변화가 결코 소홀할 수 없는 상황으로 접어들고 있음을 떠올려 본다.

요즘도 그렇지만 지금 우리나라 여름날씨 중 하나로 열대지방에서나 보던 스콜현상이 아주 빈번하게 일고 있다. 겨울날씨도 전형적인 3寒4溫 현상이 스러지고 며칠 따뜻하다가도 갑자기 꽁꽁 얼어붙은 날씨가 계속되기도 한다.

선진국 소리를 들으면서도 탄소배출량은 후진국 수준을 면치 못하고 있는 게 사실이다.

대한민국은 이제 개발도상국이 아닌 국제사회가 인정하는 선진국이 됐다. 보도에 의하면 이 안건은 '유엔무역개발회의(UNCTAD)' 본부가 있는 제네바에서 제68차 이사회(2021.7.2.)에 상정돼 컨센서스에서 만장일치로 통과됐다.

UNCTAD가 1964년 설립과 함께 한국도 가입했다. 원조 의존 국가였다. 그럼에도 개도국에서 선진국 그룹으로 지위를 변경한 것은 한국이 전 세계적으로 처음이다. 그런데도 아직 우리의 (환경)의식은 개발도상국, 후진국 수준을 면치 못하는 것 같다. 지속적인 교육 홍보 법적 대처가 되어야 할 것이다.(7.15,목)

40 모든 직무는 '수칙'을 잘 알고하느냐, 모르냐가 관건

우리나라 소나무는 보는 그 자체만으로도 예술적 감각과 함께 다양한 느낌을 주는 가치적 존재로 잘 알려져 있다. 주요 군락지에 분포한 금강송(松)을 비롯해 보호수종으로 국민의 사랑을 받고 있는 나무이기도 하다. 충혼당 주변에도 여러 수목들과 더불어 아름드리 소나무들이 많다. 그러다보니 소나무에 대한 재선충 예방을 위한 방제활동이 잦다. 오늘도 방제작업과 함께 잔디 깎는 소리가 요란했다. 방제활동에 따라 임시 안치실 창문을 열었다, 닫았다를 반복하며 방역조치에도 신경을 쓴 날이다.

그러면서 무더운 날씨만큼이나 조○○ 행사지원 안내 팀 조장과 한 조로서 봉사에 충실코자 했다. 더운 날씨에도 보고픈 분을 만나고자 발걸음을 멈추지 않은 참배객을 예의와 정성으로 맞는데 마음을 모았다. 더울 때 시원한 커피 한잔은 힘을 북돋는다. 조장 선생님의 냉커피가 미소와 더불어 한몫을 하지 않았을까.

누구나 어떤 일을 함에 있어서 그가 속한 조직의 규정과 방침, 근무수칙이 있기에 그를 알고 행하느냐, 그렇지 않느냐는 시행착오에 따른 오차 여부를 불문하고 주요한 위치를 점하게 된다. 충혼당에서도 마찬가지다. 지난 3월 이후 현재까지는 묘비 정비를 담당하는 선생님들을 제외하고 4개 팀이 담당한 지역에서 붙박이 근무로 임해 왔는데, 8월부터는 순환근무제로 전환된다. 즉 임시안치실(독립유공자 묘역 해설/행사지원안내)팀은 봉안식장으로, 봉안식장(대통령 묘역 해설)팀은 충혼당으로, 충혼당(무인제례실)팀은 임시 안치실로 돌며 순환제로 하게 된다.

해서 오후 봉안식장으로 향했다. 곧 우리가 봉안식장에서 봉사임무를 하게 됨에서다. 관련 내용을 귀동냥, 눈대중으로 익혔다. 선 예행연습에 들어간 것이다. 그리고 팀원들이 참고가 되도록 내용을 정리해 단체 톡에 공유했다. 아래 내용을 곧장 전송했다.

현충!!
오늘도 우리 존경하옵는 독립유공자 팀 선생님 모두모두 보오람찬~~ 빛나는 7.16(불금) 되시옵기 바라나이다. 오전 우리들의 희망 근무지에서는 소나무 병충해 예방 방제활동과 잔디이발 미용이 예쁘게 진행됐습니다. 저는 조○○ 행사지원 안내팀 조장님과 더불어 힘차게 봉사활동에 임하고 있는 중입니다. ㅎㅎ

더불어 10시30분 건너편 봉안식장을 방문, 그 팀 김○○선생과 담소를 나누며, 다음 달 더 뜨거워질 8월 근무지 예행연습을 미리 하고 왔습니다. 참고 차 기록 내용을 보고 드립니다.

1. 유공자 고인 2위께서 거의 동시 도착 시

우선 도착 순서를 정확히 해 먼저 도착 유공자분을 안내해 모심. 다음 도착팀은 버스에서 대기 조치하여 유족분들 섞이지 않도록 함. 앞선팀 봉안절차 완료 후 임시 안치실로 이동 시, 후에 도착한 버스 대기 팀을 봉안식장으로 안내 유도.

2. 유가족 안내데스크 도착 시

기 임시 안치실 방역활동 안내와 동일.
QR 및 출입부 기록(양식에 고인과 방문자 성명 동시 기입)

3. 발열 체크

4. 사무실 안내 / 입실

위패/영정사진, 유골함 포지 유족 2인 우선 입실
사제 유골함을 '정해진 규격' 현충원 함(函)으로 교체
사무실에서 서류 확인 차 서류지참자 요청 시 1인 추가 입실

5. 유가족 대기실(석) 대기

모든 행정절차 완료될 때까지 대기석 대기 후 전원 임시 안치실 이동

6. 질문 시 경청 / 답변

대기실(석)서 기타 유가족 질문 시 범위 내 답변

7. 화장실사용

봉안식장 사용 금, 제례동 화장실 이용 / 안내

이상 현재 시점 상황 보고 드렸습니다. 감사합니다.

그리고 오늘 나는 또 다른 현장을 접했다. 그 분들과 잠시 행동을 함께 해야 했다. 봉사 종료 후 복귀하는데, 국가유공자 제3묘역 한곳에서 조용하게 애국가가 울리는 것이다. 그곳으로 찾아가니 故 박태준(포스코 회장)전 국무총리님과 바로 옆 故 김만술 대위님 묘역에서 20여 명의 어르신들이 참석한 가운데 작은 행사가 열리고 있었다.

오후 1시가 지난 한참 불볕더위가 기승을 유발하는 시각인데.......〈68주년 베티고지 전투 대승 기념 추모 및 무명용사 송환을 위한 국토대장정 출정식〉을 겸한 노병들의 행사였다.

필자 입장에선 그냥 지나칠 수 없는 눈이 반짝 빛나는 순간이었다. 김만술 상사(당시)가 어떤 분인가? 1953년 7월15일부터 16일까지 베티고지 전투에서 대승을 이끈 6·25전쟁 최고 영웅 중의 한 분 아니시던가? 6·25한국전쟁 전사(戰史)에 조금이라도 관심 있는 이라면 누구라도 아는 전투, 또 〈김만술〉이란 이름이다. 정전협정이 맺어지기 직전 피아간에 있었던 우리군 최고 전투 전승의 대명사이기도 하다. 그런데 필자도 놀랐다. 행사를 진행하던 분의 얘기를 들으니, 박태준 전 총리께서 당시 베티고지 전투를 지휘한 대대장이셨다고 한다.

또 이들 노병들은 북한에 남겨진 무명의 국군포로 송환을 위해 나선다고 했다. 71년 전 북한 공산군의 침략으로 일촉즉발의 위기였던 나라를 구한 호국용사들, 그리고 68년 전 베티고지 전투 대승을 일군 용사들, 그 분들이 있어 오늘의 대한민국이 있음을 우리는 잊지 않고 있다.(7.16,금)

41 제헌절, 충혼당 호국 용사님은 어떤 마음으로?

제73주년을 맞는 제헌절이다. 오늘은 또 얼마나 더위가 극성을 부리려나? 하면서 출근길에 나서는데, 그랬다. 오늘이 무슨 날인가? 1948년 대한민국 최초 제헌국회에서 헌법이 제정된 날이지 않은가? 하지만 이 날도 아파트 각 동 베란다에서 태극기를 구경하기란 요원했다. 강동구 필자 거주 아파트에서는 국경일 전 날 저녁이나 다음날 아침이면 관리실에서 꼭 방송을 한다. '집집마다 태극기를 게양해 달라'는 안내 방송이다. 하지만 그걸로 끝이다. 반응이 시원치 않다는 얘기다. 태극기를 게양한 날이면 특별한 경우가 아니면 그 날 한번은 꼭 아파트를 둘러보는 습성이 있는데, 그 때마다 아쉬운 마음 감출 수 없다.

3000세대에 이르는 큰 규모의 아파트인데도 하나하나 헤아리며 셈을 해보면 각 동별 태극기 게양 가정은 겨우 4, 8%에 정도밖에 되지 않는다. 매번 거의 같은 수치로 보여져 우리 국민의 나라사랑하는 마음이 이 정도밖에 되지 않나 하는 생각에 마음이 개운치 않다.

나라가 위기국면에 처할 때마다 우리 국민의 나라를 위한 마음이 얼마나 강렬하고, 한마음인가를 알 수 있지만 국경일 태극기 게양 상태를 확인하고 나면 실망이다.

애심이니, 국가관이니 하는 것을 구태여 먼데서 찾을 게 아니라 태극기 다는 데에서부터 찾아보면 어떨까 하는 생각이 더해지기도 한다.

현충원으로 들어서자 언제나처럼 반겨주는 게 있다. 묘비와 태극기다. 호국보훈의 달 6월이면 깨끗한 새 태극기로 단장된 묘역에서 불어오는 바람결 따라 이리저리 흔들리는 태극기의 군무(群舞).

저토록 힘차게 펄럭이는 태극기를 지키기 위해 우리 선열들은 얼마나 많은 피와 땀과 눈물을 흘렸던가? 파고다 공원에서, 아우내 장터에서, 광화문광장에서, 전국의 시장, 산야에서 태극기를 흔들며 목 놓아 '대한독립 만세'를 외치고 또 외쳤던가. 또한 각종 국제 경기대회 시상대 높은 곳에 올라 자랑스레 태극기를 목에 걸고, 애국가를 부르며 국가대표선수들의 포효의 눈 맞춤은 또 어이하던가. 태극기는 바로 그런 대한민국이요, 대한의 영광이요, 한계의 극복이기도 했다. 그래서 현충원의 태극기가 더 각별하게 다가오는가 싶다.

더불어 발걸음 더 가볍고 빠르게 충혼당을 향해 힘찬 발걸음을 내딛고 있었다.(7.17,토)

42 "형, 그곳에서는 아프지마." 한 지인의 작은 메모 편지

올 여름 7월, 서울은 폭염주의보 전성시대다. 이번 주내내 이어지고 있다. '푹푹 찐다'는 말이 바로 이런 때를 두고 하는 말일 것이다. 웬만한 더위에는 "뭐 이정도 가지고서"하고 말겠지만 요즘은 입만 열면 "어휴, 오늘도 찜통더위는 그대로구나" 하는 말을 달고 살 정도다. 그래서 선풍기에서 내뿜는 바람도 눅눅하니 뜨뜻한 바람이 나올 만큼이니, 더위를 삭히기엔 별무소용이다. 그런데도 오늘 무더위를 크게 느끼지 못함은 함께한 조○○선생님의 냉커피 등이 한 몫을 차지했기 때문 아닐까? 조○○선생의 얼음물과 냉커피는 '감사함'이었다.

찜통더위가 계속임에도 휴일 오후 남편과 아버지, 할아버지를 찾는 가족들의 발걸음은 멈추지 않고 계속이다. 그 모습을 볼 때마다 늘 마음에 크게 와 닿는 게 있다. 특히 요즘도 파주에서 매일 남편을 보러 오시는 그 분을 먼발치로 보면, 돌아가신 부모님이나 남편을 만난다는 일은 언제나 가족의 일원이라는 느낌으로 가슴 훈훈케 해주는 일에서다.

안치실을 돌다가 손으로 쓴 작은 메모 편지를 발견했다.
1986년 군 복무 중 공상을 입은 분으로 젊은 나이에 돌아가셨는데, 동생뻘 지인으로 보였다.

편지에는 【To : ○○형. 안 아프고 잘 지내? 형 보내고 처음 왔네. 앞으로 시간 될 때마다 자주 오께. 인천 동생 ○○】 사연은 짧지만 고인에 대한 미안함과 보고픔이 한데 묻어났다. 안치실을 돌다보면 의외로 복무 중에 전상(戰傷)이나 공상(公傷)을 입은 분들이 많음을 보게 된다.

지금이야 많이 달라졌지만 예전 군에서 직무를 수행하다보면 불의의 사고가 수시 발생하곤 했다. 그럼에도 비전투손실을 최소화함은 그 자체로서 전투력 보전과 유사시 즉각적인 전투력 발휘의 지름길이 되기 때문이다.

필자의 군복무 시절에도 '위험예지훈련'이 생활화 되었었다. 임무에 임하기 전 위험요인은 '이렇고, 이런 일이 있을 수 있다'고 가정해서 사전 위험요소 제거나 미리 예견하고 대비하는 것이다. 매사 우리 생활에서도 이런 일들이 필요하지 않을까 생각게 되는 오늘이다.(7.18,일)

43 '코로나 시대' 피서지요? ...현충원은 어떨지요

지난 7월12일부터 '사회적 거리두기' 4단계가 시행중이다. 하루 확진자가 연일 기록을 세우다 지금은 약간 주춤 하는가 싶은데 하지만 1300명에서 1400명을 오르내리는 4차 팬데믹 상황이 계속되고 있어 국민은 국민대로 힘들고, 방역당국은 당국대로 피로에 지치며 긴장국면으로 내몰리고 있다. 그럼에도 일련의 고통을 감내할 수밖에 없어 방역지침 준수가 더욱 절실해야 하는 시점이 바로 지금 순간이지 않을까 싶다.

우리는 흔히 '사람은 때로 망각의 동물'이라고도 하는데, 오늘 그걸 또 절감해야 했다. 아침 기상과 함께 "오전 근무이니 오후 여유 있겠구나."하며 여유시각 30분을 고려해 출발했다. 주로 오후 위주로 봉사에 나서다가 오랜만에 오전이라 하니 발걸음이 더 빨라졌나 보다. 정문을 통과해 종합민원실에 당도하니 정확하게 8시 30분.

뒤로부터 "아니 왜 이렇게 빨리 오셨어요." 조장님이다. "네 조장님은 왜 이리 빨리 오셨습니까?" 인사를 나누면서도 "어, 오늘 조장님과 같이 편성돼 있었나?" 조금은 의아해 하는데 "아니 그런데 오늘 오후 봉사시간 아니세요?" 하며 편성표를 확인하더니 "하하하, 이 선생님 오후 봉사시간인데 깜빡 하셨나 보군요."한다. "네? 아니, 그렇습니까? 어찌 또 이럴 수가."

오후 활동시간 인데, 지난번과 달리 이번엔 또 오전으로 착각(?)한 것이다. 허나 이미 와 있으니? 방법을 찾아야지.

오후 1시까지 어디서 시간을 때우지? 하며 머리를 갸웃하다가, 문득 생각난 곳이 있어 방향을 잡아 걸음을 옮겼다. 나무가 우거져 하늘이 보이지 않을 지경이다. 숲으로 덮인데다 의자까지 마련돼 있어 더위를 피하며 개인시간을 갖기에도 안성맞춤이다. 훌훌 털고 자리를 잡았다. 오전 나만의 근무처가 된 것이다. 소나무와 활엽수가 하늘을 가리고, 벌써 서늘한 기운이 온몸으로 파고든다. “그래, 오늘은 덕분에 여기서 피서나 하자.” 그랬다. 그렇게 생각지도 않은 피서에 들어가게 됐다.

현충원 서문에서 방향을 우측으로 틀면 울창한 나무들과 함께 산책로가 잘 정비돼 있고, 연꽃이 가득할 뿐만 아니라 두루미며 오리, 철따라 노니는 물새들이 보는 이들의 마음을 아늑하게 감싸주는 〈현충지〉 연못이 반겨준다. 관악산 기슭으로 시작해 공작봉이 감싸고 대통령 묘역과 6.25참전 호국용사 묘역, 그리고 조선 중종 임금의 후궁이자 선조의 할머니가 되는 창빈 안씨 묘역으로 현충천을 따라 이어지는 〈현충지〉 인근은 필자의 눈에 한여름 하루 피서지로 보내기에도 안성맞춤이었다. 그렇게 올 여름 전혀 예정에도 없던 피서가 바로 낙찰되었다.

책을 펼쳐 밴치에 앉기도, 눕기도 하고, 눈을 감고 생각에 잠기기도, 〈현충지〉에서 노니는 새들의 움직임을 눈여겨 관찰도 하며 나만의 시간에 빠져들다 보니 어느새 점심때다. 옆에 있는 ‘만남의집’으로 이동해, 언젠가 한번 맛봤던 그 맛을 찾아 〈육개장〉으로 끼니를 때우고 난 뒤 충혼당으로 이동해 한바탕

호탕한 웃음을 나누고서 오후 활동에 들어간다. 역시 오늘도 한여름 더위는 대단했다. 하지만 내가 누군가? 어떤 더위에도 강한, 꺾이지 않는 소유자 충혼당 임시 안치실 지킴이 아닌가?

오늘 참배객 중에는 군인 아저씨도 있었다. 아빠와 함께 참배 온 외모부터 단정하고 번듯한 모습의 상병계급 군인은 필자에게도 인상 좋은 웃음으로 목례를 한 뒤 할아버지를 뵙고 나가는데, 그 모습이 참 믿음직스러웠다. 젊은 청춘 군인을 대하면서 문득 무더운 날씨에도 전후방 각지에서 국토방위에 여념 없는 국군장병의 모습을 대신해 주는 것 같아 돌아서 나가는 뒷모습에 한동안 눈길을 보내었다.

이어 잠시 뒤 이번엔 오늘 안치되실 유공자님께서 영정(影幀) 사진을 앞세워 들어오시는데, 군복차림이다. 경건한 마음으로 머리 숙여 영접하면서도 어쩌면 저 분도 수의(壽衣)로 군복(軍服)을 택하지 않으셨을까 하는 생각이 미쳤다. 그런 생각이 들면서 문득 지난 10일로 돌아가신지 1주기가 된 故 백선엽 장군님이 떠올랐다.

타계하시기 전부터 장지(葬地)를 서울현충원이냐, 대전현충원이냐를 놓고 여러 말들이 있었지만 장군님께서는 돌아가셔서도 군복을 수의로 하셨다는 얘기를 들었다. 군인은 사망(순직)하면 군복, 전투복이 수의가 되기에 6·25전쟁 경북 칠곡 다부동 전투에서 대승리를 거두고 인천상륙작전의 전기를 마련한 장군에게 있어 군복 수의는 당연하지 않았을까 하는 생각이 들기도. 거기에 안장(安葬) 시 다부동 전적지를 비롯해 봉일천 등 전국 8도의 흙을 모아 관(棺)위에 뿌리는 의식도 함께 이뤄졌었다.

어쩌면 군인에게 있어 군복은 그 자체로서 국가와 국민에게 충성을 맹세하는 서약의 복장인지도 모르겠다.

그런데 이날 엄청난 폭우가 한순간 현충원을 덮었다. 덕분에 더위는 선풍기가 필요 없을 정도로 가셨지만 2시 20분부터 시작된 비는 5시가 다 될 때까지 그칠 기미를 보이지 않았다.

그래서였을까, 오늘 오전 나는 나만의 시간 속에 빠져 들 수 있었다. 현충지와 우거진 나무사이에서 때론 사색으로, 때론 주변의 돌아봄과 책 속에 눈길을 주는 한편으로 현충문 안 우뚝 솟아오른 현충탑과 독립유공자 묘역을 바라보며 생각에 잠기기도 했다.

(퇴근 전까지도 빗발이 거세지자 함께 한 박○○ 선생께서 봉안식장 직원으로부터 우산을 빌려와 내게 전해주었다. 동료애인가, 전우애! 이게 우리들의 모습이다.(7.19,월)

44 '감정코칭', 나는 상대의 마음을 얼마나 이해할 수 있나?

군 복무를 포함해 단체생활을 많이 해온 필자의 입장에서도 때로 당황하고 미적응으로 대처하기가 못내 어려운 경우가 있었음을 토로하지 않을 수 없다. 더구나 한사람의 주의 주장으로 인해 단체가 겪는 곤혹스럼이나 일정에 급작스런 변경 내지 번복을 해야 할 경우가 생길 때면 더욱 그랬다.

그러나 나중에 모든 일이 정상으로 돌아온 뒤 복기해보면 "아, 그런 문제가 있었구나."하고 상대방을 이해할 수도 있고, 스스로를 돌아보게 되는 기억이 있다. 그러면서 왜 그 당시는 상대방을 더 이해하려고 하지는 않았을까, 하는 아쉬움에 혀를 차던 때도 있었다.

'감정코칭' 교육을 받자니 그 생각이 더 크게 다가온다. 오늘은 매월1회 전체가 한데 모여(2개조) 조별 자치회 및 교육으로 진행하는 월례조회가 있는 날이다. 그러나 이번 조회는 코로나19의 폭발적 확산으로 사회적 거리두기 4단계가 적용 중이어서 '줌(Zoom)'으로 진행됐다. 그리고 자치회의에 이은 교육은 전문가의 '감정코칭'이었다.

이 날 교육의 주된 내용은 '소통' 중심이었다. 흔히 우리는 '소통'은 '공감능력'이 좌우된다고 한다.

그래서 공감능력은 타인의 생각과 감정을 이해하고, 공유하는 사회적 감수성으로, '나는 당신의 상황을 알고, 당신의 기분을 이해한다.'는 말처럼 다른 사람의 상황이나 기분을 같이 느낄 수 있는 능력을 말한다.

그런 면에서 나는, 우리는 누군가에 대해 얼마나 '차이'와 '다름'을 이해하고 공감하려 하고 있을까?
나 스스로 묻고 돌아보는 시간도 필요해 보인다. 소통은 일방의 생각을 상대에게 주입하는 차원이 아니다. 서로가 주거니 받거니 주고받는 관계여야 하기 때문이다.

내가 먼저 마음의 문을 열고 상대에게 다가서고자 노력의 선행을 추구하는 개개인이 요청된다 하겠다.
서로가 잘되고 윈윈을 위해서다.(7.21,수)

45 불볕더위 땀으로 목욕해도 좋아, 나는야 '현충원 보람이'

연일 불볕더위가 새 기록을 갈아 치우고 있다. 한편에서는 코로나가 기록을 갈고 또 한편에서는 전국을 열대야로 몰고 있는 찜통 폭염더위가 그렇다. 오늘 현충원 오후 2시30분 현지 기온은 37도로 콘크리트 체감온도는 40도를 오르내릴 것이라고 하니, 2021년 7월 현재 연일 맹위를 떨치고 있는 어마어마한 여름 열기는 어디가 어떻고를 콕 집어 말할 수 없을 정도로 전국을 통타(痛打)하고 있다.

10시20분, 여유가 있는 시간이다. 자리에서 일어섰다. 현충원 홍보용 리플렛을 원내 주요 지점에 설치된 우체통 중 우리 담당구역에 비치하기 위해서다. 콘크리트 바닥 지면에서 올라오는 후끈한 열기가 바로 현재의 기온을 짐작케 한다. 국가유공자제1묘역으로 향하는 계단을 향하자 어느새 땀에 젖은 바짓가랑이가 착 감기는 느낌을 준다.

장군제1묘역 입구와 아래쪽 우체통을 확인하자 아직 책자가 많이 남아 있다. 우리 독립유공자 묘역 해설가 조장님의 부지런함과 열정이 어떤지를 알 수 있다. 더운 날임에도 '내가 미리 갖다 놓겠다'는 선제적 조치 책임감에 함께 하는 동료들을 먼저 배려하겠다는 고운 마음씨가 우체통을 통해서도 절로 알 수 있는 것 같다. 지니고 간 리플렛을 그대로 들고 독립유공자 묘역으로 향했다.

이곳 현충원의 7월 녹음은 대단하다. 바람 한 점 없는 뙤약볕임에도 푸른 나뭇잎과 초목들은 더위에 지친 기색도, 졸음겨운 흔적도 뵈지 않는다. 현충원을 찾는 참배객과 탐방객들에게 조금이라도 더 시원한 자태를 보여주기 위함에서인지 초롱초롱한 맵시로 저마다의 자태를 보여주고 싶은 일념이 더 커 보인다. 피식 혼자만의 미소를 흘리며 박정희 대통령 묘소를 지나 호국 지장사를 거쳐 발길을 재촉했다.

충열대의 〈대한독립군무명용사위령탑〉을 돌아보고 파란 잔디를 밟으며, 박은식 임시정부 대통령 등이 잠든 임시정부 묘역을 지나 〈무후선열제단〉에 도착했다. 충혼당에서 출발한 지 불과 30여 분인데 바지는 질척거리고 상의 남방셔츠 안으로는 땀방울이 줄줄 흘러내린다. 머리에서 얼굴로는 굵은 땀방울이 뚝뚝 떨어져 손등으로 스윽 슥 닦아내보지만 눈 속으로 파고든 땀으로 눈이 따가와 연신 훔쳐내도 땀방울의 스멀댐은 계속이다.

제단 앞에 무릎을 꿇고 향에 불을 붙이려하지만 그마저도 땀에 젖은 손길이라 만만치가 않다. 오늘 기온 상태를 바로 알려주는 일면이다. 향에서 뿜어져 나오는 향 내음이 은은하게 퍼지면서 내 마음은 더 경건해지고, 흐르는 땀방울 더불어 한동안 소리 없는 기도로 이 나라 대한민국의 영원무궁과 국민의 복락을 염원해 본다.

‘누구나 알 수 있고, 누구라도 할 수 있지만 그렇다고 아무나 할 수 없는 일.’ 바로 그 일을 하며, 2021년 오늘을 장식하고 있는 이들이 ‘현충원 보람이’다. 현재 5개 팀 46명. 여러 분야에서 다양한 경륜을 쌓은 분들이 ‘나라사랑’의 마음을 전제로 그 역할을 다하고 있다.

그러면서도 필자의 좁은 생각에 의하면 100년도 훨씬 전 ‘빼앗긴 나라의 운명’을 탈피코자 했던 선열의 뒤를 받치는 〈독립유공자 묘역 해설 팀〉 이야말로 코로나 시대로 인해 그 역할이 미약해졌다고 해도 충혼당에서의 역량은 더 크게 다가서지 않나, 제단에 향을 올리면서 나만의 포만감으로 빠져 보기도 한다.(7.22,목)

46 내가 부드럽고, 환하면 그도 내게 밝게 다가오리

사람은 '행복'해지기를 바라고, 행복함을 내 생의 가장 큰 가치로 여김은 보편적 기준이라 할 것이다. 그러기에 '나는 행복에 크게 연연하지 않고, 바라지도 않는다.'하는 누군가가 있다면 그는 지금 현재의 마음 상태가 그럴 만한 위치에 있지 않음을 드러내는 것이라 할 수 있을 것이다. 행복이 아무리 상대적인 것이라지만 작은 것에도 무한한 감사와 행복을 느끼는 이가 있는가 하면, 진혀 그렇지 않은 경우도 있음을 우리는 주변에서도 쉽게 보게 된다. 오늘이 또한 그랬다. 오후 최고 기온이 37도. 도대체 꺾이지 않는 한여름 불볕더위 풍속도가 계속인 요즘이다. 소리도 요란하게 윙윙대며 돌아가는 선풍기 바람도 뜨거움이요, 의자 방석도 마치 전기담요를 올려놓은 것처럼 후끈 달아오른 상태다. 가만히 앉아 있어도 정수리에서 땀이 스멀거리며 등허리를 타고 흘러내리는 그런 날인데, 그럼에도 작지 않은 정성이 가득 담긴 동료의 청량제가 있었다. 그건 행복감이었다.

오후 봉사자들을 생각해 동료 서○○선생께서 얼음과 차가운 물이 담긴 휴대용 아이스박스를 가져다 놓은 것이다.
이건 행복함이다. 어쩌면 준비하는 그 마음에도 행복함이요, 그것을 사용하는 당사자들 마음에도 감사와 행복함이 서림은 당연한 귀결이었을 것이다.

오후 땡볕이 내리쬠에도 참배객들의 이어지는 발걸음엔 멈춤이 없었다. 이유는 분명하다. 내 아버지, 내 어머니를 뵙고자 하는 자식으로서의 마음가짐이 깊기 때문 아니겠는가. 오늘 임시 안치실에 안치되실 국가유공자님은 모두 세분. 이 세분이 안치되시면 505호실에는 앞으로 오실 열일곱분을 안치하면 제2안치실로 모시게 된다.

부모님을 찾는 자녀들의 발걸음이 끊이지 않는데, 더위를 식히고자 안치실과 밖에 나무 그늘을 오가는 중에 부모님과 함께 온 학생 가족이 문의를 해 안쪽으로 안내하자, 그 학생이 필자를 보며 밝은 미소를 띠우면서 "날씨가 더운데 힘 드시겠어요." 그 미소와 말이 무척이나 고마워 "감사해요" 하자 목례와 함께 안치실로 곧장 들어간다.

그러자 이번엔 참배를 마치고 돌아가는 일가족을 향해 예(禮)로써 인사를 표하자 "선풍기 바람도 뜨겁죠? 날씨가 이렇게 더운데 고생 많으십니다"하며 고개를 숙이며 격려 인사를 전해준다. 그 한마디가 우리를 신나고 미소 짓게 만들어 주니 행복의 가치는 멀리 있는 게 아니라 바로 이런데있는 것임을 문득 문득 깨닫게 된다. 만약 오늘 내가 이곳에 잊지 않았다면 이 기분을 어찌 만끽이나 할 수 있겠는가.

마지막으로 안치되실 분이 늦게 도착하셨다. 이미 타 팀의 보람이들은 모두 퇴근한 뒤다. 봉안식장 보람이 분들도 나간 뒤라서 직원들의 손길이 바쁘게 이어지고 있었다. 이럴 때 누군가가 있어야 함은 당연지사다. 퇴근은 다음이다. 이번 7월은 전반부에 봉사일정 대부분이 편성돼서 오늘 일정을 마치면 7

월 봉사가 마무리되기에 서운함도 한 목 함에서다.

이 곳 임시 안치실은 2020년 후반기에 문을 열었다. 1695분의 유공자님들이 제2충혼당이 문을 열 때까지 이곳에서 영면에 들 것이고, 제2임시안치실도 준비가 착착 진행 중이다. 그리고 우리 팀 8월 봉사지역은 봉안식장이기에 앞으로 2개월은 이곳과 떨어지게 된다.

왠지 서운한 마음이 벌써 앞선다. 출근하면 우선 1~5호실을 돌며 국가안보와 이 땅을 지키기 위해 혼신의 힘을 쏟으셨던 국가유공자님들께 인사로서 하루의 시작 문을 열었는데, 앞으로 자주 찾아뵙지 못함에 따르는 서운함일 것이다. 자주 찾아뵙지는 못하겠지만 그래도 가끔이 들러 인사를 드려야겠다는 마음을 다졌다. 땡볕과 무더위, 굵은 땀방울로 함께 했던 임시 안치실 7월의 근무가 이렇게 또 행복함과 아쉬움을 남긴 채 잠시 이별을 고하게 되는가 한다.(7.25,일)

47 제 2임시 안치실, 새롭게 문을 열다

제1임시 안치실이 모두 들어차 새로 문을 연 제2임시 안치실이 오늘 오후 3시15분 첫 안치 행사를 갖고 공식 모심에 들어갔다. 오늘 문을 연 제2실은 코로나 19 발생 이전에는 제례실로 사용돼 왔으나 정부의 감염병 방역지침에 의해 제례실 이용이 금지됨에 따라 임시 안치실로 이용키 위해 그동안 공사가 계속 진행돼 이 날 첫 행사가 거행된 것이다.

제1실의 안치 규모는 총 1695위. 오늘 문을 연 제2실은 총 7개실로 1실 160위, 전체 1,120위를 모시게 된다.
제례실로 사용되다 보니 제1실에 비해 규모는 다소 작고, 실내 공간이 좁아 다수 인원이 한꺼번에 참배하기에는 불편함도 있을 것으로 보인다. 하지만 그에 반해 더 아늑하고 조용한 분위기 아래 평안함 속에 만남의 시간을 가질 수 있을 보여진다.
참배객들을 안내하고 그 분들의 모습을 늘 가까이에서 바라봐온 필자의 입장에서 올 여름같이 큰 무더위를 겪고 있는 터에 비록 길지 않은 임시 안치 기간이라 할지라도 에어콘 가동이 이뤄지는 쾌적한 분위기의 안치실이 문을 열게 됨에 따라 한결 마음이 가벼워짐을 느낀다.(7.27,화)

48 봉안식장, 충혼당 영면의 첫 착지(着地)

계속해서 더위 얘기다. 올 여름 가마솥 불볕더위와 함께 유난히 소음을 일으키는 진원지가 하나 더 있다면 그건 단연 아파트 매미들의 합창을 꼽아야 할 것 같다. 7, 8월 한여름이면 의례히 떼 지어 귓전을 울려대는 매미들의 합창은 이제 당연한 것으로 받아들여지지만 그럼에도 새벽녘부터 저녁까지 잠을 설치게 하는 매미들의 영역을 가늠키 어려운 소프라노, 테너 알토 빌성은 신경마저도 날카롭게 만들어 놓을 지경이다.

일요일인 오늘도 마찬가지다. 밤늦게까지 현재 막바지를 향해 치닫고 있는 '2020 도쿄 하계올림픽(코로나19로 인해 도쿄 하계올림픽이 1년 늦은 2021.7.23. - 8.8. 무관중 개막) 중계, 재방송을 보고 막 잠이 들었는가 싶으면, 매미들의 열화 같은 '잠을 깨우는' 합창소리에 나도 몰래 부스스 눈뜨기에 급해지고 만다.

'2021 현충원 보람이 충혼당 봉사활동이 8월1일부터 상호 순환근무제로 바뀜에 따라 묘비정비팀을 제외한 4개 팀은 매월 단위 3개 지역을 순환하면서 임무를 수행케 된다.

지난 3월말부터 우리는 임시 안치실에서 붙박이로 활동에 임해왔으나 이제 8월은 봉안식장에서 봉사케 된다.

봉안식장은 유공자님들께서 장례를 마치고 충혼당 안치를 위해 오시게 되면 이곳에서 봉안식을 갖고 충혼당(임시 안치실)로 모셔지게 되나 지난해부터 코로나19 감염병으로 인해 의례 행사가 생략, 축소돼 간략히 진행되는 첫 번째 영접되는 곳이다.

젊음의 한 시절부터 국가를 위해 청춘을 바쳐 안보의 일선에서 그 역할을 다하시다 하늘의 부름을 받아 영원의 길을 떠나시는 6·25참전국가유공자님을 비롯해 순직 국군장병, 오랜 기간 군에서 봉직한 장기복무 예비역 군인을 국가가 정중함으로 예(禮)를 다해 모심은 당연한 책무라 할 것이다. 그렇기 때문에 국립 서울현충원이나 국립 대전현충원, 전국에 산재한 국립호국원에서 최대의 예우로 맞이하고 안치하며 사후 보살핌을 다하고 있는 것이다. 구태여 덧붙이자면 국가와 국민은 서로가 대등하고 동등한 양자적 관계라 해도 틀린 말이 아닐 것이다. 그러므로 나라가 있기에 국민이 있고, 국민이 있기에 나라 또한 빛을 발하는 〈국가 = 국민〉의 관계 아니겠는가?

이번 '2020 도쿄 하계올림픽에서도 이러한 관계를 여실히 밝혀주고 있다. 선수들은 지난 5년 동안 땀 흘려 준비해 온 개인의 기량을 최선을 다해 펼쳐 보이며, 국가의 명예를 드높이고 있다.

또한 국토방위에 임하고 있는 국군장병은 이 혹서(酷暑)의 무더위 속에서도 각자가 맡은바 위치한 155마일 휴전선에서, 비무장지대(DMZ)에서, 백령도와 울릉도, 전후방 곳곳 영해와 영공에서, 해외 파병 PKO 임무로 구슬땀 흘리며 국토방위의 파수꾼으로, 세계 속에 대한민국의 명예를 빛내고 있다. 그래서 대한민국 국군은 국민이 사랑하는 국민의 군대요, 국민의 군으로서 신뢰를 한 몸에 받고 있는 것이다.

오늘 우리 보람이 선생님들도 봉안식장에서, 충혼당, 임시 안치실에서, 그리고 묘역정비 덧칠 봉사영역에서 조국을 수호하며 그 직분을 다하시고, 유명을 달리한 임들을 위해 땀 흘리며, 그 역할을 다하고 있다.

새벽부터 밤늦게까지 지칠 줄 모르고 노래하는 매미들의 합창은 아파트정원 나뭇가지 위에서, 충혼당 경내에서도 멀리 멀리 울려 퍼지며, 이 한여름이 깊어가고 있음을 알려주고 있다. 임들에게 보내는 국군장병의 우렁찬 경례함성처럼.(8.1,일)

49 위패로 모셔진 6.25참전 전쟁영웅 평안히 쉬소서

충혼당 안치실이 환해졌다. 제2안치실이 개문발차(開門發車) 아닌 개문발현(開門發顯)해 기존 임시 안치실(제1안치실)과 더불어 좌우 대칭의 균형 소견으로 보다 밝고 환해졌다는 느낌이다. 그래서 그럴까? 했더니 그게 아니고 지금까지와는 달리, 실내 개별 모신 봉안함(函)에 작은 꽃이 부착돼 있기에 그런게 아닌가 하는 느낌이다.

지난 '5월 가정의 달'을 맞아 꽃 부착을 원하는 가족들의 의견도 있어 부착 한 적이 있는데, 7월말부터 전체적으로 시행케 된 것이다. 생화(生花)는 안치실에 비치할 수 없고, 현재처럼 야외 합동 제례단에 올리고, 봉안함 규격에 비례해 15cm 규격 적절한 사이즈의 조화(造花)를 오른쪽 윗부분에 부착토록 한 것이다.

어찌 보면 아무런 꽃장식이나 별도의 사진 등 부착물 없이 깨끗하고 간결하며 수수함으로 모시는 것도 일반 사회 납골당에 비해 국립묘지라는 격과 차별화가 있어 좋겠다는 개인적인 생각도 있지만 가족의 입장을 고려한다면, 사랑하는 분에 대한 꽃 한 송이 바침이라는 간절한 마음과 아늑하고 환한 분위기 여운을 갖게 함도 좋으리라는 생각이 교차하기도 하지만 지금 현충원 충혼당에 조화가 부착되고 있다.

다만 한 가지 기우라면 그럴리야 없겠지만 우후죽순 격으로 너나 나나, 거기에 '나' '우리'만의 독특함이나 특별함을 고집하지 않음이 전제되어야 한다는 생각이다. 현충원은 국가가 운영하고, 또한 모셔진 모든 분들 모두가 국가와 민족을 위해 몸을 바친 유공자이시자 그 유가족 분들이기에 하는 말이다.

오늘 봉안식장에는 필자에게 또 다른 특별함으로 다가온 유공자님이 계셨다. 가슴이 턱 막혔다. 그 얼마나 오랜 세월이셨던가. 돌아가신 지 71년 만에 배우자분과 함께 영원한 안식, 영면에 들기 위함이었다. 전쟁이 발발한 1950년 9월 20일 ○○지구 전투에서 전사한 최○○님. 임의 위패(位牌)와 배우자님 영정, 그리고 유골함을 모시고 유가족들이 조용한 발걸음으로 봉안식장 문으로 진입하셨다. 예를 표하며 정중하게 무신 이후 절차에 따라 두 분은 충혼당 단독실로 자리 잡으셨다.

1950년 9월20일. 올 추석이 9월21일이고, 추석연휴가 이어지는 때이니 온 가족 함께하는 명절의 즐거움에 취할 시기인데, 71년 전 그 때 대한민국 이 땅 전선 마다에서는 불법남침을 자행한 북한 공산집단과 그야말로 생사를 판가름하는 치열한 전투가 벌어졌고, 그 와중에 장렬하게 전사하신 유공자님. 6.25전쟁 발발 3개월이 흐른 그 시점이었다.

현충원 6.25전쟁 전사 장병 묘역을 지날 때면 언제나 마음 한 구석에 처연함이 스며들곤 한다. 그 이유 중 하나가 묘비에 새겨진 비석 한 면 한 면의 전사기록을 볼 때다. 어느 분은 1950년 6월27일, 또 어떤 분은 1953년 7월26일. 전쟁 시작과 거의 동시에, '장단지구 전투에서', '영천지구 전투에서',

'다부동지구 전투에서' 헤아릴 수 없을 전투 전사자 묘비가 눈에 들어온다. 그런가 하면 '이제 전쟁이 끝나 고향으로 갈 수 있다'는 희망의 휴전 직전에 돌아가신 호국의 별들.

전쟁 시작과 휴전 직전에 최전방에서 얼마나 많은 치열한 전투가 전개됐을 것인가를 미루어 짐작할 수 있으니, 전사자 호국 영웅들의 묘비를 보면 그저 가슴 찡해질 뿐이다.

오후 모든 일정이 끝나고 필자는 위패 단독실(108호)로 향했다. 호국의 영웅을 직접 만나 후인으로서 저의 마음을 전하고 싶어서였다. 단독실 안식처는 부부합장 함(函)과는 약간 차이가 있었다. 약력을 보자 최○○ 호국영웅님과 배우자 주○○ 님은 출생연도가 같은 동갑내기셨다. 1927년생. 그러나 어찌하랴, 전사(戰死)일자가 1950년 9월이었다. 그 시기 두 아들을 두고 있었고. 요즘과 비교해 일찍 결혼하신 것 같았다. 순간 가슴이 먹먹해졌다. 그리고 한참을 그 앞에 서서 71년 전 9월 그 날을 그려봤다. 수많은 영상이 떠오르고 있었다. 수없이 본 전쟁 영화의 장면들이 그대로 되살아나고 있었으니.(8.5,목)

50 아, 국군포로! 그 오시는 날 나 거기 서있었네

"51년 세월을 어찌 견디셨습니까? 그 길고도 긴 장구한 세월을 같은 하늘아래 있으셨건만 임께서는 휴전선 비무장지대(DMZ) 북녘 땅 암흑과도 같은 곳에서 고국산천을 가슴에 품은 채 이제나 저제나 고향으로 돌아갈 날만을 기다리고 계셨지요. 강제노동수용소에서, 첩첩산중 지하탄광에서 〈남조선인 국방군 포로〉라는 이유만으로 강압과 모진 시련을 겪으면서도 오매불망 잊지 못한 채 그리운 이는 내 조국 자유대한민국과 사랑하는 부모형제, 아내와 자식들이었겠지요.

그러나 죽음을 각오하고 압록강을 건너 드디어 꿈에도 그리운 내 고향, 가족, 자유를 찾아 자유대한의 품으로 돌아오셨습니다. 그 모진 고초를 겪는 동안 우리는 과연 무엇을 어떻게 했는지, 지금 이 순간 임 앞에선 제 자신이 어쩌면 이리도 황망하고 초라해 지는지 너무도 부끄럽고 죄송하기 그지없습니다. 우리 모두가 나 자신의 안위, 나만의 안전과 부귀에 매몰될 줄 알았지 그 엄청난 고통과 그리움에는 나 몰라라 했습니다. 크게 귀도 기울이지 못했습니다.

어디 그 뿐이었습니까? 그 날(7.16) 임께서 이곳 현충원 제1안치실로 들어오시는 그 날도 저는 알아 뵙지 못했습니다. 참으로 면구스럽고 부끄럽습니다. 이제 이곳 민족의 성지 영원한

안식처 현충원에서 언제나 평온하심으로 영원한 안식을 누리시기 바랍니다. 평안히 쉬십시오."

- 故 이원삼 유공자님 앞에서, 이현오(8.5) -

지난 7월16일. 이원삼 6.25참전국가유공자님께서 오랜 기간 겪어야 했던 고단한 삶을 접고 505호실에 영원의 세계를 향해 몸을 뉘이셨다. 필자 또한 정중함으로 몸과 마음을 숙여 예를 표하며 임을 맞이했었다. 그런데 그 때는 미처 몰랐다. 그리고 보름여가 지난 어느 날 인터넷을 검색하다 나도 몰래 '아' 하는 탄성을 올리고 말았다. 성함 석자가 곧 떠올랐음에서다. 기사를 꼼꼼히 챙겨봤다. 그리고 확인했다. 그는 우리나라 생존 최고령 탈북 국군포로셨다.

5일 출근과 함께 잔무를 처리한 뒤 곧장 안치실로 향했다. 처음 본 모습 그대로 고요히 영면하고 계셨다. 한참 동안 그 앞에서 머리 숙여 묵념에 잠기며, 나 스스로의 명민치 못함을 탓해야 했다.

〈국군포로〉,
무어라 해야 할까. 아는 채, 아님 알고도 모른 채? 어떤 말로도 이를 채울 수는 없는 우리들의 업보가 있다. 6.25전쟁 참전 용사들에게 지울 수 없는 큰 빚. 그를 말함이다. 북한에 생존해 있는 국군포로에 대한 얘기다. 한마디 말만 들어도 가슴 먹먹해지는, 그래서 국민 모두가 져야할 아킬레스(Achilleus)건이다.

풍전등화(風前燈火)의 위기에서 나라를 위해 싸우다 북으로 끌려간 국군포로. 6.25전쟁 중 발생한 국군포로는 그 규모가 어느 정도일까? 유엔 북한인권조사위원회(COI)가 2014년 발간한 보고서에 의하면 6·25전쟁 중 5만~7만 명이 포로로 잡혔고, 북한에는 국군포로 500여 명이 남아 있는 것으로 추산(2014년 기준)한 바 있다.

필자도 당시 인터넷신문 기자로 당사자와 직접 인터뷰와 취재, 칼럼을 써왔지만 국군포로 탈북자는 1994년 故 조창호(1932~2006) 중위를 시작으로 2010년까지 81명이 고향 땅을 밟았다. 이 중 올해 4명이 사망해 현재 16명이 생존해 있으며, 대부분 90세 이상의 고령으로 알려진다.

지금도 당시 기억이 생생하다. "육군 소위 조창호, 군번 212966. 무사히 돌아와 장관님께 귀환 신고합니다." 1994년 10월 24일, 최초의 국군포로 조창호 소위(당시까지 군인 신분 유지)가 국군 수도 통합병원에서 이병태 국방장관에게 군인신분으로 귀환 신고한 발언이다. 당시 이 모습이 전국에 전파를 타면서 한동안 잊고 있던 국군포로에 대해 관심을 고조시켰다. 현역 소위에서 중위 진급과 함께 예비역으로 전환됐다.

조창호 (예)중위는 6·25전쟁 중 강원도 현리 한석산 전투에서 중공군에포로가 돼 43년 간 북한 땅에 억류되었다가 북한을 탈출해 꿈에도 그리던 자유대한의 품에 안겨 마지막까지 '6.25 참전 국군 포로 가족 모임'의 명예 대표로 국군포로 구출 운동에 전념하다 2006년 11월21일 지병으로 별세, 대한민국재향군인회장(葬)으로 영원한 자유인이 되었다.

탈북(脫北) 국군포로 중 최고령자였던 故 이원삼(96) 이등상사. 그도 조창호 중위와 마찬가지로 전투 중 포로가 돼 북으로 끌려갔다. 최근 언론 보도(연합뉴스, 코나스 등. 2021. 7.15)에 의하면 국군 창설 멤버 중 한 명인 이원삼 유공자님은 당시 수도사단 이등상사로 정전 협정 체결 이틀 전인 1953년 7월 25일 동부 전선에서 포로로 붙잡혔다. 어떤 전장에서도 '만에 하나'를 들먹일 수 없지만 바로 휴전이 발표되기 이틀 전이었다. 그렇게 그는 사랑하는 아내와 어린 아들을 뒤로 50년을 기약해야 할지는 꿈에도 생각지 못하고 북녘 땅으로 끌려가야만 했다.

그렇게 2004년 탈북하기 전까지 50년을 북한 땅에서 지냈다. 하지만 눈으로 보지 않아도 선하게 그려지듯 공산치하에서 그를 포함한 다수의 국군포로들은 '2등 시민'이 돼 훈련소, 탄광 등에서 노역에 시달려야 했다. 그 고통이 어떤 것이었을지는 미루어 짐작이 가고도 남는다.

그러다 탈북 후 전쟁 통에 헤어진 아내, 아들과 50여년 만에 재회해 경기도 의정부에서 함께 여생을 나눴다. 고인이 생전 즐겨 부른 노래는 '전선야곡'과 '한 많은 대동강'이었다. 그러나 여기 또 하나의 아픔, 국군포로가 감내해야 하는 고통이 있었으니 북한에서 결혼한 아내와 7남매를 남기고 남쪽으로 온 것에 대한 미안함과 그리움이 남은 것이다.

충혼당 제1안치실 505호실 제505367번. 그곳은 6.25전쟁의 비극을 온몸으로 겪으며, 〈국군포로〉 낙인으로 51년을 북한 공산치하에서 자유를 그리다, 염원하던 자유를 찾아 고국으로 귀환한 故이원삼 6.25참전 전쟁영웅이 부인 김○○님과 못다 한 이야기를 주고받는 영원의 세계가 되었다.

인생이 이런 건가.(8.5,목)

51 1년 12달, 쉬지 않고 임을 맞는 봉안식장의 하루

봉안식장 두·세 번째 근무가 토·일요일이다. 7일은 가을로 접어드는 절기상 '입추'. 그런데도 전국에 폭염특보는 여전하다. 더위는 아직 물러설 마음이 전혀 없는 듯 오히려 직사광선으로 내리쬐는 태양열은 아스팔트마저 끈적이게 할 정도다. 봉안식장을 중심으로 울창하게 들어선 나뭇가지 사이에서는 어디에 자리 잡은 지 눈에 보이진 않아도 현충원 전역을 들썩이게 할 기세 등등한 매미들의 원색 합창이 지금이 한여름임을 입증시키고 있다.

발표에 의하면 2018년 여름 역대 가장 강력한 폭염(暴炎)이 한반도에 왔다 하지만 올 여름 이 막강한 폭염 기세 또한 전례가 없어 보인다. WMO(세계기상기구)는 올해 여름, 북반구를 덮친 3대 '기후위기'인 "홍수·폭염·산불"로 인해 북반구에 극심한 날씨가 이어진다고 밝혔다.

지난 7월 집중 호우가 서유럽을 강타해 벨기에, 네덜란드, 룩셈부르크, 독일 등이 큰 피해를 보았다. 서유럽을 덮친 홍수로 일부 지역은 2달 동안에 내려야 할 비가 지난 7월 14~15일 이틀 동안 쏟아져 역대 급 인명피해가 발생했다. 그런가 하면 스칸디나비아 일부 지역은 불볕더위가 계속되고, 전례 없는 북서부 미국에서의 폭염으로 재앙적 산불이 발생했다. 북극 가열

화는 북반구 전체 날씨에 절대적 영향을 끼친다고 한다. '겨울엔 한파, 여름엔 폭염'을 불러오는 원인으로 지목된다는 것이다. 이렇듯 우리가 사는 지구촌은 알게 모르게 지구의 몸살로 너나없이 큰 피해에 직면하고 있다.

이상기온, 이상기후에도 불구하고 충혼당 봉안식장의 일과는 하루도 영일이 없다. 유명(幽冥)을 달리한 유공자님들의 발걸음이 끊이지 않기 때문이다. 이 날도 마찬가지였다. 6.25전사자님의 위패 봉안과 또 다른 6.25전사자 배위님의 묘역 안장, 제2안치실 안치 등 짧은 시간에 여섯 분의 고인들이 봉안식장을 분주하게 했다.

충혼당에서 봉사활동을 하기 전에는 묘역을 볼 때 마다 배우자가 돌아가신 다음 합장을 할 경우엔 어떻게 하나? 하고 궁금증을 갖고 있었는데, 오늘 궁금증을 해소할 수가 있었다. 6.25전쟁 중 전사하신 유공자님의 배우자께서 돌아가셔 합장을 하게 된 것이다.

합장을 위해선 봉안식장 담당자들은 하루 전날부터 안장을 위한 준비를 해 놓는다. 일이 더 복잡한 것이다. 해당 유공자 묘역 주변으로 하얀색 천막을 치고, 전사자님 비석을 중심으로 모실지점을 예시한다.

그리고 당일 배우자께서 도착하면 봉안식장에서 절차에 의거 서류에서 부터 유골함 교체까지 모든 준비가 완료되면 안장(安葬) 집전 진행자와 유가족들이 고인을 모시고 안장지점으로 가 식순에 의거 전례 절차에 따라 안장케 되는 것이다.

이런 일련의 절차들이 묘역이건, 안치실이건 하루에도 계속해서 반복적으로 진행된다. 그런데 오늘 필자도 예상치 않게 뜻하지 않은 분을 임시안치실에서 뵙고 하직 인사를 올려야 했다.

6.25전쟁과 월남전에 참전했던 육군대령 출신의 (예)대한민국육·해·공군·해병대 영관장교연합회 고문이자 회장을 지내신 서○○님이시다. 이웃집 할아버지와도 같이 예의 포근한 웃음으로 늘 필자를 다정하게 대해주셨던 인자하신 대선배님은 공적인 측면에서는 사리가 분명하시면서도 사적인 면에서는 온유하신 외강내유형의 분명한 어른이셨다.

8순의 나이에도 손수 운전하며 행사 준비에 여념이 없으시던 참전유공자님, 그 영령 앞에 서서 경건함으로 거수경례와 함께 묵념으로 예를 표했다.(8.7,토)

52 이런 경우, 저런 경우도 있네요

함께 한 동료 선생님으로부터 이런 얘기를 들었다. 며칠 전이었다고 한다. 8월 현재 이곳 충혼당 봉안식장에서의 안치 절차는 코로나19로 인해 합동 봉안행사를 거행하지 못하고 개별 안장으로 진행되고 있다. 그래서 충혼당 안장 유공자님들은 장례를 마치고 이곳 봉안식장으로 당도하면 우선 유가족 방역과 함께 행정실로 이동, 서류 확인에 이은 안치 준비에 들어간다. 약 10여분 소요된다.

그리고 이런 절차가 마무리되면 안장 집행관의 선도아래 경건한 몸가짐으로 위패와 영정, 유골함을 선두로, 유가족들이 뒤를 따르며 충혼당 단독실이나, 묘역(배위안장) 제2충혼당이 완공되기까지 임시로 모시는 제1(만장), 제2안치실로 이동하게 된다. 하여 안장을 위한 준비가 진행되기까지 유가족들은 봉안식장 한편 임시 대기실에서 잠시 머무르게 된다.

그런데 한 유공자님에 대한 봉안식장 절차가 다 마무리되고 제2안치실로 모시고자 가족들이 이동해야 하는데, 부인되시는 유족께서 안치실까지는 가지 않겠다고 하더라는 거다.
상주가 “어머니, 이제 준비 다 됐습니다. 아버지 모시고 저 앞 제1안치실로 가시죠.”하자 어머니가 냉랭한 표정으로 “나, 다리도 아프고 해서 여기 그냥 있을 테니 너희들이나 갔다 와라”

하시더란다. 그러자 다시 아들이 "그럼 제가 휠체어를 갖고 올 테니 잠시만 기다리세요."하니 고개를 들어 아들을 바라보며 "안가겠다고 하는데, 웬 말이 그리 많냐?"며 획 몸을 돌리더라는 얘기였다.

그에 아들은 더는 아무런 얘기를 하지 않고 다른 유가족들과 안치실을 향했다고 한다. 그러다 잠시 후 유가족들이 안치를 마치고 나와 타고 온 버스로 이동을 하는데, 아까의 그 분은 앉아 있던 그 곳에서 곧장 입고 있던 상복저고리와 치마를 벗어 지니고 있던 가방 안에 넣더라고 했다. 헌데 더 놀라운 건 상복(喪服) 안에 입고 있던 의상이었다고 했다. 한마디로 상(喪)중의 사람들이 입는 옷과는 무척 거리가 먼 옷이라 자신도 모르게 고개가 갸웃해지더라고.

그런가 하면 다른 한 팀은 안장을 위해 온 분들이 아니라 동료의 1주기에 참석하기 위해 개별적으로 와서 만남 장소를 대기실로 한 것이다. 연세가 지긋한 10여 분이 모였는데, 그 중 모임을 주관한 듯한 중년의 남자가 나와 A3 규격 종이에 적힌 내용을 펼쳐 보이면서 "오늘 이렇게 저희 아버님 1주기를 빛내주시기 위해 참석해 주신 어르신님들께 진심으로 감사드립니다."며 깍듯이 인사 한 후 준비해 온 내용을 보며 브리핑을 했다고 한다.

그 동료는 아직 그런 장면을 본 경우가 별로 없어 신선한 충격을 받았다고 한다. 아마도 부친께서 오래전 군에서 오래 복무하셨던 계급도 높은 분일 것으로 얘기 중에 전직 대통령과의 군 생활과도 연계된 것 같았다며 앞서의 얘기와는 전혀 딴

판인 장면이었다고 했다.

같은 날 한 팀은 남편의 마지막 가는 길에도 어떤 연유인지 몰라도 외면하는 분이 계시는가 하면, 또 어떤 분은 부친의 1주기를 맞아 부친과 함께하셨을 정겨운 지인들께 연락해 현충원으로 모시고 부친의 생애를 돌이키며, 추모하는 모습을 보면서 현충원 곳곳에는 우리가 모르는 알려지지 않은 숱한 사연들이 숨 쉬고 있지 않을까 한다며 그의 생각을 털어놓기도 했다.

왜 안 그럴까? 현충원 44만평 평(144만㎡)에 드리워진 18만1천여 분, 호국영웅과 그 안에 서린 슬프고도 시린 사연, 가슴을 후비는 서러운 사연들, 그렁그렁한 눈물로 담아야 할 서러운 이야기에서 어쩌면 다시 돌이키기 싫은 일상의 숨겨진 얘기들까지.
현충원과 현충원 사람들은 함께 하는 우리들의 이야기로 오늘도 그렇게 새겨지고 있다.(8.8,일)

53 말복(末伏)이라네요, 어느새 충혼당에 부는 바람에도

충혼당 광장(마당) 위로 8월의 불타는 태양이 한꺼번에 쏟아져 내리는 것만 같다. 쏟아지는 태양 볕은 미리 온 가을하늘빛과 대비되며, 맞물린 계절의 흐름을 물씬 풍겨주는데, 하늘은 에메랄드빛 사이로 하얀 뭉게구름이 떼를 지어 움직이는 게 마치 경주에 나선 영화 속 적토마의 기세와도 같이 저돌적이다.

8월 10일. 오늘은 초복, 중복, 말복의 삼복(三伏)더위 마지막인 말복(末伏)이다. 가을로 접어든다는 입추가 지난 7일이었고, 초복에서 중복을 지난 오늘까지 20일이 지난 시간으로 이어져서인지 어느새 열대야도 사라진 채 며칠 전 기온과는 확연히 차이가 있음을 체감케 한다. 계절은 어김없이 이토록 다음 수순으로 진행되고 있음을 무언으로 알려준다.

충혼당 앞으로는 한아름 크기 소나무들이 울창하게 그 자태를 뽐내는데, 그로부터 스치고 불어오는 바람마저 어느새 감각이 다르게 바뀌면서 곁을 지나는 참배객들을 가만가만 어루만져 주는 것만 같다.

이때쯤이면 봉안식장으로 들어오시는 유공자님과 유가족들을 안내하며 분주하게 움직이던 일손을 잠시 접고, 여유로운 마음으로 눈길을 돌리기도 한다. 그러면서 계단을 타고 올라 합동 제례단에서 꽃을 바치고 허리 굽혀 예를 표하는 참배 가족들의 다양한 면모를 또 접하게 되기도 한다. 그러면서 나만의 가벼운 미소가 입가를 스친다.

오늘도 그랬다. 어머니를 모시고 온 어떤 아들은 계단을 오르지 못하는 어머니를 휠체어가 있음에도 훌쩍 안고 성큼성큼 걸어가는가 하면, 손자로 보이는 남학생은 할머니와 팔짱을 낀 채 무어라 다정한 얘기를 건너며 즐거운 표정으로 걷고 있다. 이럴 때 바람을 타고 다가와 코끝을 스치는 합동 제례단 향불이 그렇게 좋을 수 없다.
그래서 이때의 나의 마음은 무작정 훈풍이요, 무장 해제다 (8.10, 화)

54 계수나무, 한 나무... 하늘에서 편히 쉬시기를

달나라에 사는 '토끼와 계수나무' 이야기. 어린 시절 한 여름 밤이나 추석 절 동네 조무래기들끼리 모여 하늘에 떠 있는 쟁반같이 둥근 보름달을 바라보며 "저거는 토끼" "저기는 절구통" "저거는 계수나무"하고 신기해하면서도 서로서로 우기던 때가 있었다. 그래서일까, 지금도 어느 날 문득 길을 걷다 하늘을 우러러 서녘으로 넘어가는 달을 보느라면 그 시절이 떠올라 잠시 발걸음을 멈추게 된다. 그 때 느끼던 추억 속 이야기는 언제나 뇌리에서 지워지지 않을 조무래기들의 우주였다. 그 달나라 계수나무가 이 계절 전령사가 되고 있다.

충혼당 앞 화단에는 일곱 그루의 계수나무가 올 여름 내내 푸른 기운을 자랑하며 참배객들과 좋은 동무가 되어 주었다. "엄마, 이건 무슨 나무야?"하고 아이가 물으면 "응, 달나라 토끼와 계수나무 이야기 알지? 그 이야기 속 계수나무야."하고 엄마가 말해주는 계수나무. 그 나무들은 하나같이 파릇하고 싱싱한 잎사귀를 자랑하며 폭염 속에서도 다람쥐며, 청솔모나 새들의 말동무가 돼주고 때로는 참배객의 시원한 그늘이 돼주기도 한다. 그래서 언제나 푸르기만 할 줄 알았다.

그런데 절기가 바뀌고, 기온이 변화하자 계수나무도 바뀌기 시작했다. 푸르기만 하던 잎사귀가 연노랑 색으로 변하고 있다. 엊그제까지도 푸른 색 잎들이 어느새 가을을 준비하고 있었나 보다. 내 곁의 무언가가 하나둘 변하고 있듯이 우리 주변의 자연환경도 변화하고 있음은 순리요 이치일 것이다. 그래서 봉안식장도 하루의 공일(空日) 없이 자연의 이치대로 흘러가고 있다.

오늘도 이곳에 한 젊은이가 들어왔다. 국토방위에 여념 없던 그는 직무수행 중 순직한 군인이었다. 함께 했던 전우의 품에 안겨 들어온 그.
대한민국의 지킴이로서 자랑스럽게 군복무를 하다 이 땅의 영원한 파수꾼이 된 20대 젊은 군인들을 대하면서 가슴 한편이 아려져 옴은 오늘따라 더했다. 단독실로 향하는 내내 뒷모습을 한참 동안 바라봐야 했다.

한데 그걸로 마무리되는 날이 아니었다. 안타까운 주검을 다시 목도해야 했다. 필자와 직접 대화를 나눈 적은 없지만, 사관학교총동문회 임원으로 봉사하던 분이 갑작스런 사고로 유명을 달리하신 게다. 미리 도착한 지인들을 통해 알고 있어서, 마중 나가 뵈었다.
위패와 영정, 유가족과 많은 동기생과 지인들이 도착함에 정중한 예로 거수경례, 영접해 봉안절차를 마친 후 오신 분들과 함께 제2안치실로 향했다.

오전 봉안식장은 여느 때보다도 훨씬 더 분주하게 움직여야 했다. 유공자 4위께서 각각 예정된 시각에 도착토록 돼있었지만 어찌된 일인지 거의 동일 시간대에 도착해서다. 이럴 경우 가장 당황되고 난감해진다. 자칫 생각 없이 했다가는 접수할 때 서로 엉킬 수도, 순서에 혼선이 있을 수도 있기 때문이다. 하여 그럴 경우를 대비해 정해진 매뉴얼이 있고, 그를 상기해 누군가는 유가족 측과 적시적인 소통과 대화를, 또 누군가는 방역과 빠른 접수로 소음이나 불평 없이 친절하게 안내해야 한다.

그게 바로 숙달되고 유능한 '50플러스 현충원 보람이' 역할이자 자세이기 때문이다. 돌아보면 세상의 모든 생명체는 영원함이 아닌 언젠가는 마쳐야 할 시효가 있기 마련이다. 누구나 주어진 시간, 그에게 정해진 역할과 기간이 끝나면 자연으로 귀의해 한줌 흙으로 돌아감은 숙명이지 않는가. 그것이야말로 모든 생명체의 자연스런 임무완수라 해도 틀린 말은 아닐 듯싶다.

지금 이순간도 세상 어디선가는 새로운 생명이 탄생하고 또 한 생명이 자연으로 돌아가고 있을 터다. 탄생의 기쁨과 죽음에의 슬픔이 교차하지만 기쁨과 슬픔이 함께 존재하기에 세상사 모두가 자연스럽게 돌아가는 게 아니겠는가? 4위를 영접하고 안식처로 모셔진 후 이번에는 제1, 2안치실을 천천히 돌아봤다. 늘 그랬듯 유공자님들과 마음 속 대화를 통해 오늘도 그곳 그 나라에서 영원한 안식, 평안하심을 기원코자 함이다.

어느 때보다 상향된 '코로나19' 4단계와 폭염으로 힘들었던 올 여름이지만 그럼에도 요즘은 입추와 말복이 지나면서 더위도 한풀 꺾여 계절의 흐름을 피부로 느끼게 하는 오늘이다.(8.12,목)

55 8·15 광복절, 독립영웅 여천 홍범도 장군님이 오셨어요

이 날도 8월 한낮의 태양은 무서울(?) 정도로 이글대는 날이었다. 8월 15일. 오늘은 일본 제국주의로 부터 우리 민족이 해방의 기쁨을 맞은 제76주년 광복절이다. 76년 전 그 해도 올해처럼 그렇게 뜨거웠을지 모른다. 어쩌면 전국에서 울려 퍼진 기쁨의 만세함성으로 전 국민의 가슴속은 활화산처럼 뜨겁고 더 활활 타오르지 않았을까 싶기도 하다. 올해 8월15일 광복절은 일요일이다. 해서 16일 월요일은 대체휴일로 광복절 연휴가 이어진 날이기도 하다.

그런데 올해 8·15는 어느 해보다 뜻 깊은 광복절이 되었다. 바로 어린 시절부터 교과서에서 익히 들어오던 독립영웅 〈봉오동 전투〉의 주역이신 여천 홍범도 장군께서 이역만리 중앙아시아 국가 카자흐스탄에서 공군 특별기편으로 봉송, 귀환하신 것이다. 봉오동 전투로부터 101년이요, 1943년 카자흐스탄에서 돌아가신지 78년 만이다.

정부에서는 지금까지 오랫동안 장군의 귀환을 위해 외교적 노력을 기울여 왔으나 여의치 않다가 2019년 문재인 대통령이 카자흐스탄을 국빈 방문해 카심-조마르트 토카예프 (Kassym-Jomart Tokayev) 대통령(2019.3 ~)과 회담을 통해 마침내 고국으로의 귀환에 합의를 보게 됐다.

그리고 작년 2020년 돌아올 예정이었으나 코로나19로 인해 늦어지다 이번 14일 우리 정부 특별사절단(단장 황기철 국가보훈처장)이 카자흐스탄 크즐오르다 묘역에서 장군을 모시고 귀환케 된 것이다. 문재인 대통령은 15일 저녁 서울공항으로 귀환한 홍범도 장군을 국가 최고의 예우로 영접한 뒤 16일 장군에게 건국훈장 최고 등급인 대한민국장을 수여했다. 또한 정부는 16, 17일을 국민추모기간으로 정해 국립 대전현충원에서 일반인들도 추모에 임하게 했다.

나는 현충탑을 뒤로 곧장 걸어서 독립유공자님들이 잠들어 계시는 충열대 〈무후선열제단〉으로 향했다. 늘 오던 곳, 수시로 향을 피우고 인사를 드리는 곳이지만 이 날은 참 특별한 생각이 들었다. 향불과 함께 선열님들을 향해 묵념을 드리고 '날으는 백두산호랑이' '축지법을 쓰는 장군' 등으로 불리어진 호랑이 장군 홍범도 장군님께 거수경례를 올림으로써 서거 78년 만에 환국하신 장군님께 후대의 예를 다했다.

장군님을 뵙고 내려오는데, 충열대 향로 중심으로 정부 요인들이 다녀가셨는지 국무총리, 대법원장, 헌법재판소장 명의 화환이 비치돼 있었다.

2021년 8월15일, 올해 76주년 광복절은 이역 땅 카자흐스탄에서 78년 동안 고국을 그리던 홍범도 장군께서 귀환하심으로 인해 이 시대를 살아가는 우리 대한민국 국민에게는 또 하나의 자존감이요, 특별한 해, 날로 기억되지 않을까 싶다. 필자에게도 15일과 16일은 결코 잊혀지지 않을 역사의 한 장으로 장식될 것 같다.

장군님의 귀환을 마음 깊이 환영하며 비록 장군님의 고향 〈평양〉은 아니지만 꿈에도 그리던 고국으로 돌아오셨으니 이 땅에서 영원한 안식을 누리기를 기원해 본다.

장군님은 18일 국립 대전현충원 제3독립유공자 묘역에 안장된다. 장군님, 당신의 은혜에 감사드립니다. 고맙습니다. 전 국민이 장군을 흠모하며 따름을 믿습니다.(8.16,월)

56 "반갑습니다. 오늘 함께 군요" 반가운 인사로

오전 현충원 정문을 들어서 종합민원실에 들러 명부 등록을 마치고 뒤를 돌아보다 순간적으로 놀랐다. 우리 팀의 서○○ 님이 바로 뒤에서 활짝 웃고 있어서다. 서로 웃음이 빵 터졌다. "안녕하셨어요, 선생님", "안녕하셨습니까? 오늘 함께 하게 돼서 더 반갑습니다." 인사를 나누고 어깨를 나란히 충혼당으로 향했다.

이 날 현충원에는 정문에서 현충탑으로 이어지는 곳곳으로 각 군 복색의 단정한 제복차림 군인, 군사경찰이 줄지어 서 있었다. 중요한 VIP의 방문이 있음을 직감했다. 그리고 곧장 떠오른 생각이 전날 국빈 방한한 토카예프 카자흐스탄 대통령의 현충탑 참배, 헌화-분향을 위한 것임을 감지할 수 있었다.

〈카자흐스탄〉. 필자에게 이토록 가까운 나라로 인식되는 건 또 처음이다. 구 소련 시절 독재자 〈스탈린〉에 의해 연해주에 살던 수많은 우리 한인(고려인) 20여만 명이 짐짝처럼 열차에 태워져 강제로 이주된 곳이 바로 중앙아시아의 외 따른 나라 카자흐스탄이었다.

그럼에도 지난 30년 동안 지지부진 해 오던 중, 문재인 대통령의 2019년 방문으로 극적 합의가 이뤄지고, 그 과정에서 카자흐스탄 카심-조마르트 토카예프 (Kassym-Jomart Tokayev)

대통령이 흔쾌히 이를 받아들여 76주년 광복절을 기해 8월15일 귀환할 수 있게 된 것이다. 어찌 고맙고 감사하지 않을 수 있겠는가?

짧은 시간여지만 우리는 충혼당으로 향하며 홍범도 장군에 대한 얘기꽃을 피우며 도착할 수 있었다. 그런데 우리보다 더 일찍 참배를 오신 분이 계셨다. 아직 10시가 채 되기 전인데, 봉안식장 데스크에서 계획된 일정을 확인하며 건너편 안치실 입구를 바라보자 낯익은 얼굴이 보여 고개 숙여 인사를 보내자 그 분도 나를 향해 두 손 맞잡고 살며시 고개를 숙여 응해준다.

그 분과는 아직 직접적으로 대화를 나눠보지는 않았지만 파주에서 오신다는 분이다. 그것도 하루도 빠짐없이 오셔서 돌아가신 분을 찾아뵙고 가신다는데. 다른 얘기야 할 필요도 없고 참배 그 자체로만 보면 되지만, 파주와 동작동 국립 서울현충원 거리가 만만치 않을 텐데도 하루도 거름 없이 고인을 위해 먼 길 마다하지 않고 찾아오는 그 자체가 그를 아는 이곳 사람들에게는 경의(敬意)의 대상이 아닐 수 없다.

필자 또한 마찬가지 마음이다. 세상을 살아가면서 우리는 사랑하는 누군가를 잃을 수 있고, 또 누군가를 새로 찾아 꿈과 희망을 꽃피울 수도 있다. 그런 측면에서 볼 때 필자의 눈에 뵈는 그 분의 〈사랑〉은 보통 사람의 시각에선 선뜻 이해하기 어려운 점도 클 것 같다. 참으로 지극하고 정성 가득하다 하지 않을 수 없다. 그러면서 매일 위에 입는 복장도 한결같아 보인다. 등산용 파커와 무거워 보이는 배낭을 항상 양어깨에 짊어지고 다닌다.

얼핏 들은 얘기에 의하면 그 옷(파카)이 남편(유공자)이 돌아가시기 전에 준 마지막 선물이었다고 한다. 그래서 참배 올 때면 언제나 그 복장으로 온다는 것이다. 그 분을 뵐 때면 늘 그 말이 떠올라 더 유심히 지켜보면 맞는 말인 것 같다. 그래서 '사랑의 힘'은 그 어떤 것보다 더 위대하다는 말이 나오는 것 아닐까?

1주일여 만에 안치실을 찾았다. 각 호실을 돌며 문안인사를 드리다 보니 이제는 유공자님의 방에 꽃들이 참 많이 피어올랐다. 카네이션 등 적절한 크기의 꽃을 부착할 수 있어서 참배 가족들이 붙여 놓아 분위기는 더 아늑해진 듯한데................
한 유공자님이 계신 봉안함을 보자 예쁜 꽃과 작은 메모 편지가 눈길을 끌었다. "아버지 사랑해요. 이제는 그 곳에서 하시고 싶은 일 다 하시면서 행복하세요. 사랑하는 딸이...."
편지글이 또한 내 마음을 따뜻하게 해 준다. 그래서 사랑하는 마음은 우리 모두를 가슴 훈훈하게 만들어 놓는 모양이다.(8.17,화)

57

청년은 푸르른 계수나무! 오늘도 계수나무와 함께

흔히 청년은 나라의 기둥. 미래사회의 주역이라고들 한다. 신체와 정신이 가장 왕성하게 발달하는 시기를 말함이니, 시대를 살아감에 있어 가장 찬란한 꿈이 익는 한창때라 하겠다.

충혼당 마당 안치실 좌우 화단에 서 있는 계수나무도 청년이다. 그래서 그런지 푸릇하고 날렵하기가 그지없다. 정확한 수령이야 알 수 없지만 뻗어나가는 줄기며 가지, 잎사귀 등 모습 자체만으로 한참 뻗어나가는 청년의 모습을 느끼게 된다.

청년에게는 어떤 부여되는 조건이 있어야 한다고 봄에서다. 지금 나에게 닥친 문제, 사회적이건 개인적이건 누구에게나 한두 번은 겪을 수 있는 낙담, 고뇌, 어떤 좌절이나 위기, 시련이 있지 않겠는가? 그럼에도 그 역경에 굴하거나 포기하지 않고 굿굿하게 극복해 나가는 기수들이야말로 진정한 청년이라고 보기 때문이다.

지금 그 계수나무가 무더운 여름을 견뎌내고 새로운 계절, 가을을 준비하고 있다. 일곱 그루 중 저마다의 색채를 간직하고 있음은 이 또한 청년기와 다를 바 없다. 누구보다 먼저 연노랑 빛 고운 색으로 물든 옷을 갈아입고 찾아오는 분들을 맞아 폼 잡는 2호에서, 아직은 옷을 갈아입기가 부끄러운지 살짝 숨어서 조금씩 갈아입고 있는 7호까지 저마다의 색깔을 간직하고 있다.

그런데 유독 한 그루, 가장 연륜이 깊어 보이는 1호 계수나무는 그야말로 독야청청(獨也青青)이다. 밑동에서부터 위로 치고 올라가는 줄기는 가장 우람하다. 가지도 다른 2~7호는 하늘높이 위로만 쭉 내뻗고 있는데 반해 1호는 위로만 내뻗지 않고 품이 넉넉한 엄마의 가슴마냥 좌우로 폭이 넓게 가지를 늘어뜨리고 있다.

그 뿐만이 아니다. 줄기에는 숭숭 두 군데 구멍까지 나 있다. 그것도 위에서 아래로 뻥 뚫려 있어 필자의 팔뚝을 넣어도 바로 빠져나올 정도다. 새들도 들락날락하고, 청솔모도 들어가 고개를 삐죽 내밀고는 '누가 보나 안보나' 눈을 두리번거리며 드나드는 참배객들의 동태를 살피는데 요긴한 은신처가 되기도 한다. 헌데 다른 계수나무와는 달리 잎사귀가 그야말로 안성맞춤이다. 봄철 내내 잎사귀 그대로의 푸름 그 자체다. 의연하기까지 하다. '나이는 숫자에 불과하다'는 말 자체를 대변하며 청년의 기개를 알려주는 것 같다.

올 여름 무더위가 이어질 때, 참배객도 잠시잠깐 이 1호 계수나무 아래서 땀을 식히곤 했다. 오늘도 계수나무들은 이곳 현충원 사람들에게 다정한 친구가 되기도 하고, 잠시 쉬게 하는 든든한 쉼터의 역할을 톡톡히 해주고 있다.(8.20,금)

58 '무후선열제단', 홍 장군님 위패는…

무후선열제단에는 얼마 전까지만 해도 순국선열과 애국지사 134분의 위패가 안치돼 있었는데, 필자가 보지 못한 1주 사이에 한 분의 위패가 그 자리에서 보이지 않게 되었다.

1907년 고종황제의 밀명을 받아 이준, 이상설 선생과 함께 네덜란드 헤이그에서 열린 세계 만국평화회의에 참석, 일제식민통치의 부당함을 각국 대표들에게 알리고, 쓸쓸하게 순국한 이위종 선생 곁에 모셔진 바로 홍범도 장군님 위패가 무후선열제단에서 모습을 감춘 것이다. 어리둥절해졌다.

오후 출근길 충열대 무후선열제단으로 발걸음을 재촉했다. 제단으로 향하면서도 "아마 장군님 위패가 현 위치에서 빠지지 않았을까?" 하는 생각을 하며 올랐는데, 역시 예측대로 였다.

지금까지 장군님의 위패는 제11번 자리에 계셨는데, 지난 18일 대전 독립유공자 제3묘역에 안장되심으로 인해 당일자로 위패가 치워진 것이다. 장군님을 머릿속에 그리며 선열님들의 숭고하고도 고귀한 나라사랑정신을 가슴에 묻었다.(8.22, 일)

59 '가을비' 큰 비 된 날, 동료애는 더욱 빛나고

8월의 마지막 날이자 첫 봉안식장 봉사 1개월을 마무리 하는 날. 전국에는 종일토록 많은 비가 내렸다. 가을비는 폭우가 되었다. 충혼당 마당으로 흐르는 빗발은 올 여름 내린 장맛비 때와도 비교되지 않을 만큼 온통 신발을 젖게 했다. 잿빛 하늘아래서 떨어지는 빗줄기는 마치 하늘과 땅이 하나의 장대로 선을 잇는 듯 장엄한 모습이었다.

12시 15분경 동작역 8번 출구를 나서 현충원 정문을 지나 종합민원실로 들어서는데, 어느새 신발과 바짓가랑이는 흠씬 물에 젖고 말았다. 이곳으로부터 충혼당까지 걸어서 15분여 거리다. 잠시 머뭇거리는데 빗발은 요지부동, 더욱 거세지는 상태다. 더 미적거릴 수가 없어 출발을 서두르는데 주머니 속 휴대전화가 요란한 진동음을 전한다.

오늘 오후 함께 할 정○○ 선생님의 목소리가 빠르게 새어 나온다. "선생님 어디세요?" "네, 민원실인데 곧 올라가겠습니다."하자 "아니에요, 선생님 지금 비가 너무 많이 오니까 그대로 계세요. 제 차로 갈게요"한다. "아닙니다. 괜찮아요. 선생님, 지금 비가 너무 많이 내리기 때문에 운전하는 것도 무립니다. 오지 마세요."해도 막무가내다. "지금 이 빗속에서는 신발과 옷을 다 젖기 때문에 안 됩니다. 가만히 계세요." 아예 명령(?)이다. 밖으로 나오자 "무슨 가을비가 이래?" 할 정도로 정말 무섭게 쏟아진다.

불과 몇 분 후 비상등을 깜박이며 차량 한 대가 도착한다. 정 선생이다. "오지 마세요."했지만 고맙고 감사할 뿐이다. 이 날 정 선생은 필자뿐만 아니라 오전 활동을 마치고 퇴근하는 다른 동료까지도 정문까지 바래다주고 돌아와 활짝 웃는 낯으로 오후 일정을 시작했다.

사람에게 있어 감동은 무엇을 남기고 전해줄까? 많은 배품들이 있을 것이다. 일례로 길을 잃은 이나 앞이 잘 보이지 않는 사람에게 이정표와 길잡이는 최고의 도움이요, 배고픈 사람에게 따뜻한 밥 한 그릇, 국 한 그릇이면 당장 세상의 무엇과도 대체할 수 없는 선물이 될 것이며, 한겨울 다 헤져 바람 숭숭 들어오는 남루한 차림 걸인에게 외투는 한 벌 일지언정 하룻밤 따뜻한 잠자리에 비견될 수도 있다.

이렇듯 간절한 무언가를 필요로 하는 누군가에게 그에 맞는 맞춤형 도움과 나눔은 보이지 않는 최고의 선이요, 보시(普施)며, 세상을 밝게 해주는 작은 등대라 해도 과언이 아닐 것이다.

그 날 그 분의 마음이 그랬을 지니, 그 때 받은 감동은 앞으로도 한동안 나의 가슴 한자리를 차지할 것으로 여겨진다.

오후 3시가 가까워지자 충혼당으로 향하는 참배객의 발걸음은 잦아졌지만 빗속을 뚫고도 유공자님의 행렬은 계속되었다. 마지막 가는 그 길이 눈·비라고, 평·휴일이라고 구분 될 리 없으리니 비가 오나 눈이오나 천재지변이 일어나도 가는 길만은 멈추지 않을 터다.

이번 달 봉안식장에서 나는 무엇을 얻고 무엇을 배웠을까? 세상을 위해, 스스로를 위해 무엇을 얼마나 되짚어 생각해 봤을까? 인간의 생명은 유한한데 그 유한한 기간 '나는 이 세상에서 내 삶을 위해 무엇을 어떻게 할 것인가?'에 대해 작고 단순한 설정이라도 그 폭을 넓혀 봤을까?

마지막 길, 위패와 영정을 앞세우고 들어오시는 유공자님을 향해 머리 숙여 예를 표하면서도 정작 나 스스로에 대해 아직도 모르겠다는 생각이 지배할 뿐이다.

성찰에 더 많은 시간과 공부가 필요한가 보다.(8.31,화)

60 "회장님, 선배님 그동안 평안하셨지요!"

9월 첫날이고, 평일이어서인지 참배객들이 한꺼번에 몰리지 않아 어느 정도 여유를 찾으며 내방객을 맞을 수 있었다. 코로나 방역지침으로 인해 참배에도 제약이 있고, 조치할 부분이 있기에 메뉴얼에 입각하되 참배객들 눈높이에서 최대한 친절과 정성으로 맞고자 힘을 쏟았다. 오후 한참이 지나 참배객들의 발길이 뜸해진 틈을 이용해 제1임시 안치실로 향했다.

그간 인사를 드리지 못한 유공자님들을 뵙기 위해서다. 501호실에서 505호실까지 돌며 문안인사와 함께 늘 그랬던 것처럼 504호실에서는 한참 발걸음을 멈추고 섰다. 필자가 재향군인회 재직시절 향군회장을 지내신 박세환 회장님이 계시기 때문이다. 아마도 가족들이 다녀가셨나 보다. 아담한 한송이 꽃이 자리를 잡고 있었다. 거수경례로 인사를 드리고 잠시 묵념으로 나만의 의식을 거행했다.

9월이다. 한 여름 무더위가 꺾이면서 가을로 들어서는 이 계절, 충혼당 전체에도 계수나무 잎사귀에도 계절의 변화는 더 빠르게 다가와 물들게 될 것이다. 이곳을 찾는 모든 분들에게도 풍요로운 가을의 기운이 물들게 되기를 소망했다.(9.1,수)

61 가을의 초입, 충혼당에서 기(氣)를 드리리

요즘 참배객 대부분 질문은 '꽃을 어떻게 구입해 부착하는지?', '추석에도 문을 여는 지'가 주된 내용이다.간단한 질문으로 치부할 수 있지만 그러나 이분들에게 이 질문은 무척 의미가 깊다. 신중하게 답을 드려야 한다.

퇴근길 충열대 무후선열제단을 향하는 것을 빠트리지 않았다. 이곳으로 발길을 향할 때면 나도 모르게 가슴 두근거림을 느낀다. 국가관이 투철한 것도, 민족의식이 강해서도 아닐 텐데. 그런데도 왜 그럴까? 어쩌면 고통과 시련, 절망과 분노, 더 짤래야 짜지지도 않을 피눈물을 흘려야 했을 선열들의 처절함을 어느 정도는 느낄 수 있기에 그런 것 아닐까!

"언제 이렇게 했지?" 애국지사 묘역이 크게 단장돼 있었다. 아마 오늘 했나 보다. 엊그제만 해도 기다랗게 자란 머리카락 같던 잔디들이 동일 모양대로 섬세하고 잘려지고, 덥수룩한 수염을 깔끔하게 밀어 완전히 새로운 멋쟁이로 탈바꿈한 것과 같이 묘역 전체의 잔디가 말끔하게 깎여져 전체에서 느껴지는 품결과 정갈하기가 마치 하나의 작품을 보는 것과도 같다.
9월 첫 방문, 향을 피우고 묵념하며 기도했다.(9.3,금)

62 꿈 찾아, 행복 찾아 출발! 절친 아들 주례

시대의 흐름인가, 결혼식 문화도 많이 변하고 있음을 본다. 요즘이야 당사자들끼리 서로 지켜야 할, 꼭 지키겠다고 하는 서약문을 중심으로 많이 하고 있기에 주례를 두고 결혼하는 경우가 많이 희석되고 있는 실정이다.

그런데 '결혼식 주례를 서라'는 회유와 압박이 들어왔다. 다른 때 같으면 받아 들였겠지만 당연히 NO. 극구 사양했나. 내신 주례자를 천거했다. '이러이러한 분'을 주례로 모시라고. 사회적 명성, 인격과 덕망, 식견과 경륜, 도덕성과 도량을 두루 갖춘 분을 모시기를 입이 닳도록 권유했다. 하지만 결국 주례를 서야 했다. 43년 지기 사관학교 동기생이요, 전우이자 절친 정○○의 아들 결혼식이다.

아내를 비롯해 집안 식구들도 다 잘 아는 사이인지라 내가 주례를 본다는 사실을 일체 말하지 않았다. 아무도 모르게 준비에 임했다. 중요한 건 진정한 제2인생 첫 출발에 나서는 신혼부부에게 어떤 내용의 얘기를 해주는 게 좋을 것인가 였다.

며칠을 생각하다 결론을 냈다. 의례적인 주례사가 아니라 덕담을 가미해 젊은 청춘들에게 어필하고, 하객에게도 참신한 내용이 되게 하고자 한 것이다. 그렇게 해서 9월4일 오후 12시

30분 용산 전쟁기념관 무궁화홀에서 양가 전체 50명의 하객이 참석한 가운데 예식이 시작됐다.

〈코로나19〉 4단계 방역조치로 최소한도의 인원만 참석함에서다. 결혼식은 간소하지만 성스럽게 진행됐다. 신랑·신부 어머니의 화촉점화로부터 혼인서약, 성혼선언, 화동의 예물전달과 교환, 주례사, 신랑의 축가 등 여느 예식과 비슷함으로 이어졌지만 양가의 혼주를 비롯해 신랑 신부가 특출하고, 필자의 주례가 있어서(?)인지 한층 더 격조 높고 빛나는 식으로 다가오는 것 같았다. 신랑 신부는 표정을 통해 어떻게 앞날을 설계하고, 살아갈 수 있을 것인가를 잘 알려주고 있는 듯했다.

결혼은 인륜지대사(人倫之大事)라고 했다. 사람이 살아가면서 치르는 중요한 행사라는 뜻이다. 또 결혼은 사랑과 신뢰를 바탕으로 생활전체를 공동 영위하는 관계성립이 사회적으로 공인되는 것이다. 그런가 하면 또 결혼을 동주공제(同舟共濟)에 비유하기도 한다. 같은 배를 타고 함께 물을 건넌다는 의미로, 고락을 함께 한다는 뜻이다.

한 쌍의 건강한 젊은이들이 새로운 가정을 일궈 내일을 향해 큰 걸음으로 새 인생을 시작하는 출발점에서, 신랑 신부의 앞날에 언제나 존중과 배려, 사랑으로 아름답고 행복이 넘실대는 희망찬 가정이 되기를 마음 가득 소망했다.(9.4,토)

63 일요일, 충혼당은 정신없다, 정신없어

여름 내내 임시 안치실에서 충혼당을 바라보면 많은 참배객들이 길게 줄지어 차례를 기다리는 모습을 보곤 했지만 오늘이 또한 그랬다. 오후 봉사를 위해 시간 내 도착하자 본관 앞으로 많은 방문자들이 벌써 순서를 기다리는 모습이었다.

9월 첫 번째 맞는 일요일, 어느 정도 예상은 했다. 추석이 멀지 않기에 가족들이 미리 그리운 분들을 뵙기 위해 발길음이 줄지을 것임을 예견했지만 이럴 정도일 줄이야 예상외였다.

오전엔 QR코드 판독기로 체크하신 분만 1,007명이었다. 오후 들어서도 4시까지 750명이 상회됐다. 오늘도 충혼당에 오시는 분들의 질문은 크게 두 가지로 집약됐다.
1)유공자 모신 봉안함에 부착하는 꽃을 어디서 구입 해 부착하는 것인지, 2)추석에 충혼당을 개방해서 또 찾아뵐 수 있는지에 대한 질의가 태반이다. 동일질문에 친절 서비스로 상세하게 반복하다 보면 목은 목대로, 기운은 기운대로 처지게 마련인데, 그럼에도 나(우리)는 모두가 한결같다. 최선을 다한 자세와 답변이다.

바쁘게 돌아가는 분위기 에서도 우리를 격려를 해주신 분이 계셨다. 아마 돌아가신 분을 위해 간단한 제수음식을 준비해 오신 분이셨던 모양이다. 참배를 마치고 돌아가시기 전 우리에게 다가와 음료수와 가래떡, 절편을 내놓으시면서 "우리 영감님이 생전에 즐겨 잡수시던 것들이어요. 손도 안 댔으니 함께 나눠 잡수셔요. 우리 양반이 참 성품도 어질고, 법 없이 사시는 분이었는데." 말씀하시면서도 아직 살아 계실 제 그 모습 그대로가 떠오르는지, 마스크 위 얼굴 표정에 그대로 드러나 보였다. 얼마나 그리울 것인가! 또 얼마나 보고 싶겠는가?

그러자 늘 매일 홀로 오시는 마포 사시는 그 분 할머니를 뵙지 못한지가 꽤 지났다는 생각이 든다. 봉사시간대가 주로 오후시간으로 편성돼 있다 보니, 시간이 엇갈리는 모양이다. 궁금증이 인다. 건강은 괜찮으신지. 아직도 계속 나오고 계시는지?

오늘 아침 목포 누님으로부터 전화가 왔다. "현오야, 나 시골 엄마, 아버지 묘소에 왔다. 산소는 예쁘게 벌초가 돼 있구나. ○○이(주기적으로 벌초를 해주는 시골 마을 선배)가 잘 해놓았네. 그런데 그 주변으로는 풀들이 다시 많이 자랐는데, 이번 추석 때 사위들하고 와서 깨끗하게 정리해 놔야 되겠다." 하신다.

가까운 곳에서 부모님을 뵐 수 있다는 것, 그 자체만으로도 행이고 얼마나 마음 가벼울까 생각이 동시에 든다.(9.5,일)

64 순직 故 안수현 대위 영전에 마음을 모으다

어제 많은 내방객들이 찾아서인가, 그게 아니면 오전부터 추적추적 가을비가 끊이지 않은 탓일까? 월요일 오후 충혼당은 조금 한산했다. 어제 오후 그토록 바쁘게 움직이다 단 하루 만에 빗발과 함께 고즈넉하니 소강상태로 이어지자 왠지 놀고 있는 것만 같은 생각이 드는 것이다.

굵게 이이지던 빗줄기가 잠시 가늘어지고 있음에 시선을 고정하다 때마침 일단의 가족들이 연이어 들어서 안내를 하고 있는데, 어머니 한 분이 조용한 발걸음으로 오시는 모습이 보였다. 하지만 웬일인지 안으로 향하지 않고 우리와 조금 떨어진 곁에서 내 모습과 주변 전경으로 눈길을 주며 바라보고만 계시는 거다.

그렇게 한참 동안 서 계시길래 다가가 "어떻게 무얼 도와 드릴까요?"하고 말을 건네니 "아니에요, 우리 아저씨가 아까 쉬던 곳에 안경을 놔두고 온 것 같아 가지러 가셔서 기다리고 있는 중입니다."한다. "그러세요. 그럼 이 쪽으로 오셔서 앉아 기다리시겠어요?"하며 앉아 있던 의자를 빼 내어 권해드리자, "앉아서 일을 보셔야 할텐데요? 고맙습니다."하며 이내 앉으셨다.

무슨 말을 해야 할 것만 같아 참배객들이 오가는 틈을 이용해 얘기가 오갔다. 조용하면서도 말씀을 무척 잘하셨다. 그런데 깜짝 놀랐다. 아들이 충혼당에 잠들어 있고, 햇수로 무려

15년이 되고 있다는 거였다.

〈故 안수현 대위〉. 의정부 지역에 있던 부대에서 군의관으로 재직하다 유행성출혈열에 전염돼 크게 손써볼 기회도 없이 1주일 만에 홀연히 부모 곁을 떠났다고.

어머니의 이야기를 들으면서 한 젊은 청춘의 고귀한 삶과 죽음을 연결 짓지 않을 수 없었다. 모든 자식들이 부모님들에게는 더하고 덜함 없이 한결같이 귀하고 소중한 아들, 딸일진대 안수현 대위가 그랬다고 한다. 참되고 착하고, 자신보다는 언제나 다른 사람을 위해 가진 것을 다 베풀어 줄 정도의 정이 많은 아들이었다고 했다.

그런데 유행성출혈열에 걸리게 된 계기도, 동료의 부탁을 들어 준데서 기인되었다고 한다. 즉 본인의 근무(훈련에 따른 기간이었는지는 물어보지 못했다) 날이 아니었지만 동료 전우가 일자를 바꿔 달라고 부탁해서 바꾸었다가 그렇게 되고 만 것이다. 15년이란 세월이 흘러서 그런 것일까? 아니면 지금도 아들이 자신의 가슴에 영원히 살아있다고 생각되어서일까, 조용하게 말씀하시는 어머니 말씀에는 타인에 대한 그 어떤 서운함이나 원망도 묻어 보이지 않았다.

"수현이는 어릴 때부터 사람들을 참 좋아했어요. 친구들한테도 가진 것을 다 주고는 했어요. 대학에 가서도 그랬고, 인턴 때나 군의관이 돼 근무하면서도 집에 봉급을 가져다 준 적이 거의 없어요. 주변 어려운 이들에게 쓰는 것 같더라고요. 그래서 한번은 이렇게 말한 적이 있어요. 너는 나중에 결혼하지 않는 게 좋겠다. 그렇게 다 갖다 주면 네 가족들은 어떻게 살겠니? 하니까 막 웃어요." 어머니의 얼굴에도 미소가 서렸다.

"15년 전에 순직하셨으면 어디 가까운 곳에 안치돼 있겠네요?" 하자 "예, 여기 1층 106호실에 있어요? 며칠 전 왔더니 누군가 아마 친구나 동기들이 왔다 갔는지 노란 해바라기 꽃을 꽂아 두고 갔네요. 수현이가 무척 좋아 했겠어요."한다.

그러더니 "수현이가 간지 얼마 되지 않아서 지인들이 수현이에 대한 책을 썼어요. '바보의사'라는 제목인데, 수현이에 대해 그냥 있는 사실 그대로 담백하게 썼는데, 지금도 잘 팔리나 봐요. 인세가 있어서 의대생 5명을 선발해서 매년 수현이 기일을 즈음해 장학금을 전달하고 있어요." 한다.

처음 수현이란 이름을 들으면서 바로 생각나는 인물이 있어 "네, 어머니 가슴 뿌듯하겠네요. 그러고 보니 이수현 의인이 생각나는데요. 혹시 오래전 일본에 연수차 갔다가 지하철역에서 술에 취한 일본인을 구하고 순직한 이수현 군 아세요? 동일 이름이네요."하고 말을 잇자, 어머니는 고개를 끄덕이며 '안다'고 했다.

세월이 흐른 지금도 일본과 한국에서 그의 순직일이면 기념식을 하고있는 소식까지도 알고 계셨다.(주 : 이수현은 일본에 유학하고 있던 2001년 1월 26일 일본 도쿄 신오쿠보 전철역에서 선로에 떨어진 일본인 남성을 구하려다 목숨을 잃었다. 그의 죽음 이후 일본을 중심으로 추도 사업이 전개되어 왔다.

그러면서 "우리 아들이 이곳으로 올 때, 15년 전에는 한참 충혼당 건물이 지어지고 있었어요. 저 건물(봉안식장)도 그 때는 이곳에 없었고, 현충탑이 있던 그 안쪽으로 한참 들어가 있었던 것으로 기억해요. 그래서 이곳을 아는 사람도 없었지요. 한번씩 찾아오려면 얼마나 힘이 들었던지." 뜻밖에 충혼당의 역사까지도 듣게 된 것이다.

한참 동안 안 대위 관련해 말을 주고받고 있는데, 아저씨가 도착하셨다. 인자한 모습의 아버지도 "안경을 찾을 수가 없네. 못 찾았어. 근처 어디에 놔둔 것 같은데 아무리 찾아도 어디다 두었는지 기억이 안 나네."하면서 겸연쩍은 미소를 보낸다. "그러니까 뭐 하러 그 멀리까지 가요? (안경)그게 얼마나 비싸다고 힘들게 거기까지 갖다 와요?"하며 걱정의 마음을 표현했다.

그러다 이내 자리에서 일어서며 "오늘 선생님 근무 시간을 제가 많이 뺏었지요. 앉지도 않고 넋두리 같은 제 말을 다 들어주셔서 너무나 고마워요. 나중에 혹시 시간 되시면 우리 아들 방에 한번 들러 주시면 정말 고맙겠어요." 하신다.

어찌 그 말을 거절할 수 있겠는가? 오히려 말을 하지 않아도 당연히 갈 생각이었는데. 인사를 드리며 약속했다. "네, 아버지 어머니 제가 꼭 가서 인사하겠습니다. 편지까지도 써서 전하고요, 제가 여기 있는 동안에는 수시로 들려서 얘기도 나누고 하겠습니다. 염려하지 마시고요, 언제나 건강하세요."하며 고개 숙여 인사하자 두 분도 목례로 화답했다.

두 분이 돌아가신 후 가만히 있을 수 없었다. 퇴근 시각 임박해 바로 충혼당 106호실을 찾았다. 故 안수현 대위가 사진 속 다정한 모습으로 맞아주었다. 시·공간의 차이는 있지만 군복을 입은 모습이다. 조금은 근엄한, 전혀 모르는 이방인의 갑작스런 방문에 놀라서인가? 다소 낯선 표정으로 필자를 맞아준다고 해야 하나? 하지만 그럼에도 단 한번 대한 적 없던 필자를 바라보는 대한민국 육군 군의관 故 安 대위와 예비역 이현오는 그 어떤 설익은 감정도, 선입관도 없이 첫 만남을 가졌다. 그 어머니의 마음을 통해서. 그리고 이런 작은 메모 글을 남겼다.

"안수현님을 기립니다.
자신보다 타인의 삶을 더 사랑하고 위한 안 대위님.
엄마, 아빠가 늘 사랑하시며 주변 지인이 (잊음)잊지 않습니다.
하늘에서 평안, 행복하세요.

현충원 보람이. 이현오. 2021. 9. 6

그를 대하매 오래 전 군 초년시절 경기도 운천에 위치한 제1기갑여단 5전차대대에서 부대원들을 위해 의무지원 활동에 최선을 다하던 후덕하고 따뜻했던 한 군의관이 선뜻 떠오르고, 또 한 사람 안 대위 어머니와 얘기를 나누었던 동명이인 이수현 청년이 떠올라 한동안 마음이 편치만은 않았다. 그 편치 않음은 안타까움의 연결이기도 했다. 왜 착하고 참 인간, 아름다운 이들은 사랑하는 사람들과의 이별의 아픔도 그렇게 빨리 가져야만 하는가 하는 의구심이었다.

그 뿐 아니다. '모든 길은 로마로 통 한다'는 말이 이때도 통하는 걸까? 바로 故 이태석 신부님이 떠올랐다. 2019-2020년 전후방 각 부대를 돌고, 다시 줌(Zoo)을 통해 영상으로 장병 교육을 진행하면서 자주 예를 들어 얘기를 나누던 우리시대의 위대한 성자(聖者)다.

아프리카의 남수단 오지(奧地)인 톤즈에서 내전으로 내일이 어떻게 될지 모르는 상황에서도 배고프고 가난한 아이들을 위해 학교를 세우고, 인술, 가르침을 통해 내일에의 꿈을 키우게 해주던 '수단의 슈바이처'로 불리었던 이태석(1962~2010) 신부님의 생애가 절로 떠오르는 것이다.

젊은 세대, 1972년생 안수현. 이제 막 그가 꾼 꿈을 마음 놓고 펼치고 싶을 때가 아니었을까! 하지만 그는 2006년 1월 어느 날, 동료 군의관의 부탁을 거절하지 않고 임무를 바꿔 편의를 봐주다 영원한 길을 떠나야 했으니. 그게 한 청년 장교의 마지막 순간이었다면 얼마나 애통하고 가슴 아픈 일인가?

33살의 짧은 생애에 의학을 공부하고, 군의관으로 재직하다 평소의 꿈을 채 펼쳐보지 못하고 삶을 마쳐야 했던 젊은 청춘, 안수현 군이지만 그가 남긴 불꽃같은 삶은 오늘 비록 30여분, 그 어머니를 통해 일부분이나마 알게 됐지만 필자의 뇌리에는 오래도록 남아 깊이 각인될 수밖에 없게 되었다.

그리고 얼마 뒤 충혼당 건물 외벽에 부착된 동판을 살펴봤다. 충혼당은 2003년 12월 29일 공사를 시작해 2005년 8월31일 준공되었음을 표기하고 있었다. 그러고 보면 15년 전 그 때 전체 공사는 완료되고 내부 공사는 아직도 소소하게 진행되고 있었을 때로 보여진다.

우리는 살아가며, 개인 대 개인 관계에서도 그렇지만 특히 부대나 회사 같은 조직사회에서는 더더욱 '일심동체'를 강조하곤 한다. 필자가 회사 재직 시에도 송년회식 때나 전체 모임 때면 늘 "우리는 처음부터 끝까지 언제나 일심동체, 우리는 하나다. 위하여."를 건배사 아닌 건배사로 외치기도 했다. 술잔이 오가는 자리에선 더하다. 균열보다는 합심을 통해 이익과 효율성을 배가하기 위함이다.

그렇다면 부모와 자식 간에도 일심동체가 통용되는 걸까? 지나온 과정과 어떤 관계 설정이 이뤄져 왔느냐에 따라 달라질 수 있겠지만 요즘 들어 필자는 이 말에 다소의 회의감을 갖는다. 왜냐면 예전엔 부모 자식이 피를 나눈 천륜의 관계이기에 언제나 일심동체 될 줄 알았지만 아이들이 성장하고, 자신들의 자아와 주의주장이 증폭되면서 점차적으로 하나의 생각에서 다양한 생각과 시각으로 변화됨을 시시때때로 확인(?) 할 수 있게 되기 때문이다.

그런데도 부모의 마음은 또 그렇지 않을 때가 많다. 다 성장해 한 가정을 일궈야 할 나이의 자식을 곁에 두었다가 그 자식을 가슴에 묻어야 했다면, 아니 그런 마음을 느낄 새도 없이 보내야만 했다면, 그 부모님의 마음이 어찌했을지, 어찌 당사자 부모 마음을 알 수 있으리. 그럼에도 우선 와 닿는 건 분명했다. 내 자식의 나이 많고 적음이나 출세, 성공가도에 관계없이 우선은 자식의 건강과 안전을 온몸으로 바람이요, 그런 부모님의 마음을 아프게 하지 않는 게 효도를 행함의 첫 걸음이란 것을.
그 마음을 다시 새기게 되는 오늘이기도 하다.(9.6,월)

65 이런 날도 있더이다 그려!

오늘은 하늘 문이 닫힌 걸까? 유공자님들도 쉬시나 보다. 봉안식장에서도 조용하기만 하다. 어쩌면 현충원에서 이런 날이 가장 평온하고 좋은 날이 아닐까 싶기도 하다. 이곳을 오가는 대부분의 방문객들은 현충원 내 묘역이 1년 12달 한결 같은 줄 알겠지만 결코 그렇지않다. 민족의 성지인 만큼 조용하고 아늑하지만 그 안에서 역동적인 일들이 늘 이루어지고 있어서다.

필자도 아직 직접 동석해보진 못했지만 묘역에 안장되시는 분들을 말함이다. 이미 모든 묘역이 만장(滿場) 돼서 유공자님들이 야외에 새로 안장은 되지 않지만 그 배우자분들은 아직도 남편 곁에 안장될 수 있기 때문이다. 전체 묘역에는 5만여 분 이상의 독립유공자, 애국지사, 6.25참전, 월남참전, 경찰 등 장교(장군)에서 병에 이르기까지 국가를 위해 목숨을 바친 용사들이 잠들어 계신다. 또 배우자 분이 부군 곁에 터를 잡고 계신다. 그래서 그 행사도 이어지고 있는 것이다. 마당 화단에 늘어 서 있는 계수나무의 잎사귀도 점점 더 여물어가고 있음을 보게 된다. 이 가을을 재촉이라도 하는 듯.(9.7,화)

66 충혼당 봉사 최고의 날, 분명 이럴 줄 알았다!

여느 때와 다름없어 보이는 토요일 아침, 그러나 우리 현충원 보람이들의 오늘 토요일은 평상시 주말과는 달랐다. 마음가짐을 단단히(?) 다져야 하는 날이기도 했다. 출근 전 이른 아침부터 독립유공자 묘역 해설 팀 단체 카톡방에는 해설사 선생님들의 격려 문자가 이어지고 있었다.

미치 71년 전 민족의 비극 6.25진린을 딩해 소총 사격과 분해결합 정도 짧은 기본훈련만을 겨우 받고 전선으로 향하던 호국의 용사들, 스무 살 어린 나이 군인아저씨들의 비장어린 마음가짐이 그러했을까? 그 시절 북한 공산주의자들의 불법 침략에 맞서 자신을 아끼지 않고 나라의 위기를 온몸으로 막으며 몸과 마음을 바쳤던 젊은 용사들이 다졌을 그런 마음으로 "오늘도 참배객들에게 친절과 예의로 정성을 다해 안내하겠다."를 다지며 정문을 통과해 발걸음을 재촉했다.

얼마쯤 걷고 있는데, 뒤에서 "혹시"하는 음성이 나를 멈춰 세우게 한다. 음성이 오늘 함께 봉사하게 될 이○○ 선생님을 직감하면서 고개를 돌리자 마스크 속 환한 미소가 보이는 것만 같다.

반가운 인사와 함께 추석을 맞아 많은 참배객들이 오실 것이란 얘기를 나누며 충혼당으로 향했다.

역시 예감은 적중이다. 벌써 충혼당 마당은 사람들로 붐비는 중이다. 현충원에서는 추석연휴(9.18〈토〉~22〈수〉)기간 정부의 방역지침에 의거해 예년과 마찬가지로 실내 참배를 않기로 결정해 이미 전체 유가족들에게 통보를 한 상태였다. 필자야 올해 처음이기에 짐작은 할 수 없었지만 작년 보람이 봉사활동을 해 온 선배 선생님들에 의하면 추석을 앞에 둔 직전 토요일과 일요일엔 앞마당까지 길게 줄이 이어질 정도로 하루 3천명 이상 참배객들이 오신다는 얘기를 들은 바 있다. 해서 현충원도 평상시 9시보다 이른 7시부터 개방하고, 들어서는 입구도 평소의 한곳을 두 곳으로 열어놓는 등 참배객들의 편의를 위해 최선을 다해두었다.

오전 9시가 되기도 전 우리들은 2개 팀으로 나뉘어 손님맞이에 나서 말 그대로 눈코 뜰 새 없었다. 앉아 있을 틈은 고사하고, 잠시 화장실 다녀오기에도 미안할 정도였다. 거리두기에서 체온확인, 방문기록 작성 안내 등 계속적으로 "열 체크해 주세요" "QR 준비해 주세요" "QR코드 없으신 분은 이쪽에다 기록해 주시고요."말과 손짓에, 이쪽저쪽 왔다 갔다 하면서 움직이는 모습이 어찌 생각하면 새로 신장개업하는 가게 앞에서 키다리 삐에로 복장의 아르바이트생들이 하는 모습, 그 모델과 같다는 생각이 들어 경황 중에도 피식 웃음이 나를 웃기게 만들기도 했다.

어떻게 오전 4시간이 지나갔는지 모를 최고의 날이었다. 오후 새로운 선생님들이 도착해 인수인계를 하는 와중에도 제1충혼당으로는 추석을 앞두고 부모님을 뵙고자 하는 가족들의 줄이 북새통을 이루고 있었다. 올 추석, 코로나로 인해 연거푸 이어지는 사회적 거리두기 지침과 방역으로 엄청 고단하고 힘든 생활이 연이은 실정이다. 이로 인해 마음마저 여유롭지 못하지만 그럼에도 부모님을 그리며 먼저 현충원을 찾는 참배객들을 대하며 필자도 마음에 맺힘이 떠오르는 게 있었다.

올 추석에도 성묘를 가지 못하고 벌초도 대행케 했다. 고향 부모님 묘소를 찾아 생전 좋아하시던 술 한잔 올리지 못하는 아들의 불효가 새삼 송구스럽게 한다.

오늘 오후에도 많은 분들이 찾아뵈었을 것이다. 또한 일요일에는 더 많은 분들이 아버지, 어머니, 할아버지, 할머니, 삼촌과 숙모, 더러는 아들을 찾아 발걸음 하게 될 것이다. 오늘 오전 참배객은 전체 2000명에서 18명 모자란 1982명. 명절이나 특별히 이런 날은 모든분들이 서로 지난날의 아픔이나 슬픔보다는 '만남'이라는 화두를 통해 기쁨과 축제가 병행되는 날로 즐겼으면 하는 마음이 크게 와 닿는 날이다.(9.11,토)

67 아름답게 피어나는 꽃송이들

충혼당 내 각 호실은 콧속으로 스미는 진한 꽃향기는 아니지만 눈으로 느껴지는 은은한 꽃향기는 날이 갈수록 더 짙어지고 있는 양상이다. 지난 7월30일부터 시행하는 꽃 부착에 너도나도 가족들이 꽃을 달고 있기에 각 실에는 하루가 다르게 꽃의 수효가 크게 불어나고 있다. 생화가 아닌 인조이기에 생생함은 덜 하겠지만 그럼에도 합동제례단의 생화와 실내 조화가 어우러지고, 꽃을 들고 와 정성스레 부착하는 손길들의 마음이 가신 이에 대한 안타까움과 아쉬움을 달래주는데도 한 역할을 하는 것 같다.

물론 꽃 부착과 관련해 이런 저런 의견들도 듣는다. 사람마다 다른 시각과 성향에 따라 의견을 달리하기 때문이다. 오늘도 마찬가지다. 참배를 마치고 우리들 곁으로 오신 몇몇 분들은 자신의 의견을 표현하는데도 거침이 없다. 호·불호, 찬성과 반대가 극명하게 갈린다. 다만 필자의 입장에서 한 가지 바람은 꽃에 대한 부착이나 방역지침에 대한 의사표현을 함에 있어서도, 직원이 됐건 보람이가 됐건 상대에 대한 배려와 존중의 마음을 잃지 않았으면 하는 것이다.
무언가를 이렇다 저렇다 구체적으로 늘어놓기에 앞서 말을 하는 사람도 듣는 사람도 예의를 갖춰야 해서다. 그럼에도 자신의 주장만이 옳고 정당하다는 식의 표현과 발언은 상대방에게 불편함을 끼침과 함께 나아가 오랜 기간 지워지지 않을 상처가 될 수도 있기에서다.

평일임에도 끊이지 않았다. 출근길 다소 당혹스런 상황을 맞아 편치 않기도 했지만 잊고자 했다. 직장인이라면 한 두 번은 겪었음직한 일임에서다. 그러면서 필자 특유의 신명으로 이해하면서, 함께 편성된 정ㅇㅇ 선생과 유쾌함으로 오늘의 일정이 이뤄졌다.

참배를 오셨지만 어느 곳에 계신지를 몰라 난감해 하는 경우도 있다. 그럴 경우를 대비해 인터넷 검색을 통해 안내해 주기도 한다. 오늘도 그랬다. 역시 빠듯한 일정의 연속이었다. 그럼에도 환하게 웃는다.(9.14,화)

68 “영감이 보고 싶어서 오겠어? 얘들 성화에 오지”

필연적으로 만나야 할 사람, 꼭 보고 싶은 사람과의 만남은 누구건 언제 어디서건 즐겁고 힘이 되기 마련이다. 현충원에서 만나는 사람들의 만남과 바람도 그랬다. 늘 보고 싶고, 그립지만 자주 와서 만나지 못함에 미안해하고, 아쉬움을 토로한다. 그래서 그들에겐 이곳에 계신 그 누군가가 더 가슴에 묻혀 생각케 되는지도 모를 일이다.

오늘도 이곳을 다녀가신 분들은 500명이 넘었다. 어린 아이들에서 휠체어를 타고 오신 분, 한 걸음 한걸음 걸음을 떼기에도 힘들어하시는 할머니도 계시지만 자식들과 함께 오셨다 가시는 이 분들의 얼굴에는 대부분 웃음기가 확 펼쳐진다. 그런 분들을 대할 때면 우리들 마음도 밝아짐은 언제나 마찬가지다.

오후 3시경 자식, 손주들과 함께 걸음을 떼면서 밖으로 나오시던 할머니 얼굴에 활짝 핀 미소가 유난히 밝아 말을 건넸다. “할머니, 할아버지 뵙고 나오시니 기분이 무척 좋으신가 봐요?” 하자 “아, 그럼 좋고말고. 이렇게 왔다 가면 당분간은 안심 되니까.” 하신다. 이럴 때면 어르신들이 빨리 나가실 기색도 없이 먼저 말씀을 하신다. “영감이 간지 벌써 오래됐어. 이제는 다리도 아프고 허리도 아파서 자주 못와. 그런데 나 죽기 전 또 오고 싶어." 미소 함께 말씀을 잇는다.

다시 "할아버지가 많이 보고 싶으셨지요? 그리 보이시는데요?"웃으면서 말을 건네자 "다 늙어 얼굴도 가물가물해지는 영감이 머가 보고 싶겠어? 추석이라고 얘들이 하도 같이 가자고 해서 온 거지." 하며 함께 온 아들 내외와 손녀를 한번 바라보고는, 필자에게 얼굴을 가까이 갖다 대며 "그래도 내가 죽으면 다른데 가지 않고 영감 곁에 있게 해준다니 얼마나 다행이여. 세컨드(둘째 부인)는 이리 못 온다고 하지 아마. 그래서 움직일 수 있을 때 가능한 자주 오려고 하는데 모르지. 늙은 마누라도 보고 싶어 할지 누가 알아?" 다시 유쾌한 웃음을 크게 터뜨린다. "아저씨들 고생하셔요." 하는 인사를 남기고 휠체어를 움직이며 충혼당을 떠나신다.

세월의 흐름에 따라 몸과 마음이 약해짐은 어쩔 수 없지만 그럼에도 발걸음을 할 수 있을 때까지 남편이 계신 곳을 한번이라도 더 찾겠다고 하시는 분들을 뵐 때면, 사랑은 나이의 많고 적음에 결코 구애되지 않는다는 사실을 이곳에서 더 아련하게 느끼게 되는 것 같기도 하다.

그래서 사랑은 위대하고, 사랑은 더 크고 깊게 익어 가는가 보다.(9.15,수)

69 오늘은 추석날, 무후선열제단 앞에 서서

추석날. 현충원 정문은 한쪽 측면만 열린 채 들어오는 차량을 다 통제하고 있었다. 지난 18일부터 오는 22일까지 충혼당 실내는 일체의 예약을 받지 않고, 전체를 통제 중이다. 장례절차를 마치고 안치를 위해 들어오는 유공자님들을 맞는 봉안식장만 운영하고, 일부 묘역에서는 예약에 의해 참배가 인정되는 정도다. 철저하게 방역지침을 준수하고 있는 거다.

12시 10분, 정문을 통과하며 하늘을 대하자 맑고 파란 청명함 사이로 유유자적하게 흘러가는 흰 구름은 눈을 부시며, 내리쪼이는 쨍쨍한 햇살과 더불어 풍요로운 가을로 줄달음치고 있음을 여실히 보여주고 있다.

발걸음을 빠르게 했다. 월남참전 묘역과 6.25참전유공자 묘역 사이로 난 언덕길을 오르자 어느새 이마에는 송글송글 굵은 땀방울이 맺히고 호흡은 더 빨라진다. 충열대 〈무후선열재단〉으로 향했다. 추석을 맞아 독립유공자님들께 문안인사를 드리기 위함이다. 청량한 하늘아래 바람소리마저 숨을 멋은 듯한 충열대 무후선열제단 앞에 무릎을 꿇고 향을 피웠다.

지그시 눈을 감고 100여 년 전 그 시간대로 달려갔다. 그러면서 늘 하는 나만의 홀로 행사지만 이때만큼은 언제나 나 스스로 마음이 경건해짐을 확인하곤 한다. 그 험난했던 시절, 빼앗긴 나라에서 가진 것도, 지닌 것도, 배움이 많지 않았음에도 고향과 부모형제를 떠나 이역만리 러시아 연해주로, 만주로, 하와이로 죽을 고비를 넘기며 오직 나라의 독립을 위해 모든 것을 바치고 쏟아부었던 독립선열들.
임들이 계셨기에 오늘이 있게 해 주심에 감사를 표하며, 앞으로도 누천년 세세토록 이 나라가 번영될 수 있게 해달라고 간절히 기도를 올린다.

오후 현충원은 그야말로 고요와 정적이다. 추석을 맞아 깨끗하게 단장된 묘역에는 많지는 않지만 사전 예약된 몇몇 가족들이 모여 앉아 도란도란 얘기를 나누며 오래 전 전사(순직)하셨을 아버지, 할아버지를 기리고 있을 뿐, 적막강산에 휩싸이고 있었다. 이번 연휴기간 우리 독립유공자 해설팀은 충혼당 참배가 안 됨에 따라 봉안식장에서 지원임무를 하게 돼 있다. 현충원 봉사활동을 하면서 느낌은 국립묘지 현충원에서의 영면(永眠)을 위해 오시는 유공자 가족분들은 그들 모두도 다 예의와 절제가 몸에 익어있지 않는가 하는 점이다. 물론 간혹 가다 그렇지 않은 경우도 있지만 대체적인 공통의식이다. 그것은 먼저 '감사함'으로 표현될 것 같다. 유공자 본인이 국가를 위해 일심(一心)을 다 하셨을 텐데, 그 분뿐 아니라 그 가족들마저도 뭐랄까, 어떤 감사의 마음이 은연중에 표출되고 있음을 느끼게 된다는 점이다.

쨍쨍하게 내리쪼이던 하늘이 일순 어두운 구름으로 휩싸이더니 후드득 빗방울이 떨어진다. 어느새 비는 굵은 빗줄기로 바뀌어 한동안 쏟아진다. 그러더니 다시 빗발은 가늘어지고, 이

내 하늘은 다시 파란 물을 들인 청색의 천이 되고, 그 사이는 하얀 뭉게구름으로 덧칠돼 잠시도 멈춤 없이 서쪽 하늘에서 동쪽으로 흘러가고 또 흘러간다.

그런데 그동안 눈여겨보지 못했던 화단의 일곱 나무, 계수나무도 이젠 완연하게 노란색 옷으로 멋들어지게 차려입고 자신을 드러내고 있었다. '언제 저렇게 되었지' 놀라울 따름이다. 시간이 멈춰져 버린 듯 조용해진 시각, 이번에는 제2안치실로 향했다. 지난 8월 유명(幽冥)을 달리하신 참전용사 영관장교연합회 회장님과 고문을 역임하신 원로 대선배님과 같은 봉안실에 계신 다른 선배님을 찾아뵙고 추석 인사를 올렸다.

이 날 한민족의 위대성을 전 세계에 알리고, 이 땅의 자주독립을 위해 희생하신 독립선열과 분단의 아픔을 곱씹으며 북한 공산주의자들로부터 무너져가는 조국 대한민국을 지켜내신 현충원의 호국 영웅님과 함께 했다는 이 날의 자긍심은 아마 오래도록 나의 기억 속에 자리하게 될 것이다. 감사함과 함께.(9.21,화)

70 '영웅이시여' 현충탑 무명용사 앞에 서서

한참 만이다. 오랜만에 현충탑 앞에 섰다. 마음이 차분해지면서도 경건해짐은 단체의 일원으로서 거나 개인적 차원에서거나 마찬가지다. 한번 두 번 세 번 향을 들어 향로 안에 정성스레 뿌렸다. 하얀 연기가 31m 현충탑 위로 마치 춤을 추듯이 흩어지며 하늘위로 올라가고 만다. 거수경례로 나의 마음을 대신 표하며 순국선열과 호국의 영웅님들께 예를 올렸다. 그리고 내 마음속 그 분들을 위해 머리 조아려 기도를 올렸다.

오늘도 충혼당은 정신없이 돌아갔다. 추석 전 주말도 그랬지만 추석 연휴 간 코로나 방역지침에 의해 현충원 참배가 안 되었기에 추석 후 첫 주말에도 현충원은 엄청 분주하게 돌아갔다. 일정이 끝나 참배객들이 모두 돌아간 뒤 퇴근길 현충탑으로 걸음을 옮겼다. 혼자서 현충탑을 찾고 싶어서다. 위패실로 향했다. 천천히 걸음을 옮기며 그 안의 모든 정경을 눈에 담고자 했다. 어찌 가슴저리다하지 않을 수 있을까? 빼곡하게 적혀진 계급과 성명 석자. 많은 생각들이 가슴을 채운다. 더 무슨 말이 필요하랴.(9.25,토)

71 감사와 보람으로 임한 9월의 충혼당

아직은 고요한 충혼당. 중앙제단으로 나가 향로 안을 살피자 안에서는 작은 불씨를 안고 스멀스멀 연기가 피어오르고 있어 한 주먹 가득 향을 담아 넣었다. 개인적 취향이겠지만 이 냄새가 참 좋다. 향 내음을 맡으면 왠지 모르게 머리가 금방 맑아지는 느낌을 받곤 한다. 향(香)의 기세를 받아서인가, 향로에서는 진한 향기를 머금은 하얀 연기가 아침녘 파란 하늘 위로 막 솟구쳐 오른다. 제단 위에는 참배를 오신 어느 분인가가 올려놓았는지 모를 커피한 잔이 아직 온기를 품고 있었다.

계수나무도 며칠 전보다도 한층 더 곱게 짙은 물이 들었다. 7그루 중 6그루는 이제 완연하게 노란색 옷으로 활짝 차려입었다. 물론, 맨 앞에 서 있는 1호는 여전히 독야청청(獨也靑靑)이다. 언제쯤 그 1호도 단풍 옷을 입을지 나의 관심 끄는 대상이기도 하다.

오늘따라 유독 연세가 높은 어머니들이 많이 오셨다. 휠체어를 타고 오신 분들도 여러분이시고. 아무래도 먼저 하늘나라로 간 남편을 만나고자 하는 건 현생의 남아 있는 가족들의 몫일테니 당연하지만 그럼에도 연세가 많은분들이 오실 때는 마음 한편 존경과 부러움 이면에 안쓰러움이 이는 것도 사실이다. 월요일 오전이라 평소에 비해 참배객이 많은 편이 아니다.

아무래도 휴일 다음의 월요일 오전은 조금은 한산한 편이다.

오늘도 반가운 분과 눈 맞춤을 하며 인사를 나눴다. 벌써 와 계셨는지, “잠시 나갔다가 올게요.” 하며 밖으로 나가던 경기도 파주시가 집이라는 그 분은, 언젠가 “이제 칠순이 지나니까 몸 여기저기 안 아픈 곳도 없고, 가끔은 빈혈로 쓰러질 때도 있어요. 그래도 나오지 않으면 안 돼.”하셨는데.......... 한참 후 언제 들어오셨는지, 늘 메고 다니던 배낭을 짊어지고 오시더니 나가면서 가방을 열고, 초콜렛을 몇 개 내 놓았다. 언제나 그냥 가는 경우가 없어 보인다. “수고하세요.” 말도 빠트리지 않았다.

오늘도 오전 4시간 봉사활동이 언제 지나갔는지 모르게 빠르게 지나갔다. 우리 현충원 50+ 보람이 들의 봉사활동은 매월 총 57시간으로 11월말까지다. 월 12회, 각자 일정에 따라 다르지만 대체적으로 주3회 정도로 편성되는데, 필자의 9월 봉사일은 오늘이 종료다.

하루, 한달 일정이 금방금방 끝나는 듯해 아쉬움이 일기도 하지만 그럼에도 우리들의 하루일과는 언제나 ‘보람’이다. 보람과 감사함으로 임했던 9월의 충혼당 봉사.(9.27,월)

72 3개월 만의 만남… 그리고 73주년 국군의 날

아침 눈을 뜸과 함께 〈태극기〉를 챙겼다. 어제 저녁 아파트 관리실에서 "내일은 73주년 국군의 날입니다. 각 가정에서는 태극기를 게양해 주시기 바랍니다."하고 방송도 있었지만 기념일에는 먼저 태극기부터 달아야 한다는 관념이 박혀 있어서다. 태극기를 내 걸면서 생각나는 게 있었다. 몇 년 전 광주에서 사는 딸과 어린 외손녀(장세영)가 와 있었는데, 세영이를 앞에 앉혀놓고 "세영아, 이게 대한민국 국기, 태극기란다. 너는 아직 모르지만 오늘이 '국군의 날'이야. 세영이가 할아버지랑 처음으로 태극기를 다는 역사적인 날이야. 기억해야 한다."하고 웃으며 태극 깃대를 쥐어주고 함께 흔들고 게양했던 생각이 떠올라 웃음이 일기도 했다.

10월 1일. 이 달은 우리들이 임시 안치실에서 임무를 수행한다. 충혼당(본관)이나 봉안식장이나 어디라 할 곳 없이 참배객과 유가족을 맞는 곳이지만 필자에게는 특히 이곳 임시 안치실이 각별하게 다가온다. 그것은 아마도 우리 독립유공자 해설가 팀의 첫 봉사활동이 이뤄진 곳이 이곳이기도 하려니와 안보를 위해 자신의 역할을 다해 임무를 수행하다 불의의 사고로 순직한 국군용사나 장기근속 예비역 선배, 참전용사들을 가장 지근거리에서 뵐 수 있어서인지도 모르겠다.

오늘도 마찬가지였다. 지난 순환근무 기간에도 자주 이곳을 찾아와 인사를 드리곤 했지만 그럼에도 3개월 만에 다시 처음 임했던 임시 안치실로 전환돼 임무를 수행케 됨에 도착과 동시에 바로 제2안치실, 그리고 제1안치실을 순차적으로 돌아가며 유공자님들께 반가운 근무 신고 인사를 올렸다.

"그새도 평안하셨지요. 오늘부터 다시 여기서 뵙게 됐습니다. 오늘도 즐거운 하루 되세요." 돌아가며 신고식을 했다. 특히 박세환 장군님께 거수경례와 함께 "회장님, 오늘은 73주년 국군의 날입니다. 알고 계시지요. 향군회장 재식시라면 육군본부나 성남비행장 등에서 열린 기념식장에 나가 계실 텐데요. 이제는 후배들에게 자리를 넘기시고 평안히 보고 계시지요."하며 지난날을 돌이켰다.

돌아보면 필자 또한 군문을 나선지 올해로 19년이 지난다. 그러고 보면 내년이면 만 20년이 된다. 언제 이렇게 시간이 흘러갔을까? 세월은 '눈 깜짝할 새' 지나간다고 하더니...그야말로 전광석화다.

청년장교시절, 초급장교(소위)로 강원도 화천 최전방 GOP(일반전초, 남방한계선 철책선)에서 소대원들과 한 몸이 돼 땀 흘리며 임했던 그 시절. 생각나는 전우가 있다. 지금은 서로 60이 넘어 친구 같은 전우로 부담 없이 수시 만나 그 때 그 시절을 돌아보며 막걸리 잔을 즐겨 나누는 1981년 제7사단 3연대 4대대 13중대 1소대 이심우 일병(병장).

바로 텔레파시가 통했나, 카톡으로 오늘 국군의 날 행사 유튜브 기사와 함께 덥수룩한 수염에 병장 계급의 군복을 입은 사진 한 장이 전송됐다. '천둥이 치고 갑자기 비가 쏟아지니 불현 듯 그 날이 떠올라 막걸리 한잔 하면서 카톡을 보냈다'며 금방 전화 통화가 이어졌다. 그 때의 우리들은 그랬다. 36개월의 고단한 병영생활 속에서도 끈끈한 무언가가 있었다. 그래서 전역 후에도 찾아 나서고, 더 진한 전우애를 나누게 되는 모양이다. 전후방에서 오늘도 국토방위에 여념 없는 장병들에게 무한한 신뢰와 존경의 마음을 전하고 싶다.

10월이다. 가을이 깊어간다. 이 달도 더 보람차고 더 힘차게 임하고자 한다. 오늘의 대한민국이 있기까지 국가 위해 신명을 바쳤던 선배 국군용사 전우들. 그 분들이 계셨기에 오늘에 감사한다. 우리의 역할을 더 잘 할 수 있기를 다짐하며 제73주년 국군의 날을 축하하고자 한다.

국군장병 만세! 만세!! 대한민국 만만세!!!(10.1,금)

73 선열의 독립운동과 통일한국의 그 날을 바라며

오전 10시 평상시보다 일찍 발길을 재촉했다. 충혼당에 앞서 먼저 갈 곳이 있어서다. 동작역에서 내려 현충원 정문을 들어서며 하늘을 올려다보자 아! 소리가 나올 정도로 참으로 아름다운 〈하늘〉임을 감지케 된다. 그래서 '하늘은 높고 말이 살찌다'는 천고마비(天高馬肥)의 계절이라고 말하게 되는가 보다. '눈이 시리다'는 표현이 딱 들어맞을 것 같은 하늘. 그 위를 때로는 마라톤선수의 경쾌한 발놀림처럼, 때로는 푸른 벌판 위에서 한가로이 풀을 뜯는 소떼의 여유로운 모습과도 같이 하얀 뭉게구름이 흘러가고 있어 발걸음마저 더 가벼워진다.

충열대, 독립유공자 묘역으로 향했다. 뵈어야 할 분들이 계시기 때문이다. 3.1만세운동 당시 민족대표 33인 중 한 분인 이갑성 선생님과 34번째 민족대표로 일컬어지는 스코필드 박사, 그리고 무후선열제단에 모셔진 이재명 의사와 이제는 대전 국립묘지에 모셔진 홍범도 장군님을 만나기 위해서다. 이유가 있었다. 내일(10.6) (재)한국통일진흥원에서 '3.1운동과 평화통일' 주제의 강연이 계획돼 있고, 그 내용 중에 이 분들의 당시 활약상이 포함돼 있어 먼저 뵙고 제 마음을 전하기 위해서였다.

이갑성 선열과 스코필드 박사는 남다른 인연이 계신 관계다. 1919년 1월8일 프랑스 파리에서 미국 대통령 〈윌슨〉에 의한

14개항의 '민족자결주의'원칙이 발표됐다. 이 사실을 알게 된 스코필드 박사는 이갑성 선생을 만나 위 사실과 함께 미국에서 이승만 박사와 안창호 선생이 독립운동을 준비하고 있다는 말을 전한다.

이후 3.1운동계획이 준비되면서 이갑성 대표께서는 스코필드를 만나 파고다 공원에서 있을 만세운동 때 그 장면을 사진촬영하고, 기록으로 남겨 줄 것을 요청한다. 석호필 박사는 흔쾌히 이를 승낙했다. 그렇게 그는 1919년 3.1만세운동의 34번째 민족대표로 우리 근대사에 이름을 올리게 된 것이다.

스코필드 박사는 1958년 정부수립 10주년 기념식에 초청돼 내한, 서울대학교 수의학과 교수로 봉직하다 1970년 하늘나라로 영원한 길을 떠났다.
【내가 죽거든 한국 땅에 묻어 주시오. 내가 도와주던 소년 소녀들과 불쌍한 사람들을 맡아 주세요.「유언」중에서】. 스코필드 박사의 유언대로 그는 현재 서울 현충원 〈독립유공자 96번 묘역〉에 외국인으로서는 유일하게 모셔져 있다.

나는 이 날도 무후선열 앞에 경건한 마음을 담아 무릎을 꿇었다. 향을 들어 불을 지핀 뒤 제단에 올렸다. 늘 하는 나만의 행사이지만 이 시간만큼 필자의 마음은 더 경건하고 간절해진다. "대한민국의 오늘이 있기까지 국내외에서 일제의 잔혹한 압살에도 개의치 않고, 온몸으로 나라의 독립을 위해 모진 고행 마다하지 않으셨던 선열님과 애국지사님, 임들이 계셨기에 이 시각 저희가 있음을 잘 압니다. 앞으로도 연년세세토록 이 나라 대한민국이 통일대한민국으로 세계 속에 우뚝 선 강건한 국가가 될 수 있도록 언제나 힘을 주십시오." 기도와 묵념이 이어진다.

이 간절한 마음으로 내일 강연에서 나의 마음을 모아 미래 어느 순간에 다가올 〈통일대한민국〉과 연계해 강연을 진행코자 한다. 1900년대 을사늑약과 경술국치를 겪고, 35년간의 피압박 식민지의 고진 고통을 감내하면서도 오늘의 대한민국이 존재할 수 있는 것은, 바로 그 고통을 이겨낸 위대한 선열들이 조국의 독립을 위해 몸을 바쳤기에 1945년 광복의 밝은 햇빛을 볼 수 있었던 것이며, 불법 침략한 북한 김일성 공산주의자들로부터 대한민국을 지키기 위한 호국영웅들이 계셨기에 오늘의 대한민국이 가능한 것이다.

이제 앞으로 우리가 이뤄야할 길은 〈자유민주통일〉에의 길이다. 남과 북이 하나의 민족임을 바른 시각에서 인식하고, 현세대에 반드시 통일을 이뤄야 한다는 각오로 임한다면 우리가 꿈꾸고 부러워하는 하나의 국가, '통일독일'이 결코 우리에게도 요원하지만은 않을 터다.
'꿈은 이루어진다'고 했다.(10.5,화)

74 충(忠)과 효(孝), 사랑이 주는 함의?

참배객들의 발걸음이 뜸해 펼쳐놓은 책에 눈길을 주느라 누가 다가오는지도 모르고 있는데 “수고 하십니다”하는 조용한 목소리가 들려 눈길을 돌리자, 한쪽 다리를 절며 중년의 여성 참배객이 천천히 계단을 걸어 내려서고 있었다. “어서 오십시오.” 일어나 인사를 하며 체온 측정과 QR코드를 확인하자 그 분은 곧 안치실로 향했다. 그리고 이내 복받친 듯 억눌린 울음소리가 귓전을 파고든다. 지난 3개월 여 봉안식장과 제1충혼당 봉사에 있었기에 참배객의 곡(哭)을 듣는 것도 한참만 이었다.

경우에 따라 다르겠지만 누군가의 울음은 애절함으로 상대를 압도하는 무기이고, 비상이 될 수도 있음을 안다. 숙연해지는 마음을 가다듬어야 했다. 누가 모셔져 있기에 저리 애절하게도. 부군일까? 아니면 먼저 앞세운 자식? 그도 아니라면? 그렇게 한참의 시간이 지나갔다.

나와 관계없는 일이기에 어떤 관심이나 신경을 기울일 필요가 없겠지만 꼭 그렇지가 않다. 어느 죽음에, 어떤 누군가 세상과의 이별에 어찌 굴곡진 사연이 없겠는가?
아직 얼굴에서 눈물 자국이 채 지워지지 않은 그 분이 나오시더니 조용히 “예전엔 꽃이 없었는데, 다 꽃이 붙어 있네요? 이 꽃을 어디 파는 데가 있나요?”하고 묻는다.

"네"하면서 자세히 알려 드리자 "그럼 잠시 다녀오겠습니다." 하고 자리를 뜬다.

걸음걸이도 불편하고, 혼자 온 듯해 "걸어서 가려면 한참 걸리는데, 괜찮으시겠어요?"하자 "네, 오늘 하지 않으면 혼자서 너무 허전해 할 것 같아서요."한다. 그리고 나간 지 얼마 지나지 않은 것 같은데 손에 꽃(조화) 한 송이를 들고 느릿하게 들어오셨다. 또 한 번의 울음소리가 들려온 것은 그 직후였다. 하지만 이번에 꾹꾹 참으며 토해내는 울음소리가 나의 가슴을 더 큰 울림으로 파고들게 했다.

이 날 우리 임시 안치실에서는 보람이 선생님들의 즉석 토론이 진행됐다. '부부간의 사랑과 자식 관계'쯤 됐다. '부부' '자식'에 대한 이야기로 아무래도 끈끈한 부부의 관계가 나중 어떤 어려움 직면에서도 서로를 더 위하게 된다는 그런 내용이었다.

지금이야 교육도 많이 달라진 것으로 볼 수밖에 없지만 지난날 우리사회는 가정교육, 학교교육, 사회교육을 막론하고 충·효를 거론치 않을 때가 별로 없었다. 그래서 군에서는 더욱 충(忠), 충의(忠義) 교육이 강조돼 왔다. 국가를 보위하고 국민의 생명과 재산을 지키는 국민의 군대로서 당연한 일이라 할 것이다.

2019년 필자는 한 교육단체의 일원으로 국방부 위탁을 받아 강사 요원이자 팀장으로 전방 부대를 순회하며 반기 인성 집중교육에 임한 적이 있다. 그 때 중점 핵심과제 내용이 군인정신 7대 덕목이었고, 그 중 한 덕목이 충성(忠誠)이기도 했다.

또한 필자가 현역으로 육군본부에 근무할 1990년대 후반에서 2000년 대 초, 군에서 효, 효행 교육의 기초 기반이 다져졌었다. 어쩌면 잠시 잊혀졌을 효(孝), 효행(孝行)교육이 군에서 다시 불을 지폈던 것으로 기억하고 있다.

어쨌든 과거든 현재든 또 앞으로 다가올 미래사회든 간에 사람이 주인이 되는 사회에서 어느 나라, 어떤 민족이든 간에 충과 효는 군과 일반사회의 가림 없이 국가와 사회의 한 기둥이요, 버팀목이 되지 않을까? 나와 내 가족에 대한 믿음과 사랑, 거기에 내가 속한 조직과 국가가 있기 때문이다.(10.8,금)

75 "여보 보고 싶어요" 애틋함, 그리움은 영원한 것

10월 9일은 한글날이다. 올해는 한글날이 토요일이어서 정부 방침에 의거 다음 주 월요일이 대체 휴일로 지정됐다.
이 날도 나는 기상과 함께 베란다에 태극기를 게양하고, 시간에 맞춰 출근준비를 서둘렀다. 어제에 이어 오늘 아침도 빗발은 계속됐다. 다행히 출근길 하늘을 덮힌 검은 구름이 걷히고 있어 우산을 접어놓고 그냥 애마를 이용, 늘 하던대로 천호에서 석촌, 동작역으로 향하는 지하철에 몸을 실었다.

오늘도 함께하는 동역자는 또 참배안내 지원팀의 박○○ 선생이었다. 같이 근무가 편성될 때면 웃으며 농담으로 이런 얘기를 나눈다. "아니 선생님과는 전생에 무슨 부부의 연을 맺었었나요?"할 정도로 우리는 사전 어떤 조율이 없는데도 불구하고 수시 편성이다.

"저 선생님, 나중에 새로 짓고 있는(제2충혼당) 대로 옮겨도 여기 맨 아래(임시 안치실 제일 하단) 있는 분들도 바뀌지 않고, 또 아래쪽으로 가게 되는가요? 우리 아저씨는 아래 있는 걸 싫어하는데. 우리도 저기 중간쯤에 있는 분들처럼 가운데 자리로 가게 해 줄 수는 없어요?" 데스크로 향해 오시던 한 참배객께서 필자를 보며 하는 말이다.

“네, 무슨 말씀인줄 이해합니다. 여기서 이전을 해도 변하는 건 없습니다. 순서대로 그대로 안치되십니다.” 이런 질문을 받는 경우가 간혹 있는데, 전혀 바뀔 수 없는 사항이다. 충혼당은 유공자 분들이 예(禮)를 마치고 들어오시는 순서에 의해 생전의 직함, 계급과 직위에 무관하게 자리를 잡게 되기 때문이다.

얼마 후 울음소리가 복도를 울린다. 503호실, 돌아가신지 1년여가 된 유공자님들이 영면한 곳이다. 울음 사이사이로 “여보, 우리 아이들 잘 되게 언제나 하늘에서 지켜줘요. 당신이 많이 보고 싶어요.” 그리움과 안타까움이 담긴 얘기와 함께다.

어제도 부부간의 애틋한 사랑이 담긴 얘기가 있더니 오늘도 그랬다. 가끔 필자는 함께하는 선생님들과 “내가 이다음 이곳에 오게 될 경우 우리 딸들이야 처음 한 두 번은 당연히 아빠를 생각하며 울고 하겠지만 집사람이 울어줄지 그것이 궁금하다.”며 너스레를 떨기도 한다.

또 이런 얘기들을 할 때가 있지 않을까? 고대 그리스의 대표적 철학자인 스크라테스의 말을 빌리지 않더라도 ‘아무리 아들, 딸자식이 잘 해준다 해도 마누라같이 편하고, 잘해주는 사람이 어디 있느냐’이다. 이곳에서 어느 정도 있다 보니 웬만큼 감(感)을 잡게 된다.

부모님을 충혼당에 모셔두고 일정 기간이 지난 자녀들이 참배를 올 경우를 보면, 대체적으로 밝고 편한 모습이다. 하지만 60대, 70대 배우자가 남편(유공자)을 뵈러 오는 경우는 다르다.

그리움과 애틋함, 서글픔이 깊이 배어있다. 그러기에 자식들과 함께 참배를 와도 자녀들은 핸드폰 검색(?)이 일상이다.

반면 배우자는 자연스런 통곡과 함께 보고픈 마음을 그대로 토로한다. "잘 있어요, 잘 있어." 인사를 남기고 돌아서는 아내의 얼굴엔 아직도 보고 싶은 남편에 대한 진한 그리움이 담겨있어 '안녕히 가시라'고 한마디 말이라도 붙이고 싶지만 꺼내기가 쉽지 않을 때도 있다. 그렇게 나는 오늘도 애틋함이 가득한 한 사람의 모습을 눈에 새겼다. '서로가 함께 할 때 잘 해야 한다.'는 평범한 진리를 새삼 또 확인케 된다.

'있을 때 잘해, 후회하지 말고'하는 노랫말이 빛을 번뜩 발하는 날이다.(10.9,토)

76 곤두박질 기온, 그래도 아이들 재잘거림은 계속이다

하룻밤 사이 기온이 곤두박질쳤다. 서울을 비롯해 전국 대부분 지역이 어제와 10도 이상 차이가 난다는 보도였다. 10월 중순에 웬 날씨가 이리 변덕이 심한가, 고개를 흔들어 대면서도 기상예보 따라 겉옷을 지참 했다. 불볕더위와 땀으로 곤혹을 치렀던 지난여름을 생각하면 웃음이 난다. 함께 있던 분이 잠시 자리를 비우더니 곧 차안에서 두툼한 점퍼를 가져와 입었다. “버텨보려고 했는데 안 되겠어요.”한다. 올 여름 역대급 더위에 이어 다가오는 계절엔 또 어떤 날씨가 펼쳐질지 그 또한 기대되지 않을 수 없다.

목포 누나에게 전화를 했더니 대뜸 ‘서울도 춥냐?’다. 목포도 기온이 뚝 떨어져 어제와는 딴판이어서 옷을 새로 꺼내 입고 있다고 한다. 오늘은 대체 휴일이다. 한글날이 토요일인 관계로 이 날을 대체 휴일로 지정해 지난 9월의 추석 연휴에 이은 연거푸 연휴다. 날씨는 썰렁함에도 충혼당 마당은 북적임과 고요함이 교차되었다.

헌데 오늘따라 유독 어린이 손님이 많았다. 부모님 손을 잡고 재잘대며 들어오는 유치원생에서 초등학생, 엄마 아빠와는 별개로 앞마당에서 재잘거리며 뛰노는 아이에서 ‘가위바위보’ 놀이로 흠뻑 빠져있는 아이들 등으로 순간순간 떠들썩해지기도 한다. 생기가 넘쳐나는 모습이다. 충혼당에서 이런 모습을 보기는 여간 귀해 보인다.

봉사자 선생님들도 아이들이 심하게 노는 경우는 부모님을 통해 당부를 하기도 하지만 필자에게 있어 이 정도의 떠들썩함, 함께하는 놀이는 오히려 생동감과 기억의 한 순간으로, 참배객들에게는 어린 시절을 떠올리게 하며 신선함을 주는 것으로 보면 또 어떨까?(10.11,월)

77 그 청년 '안수현'을 다시 만나다

지난 9월 어느 날 우연히 알게 돼 만난 육군 대위 故 안수현. 그러나 그 우연은 필연적으로 다시 만남의 시간을 갖게 했다. 편지를 쓰고, 그가 영원한 안식을 취하고 있는 (제1)충혼당 본관 106호실을 자주 들락거리게 하고 있다. 왜 일까? 어떤 인연의 끈이 필자와는 한참 차이나는 나이, 젊은 나이로 생을 마감한 그에게로 내 마음이 끌리는 걸까?

바로 며칠 전에도 그의 방을 찾았다. 평온한 인상 그대로였다. 아마도 필자가 안수현 대위를 자주 찾음은 그 스스로가 자신의 삶을 그 누구보다, 어떤 삶보다도 참다운 가치를 찾는 삶으로 살아왔고, 어렵고 힘든 사람들에게 도움의 손길을 마다하지 않았으며, 국군장병의 병들고 아픈 곳을 가장 따뜻하고 자애로운 손길로 어루만져 준 참 인술(仁術)의 장본인임을 안 때문 아니었을까?

그리고 오늘 인터넷 검색에 나섰다. 생전 그가 쓴 일기를 바탕으로 쓰여진 〈그 청년 바보의사〉를 확인했다. 서적에 소개된 바보의사 안수현을 통해 앞으로 우연으로라도 한번 만나게 될지, 아니면 만나지 못하고 그대로 끝나게 될지도 모를 안수현 대위의 어머니와 아버지의 마음을 헤아려 보기로 한다.

【의사 안수현(1972.1.17 ~ 2006.1.5)은 고려대 의학과 91학번. 고려대 대학원 의학과(석사 수료, 박사 과정). 내과 전문의로 따뜻한 마음씨를 갖고 생명을 살리기 위해 본인을 내던진 청년의사이다. 의사라는 직업으로서의 소명뿐만 아니라 교회에서 맡은 역할을 다하기 위해 노력한 사람으로 매사에 최선을 다함으로서 칭찬받고 존경받는 그런 사람. 그래서 그의 마음을 옆에서 느낀 이들은 그에게 감동받지 않을 수 없었다고 한다.

"처음에 이 책을 보았을 때에는 선생님이 왜 이런 자서전을 나에게 추천하셨을까 하는 의문이 들었습니다. 그러나 이 책의 주인공인 안수현의 삶을 보면서 추천하셨던 이유를 비로소 알게 되었습니다. 이 책은 안수현이 앞서 걸어갔던 발걸음을 기록한 자서전인 동시에 우리 모두가 뒤따라 걸어가야 할 목적지를 알려주는 이정표였기 때문이었습니다. 이 책에 나오는 안수현의 삶은 그 자체가 바로 참된 그리스도인이 삶이었습니다. 또한 우리가 말하는 '주님을 닮은 삶'이기도 했습니다. 오직 주님만을 바라보는 삶을 살았던 것입니다. 나는 〈그 청년 바보의사〉를 읽고 난 후에 나의 삶과 안수현의 삶을 서로 비교해 보았습니다. 안수현의 삶은 나의 삶을 되돌아볼 수 있는 거울이기도 했는데, 이 과정에서 세 가지 문제점을 발견하게 되었습니다...........(이하생략)" 故 안수현(출처:안수현의 싸이월드 미니 홈페이지)

"안수현 대위를 추억하면 예수님께서 군의관의 옷을 입으시고 한국 땅에 나타나셨다가 가신 것 같은 착각이 듭니다. 안 대위는 헐벗고 굶주린 자들을 위해 본인이 가진 모든 것을 내어놓았습니다."(김○○, ○○의대 졸)

“수현이는 ‘진정한 섬김’이 무엇인지 온몸으로 보여주었습니다. 그의 생은 짧았지만, 누구보다 더 많은 흔적을 남기고 떠났습니다. 많은 분들이 이 책을 통해 각자의 삶을 돌아볼 수 있었으면 합니다. (박00, 00의대 졸)】

인터넷 검색을 통해 다시한번 의인, 의사 안수현을 되살리며 그의 인생, 삶을 떠올려 봤다. 사람들은 보편적으로 자신에게 주어진 삶을 살면서 어쩌면 스스로의 안위를 우선으로 생각하고 급급할 뿐 아니라 매몰되기 십상이다. 하지만 언급되고 있는 것처럼 인술의 청년 의사 안수현은 달랐다. 일본 도쿄 지하철에서의 의인 이수현이 그랬고, 남수단의 슈바이처 이태석 신부가 그랬던 것처럼.(10.12,화)

“그 나라에서도 자주 만나 소줏잔 기울이길…”

가끔 아는 선배와 만나 소주잔을 기울이며 대화를 나누다 보면 이런 얘기를 주고받기도 한다. “현오야, 나는 서울(현충원)에 있겠다고 집에 이미 얘기를 다 해 놨다. 처음엔 대전(묘역)으로 갈까 했는데, 아무래도 교통편이 문제되고, 죽으면 다 흙으로 돌아가는데, 나 좋다고 그리 가는 것도 아닌 것 같고. 그래서 서울로 가는 것으로 결정 했다.” 현충원 안장과 관련된 얘기다. 그러면 나도 거기에 맞장구를 치며 “잘 생각했어요. 바쁜 세상에 가까운데 놔두고 왜 멀리 갑니까? 둘이 가끔 이렇게 만나 얘기나 하고 소주잔 나누면 되잖아요.”하고 하하 소리 내 웃곤 한다.

사후(死後) 세계를 논하자는 게 아니다. 그저 웃자는 얘기지만 충혼당에서도 어쩌면 동기나 절친(切親. 더할 나위 없이 친한 친구. '절친한 친구'의 줄임말)들이 있지 않을까? 그런 느낌을 받을 때가 가끔 있다. 참배객들과 얘기를 하다 보면 우연의 일치이기도 하겠지만 비슷한 시기에 알게 모르게 한 곳에서 만나게 되는 지인들이 있어서다. 오늘도 그런 경우가 있었다.

"여기 아저씨는 저기(충혼당) 계시고, 우리 아저씨는 저 아래(제1안치실)계세요. 또 우리 형부는 얼마 전 이곳(제2안치실)에 계세요." 두 분 참배객이 필자가 있는 제2안치실을 둘러보고 나와 나눈 대화다. "전에는 서로 몰랐어요. 보훈병원에 입원해 있는 동안 알게 돼 친하게 지냈는데, 아무래도 세 분이 저 위(하늘나라)에서도 친하게 지낼 모양이에요." 이 말을 하고는 서로 마주보고 웃음을 보낸다.

오늘도 평소와 같이 인사로 시작하는데, 이제는 더 늘어났다. 두 군데 임시안치실을 거쳐 충혼당 106호실 인술(仁術)의 청년 군의관 故 안수현 대위를 만나고, 계속 진행한다.(10.13,수)

78　71년 전 그 청년 군인, 지금은 어느 곳에

오전 조촐한 행렬이 봉안식장을 출발해 충혼당 마당을 가로지르고 있었다. 곧 자리에서 일어나 오시는 분들을 맞았다. 위패가 앞을 서고 그 뒤를 배위자의 사진이 함께 따른다. 유가족 행렬은 다섯 분. "단촐한 가족이구나." 생각하며 자리에서 일어나 차렷 자세로 고인 분들을 맞았다. 행사가 끝나고 다 돌아간 뒤 예를 갖추고 돌아봤다. 아, 그랬다. 6.25참전 전사 호국영웅이셨다.

〈故 안○○님, 1925년 충남 논산 출생, 1950년 6월25일 00지구 전사〉. 배위자 분은 1964년 사망으로 돼 있다. 71년 전 전사하고, 오래 전 배우자의 사망인데, 이제 현충원에 모셔지게 된 거다. 모셔진 안ㅇㅇ님의 위패를 대하면서 여러 가지 생각이 교차했다. 영령께서는 언제쯤 입대하셨을까? 어느 전선에서 어떻게 싸우다 전사하셨을까? 짧은 시간이지만 생각이 꼬리를 잇는다.

〈1950년 6월25일 전사.〉 스물다섯 '못다 핀 청춘'이었다.

이름 모를 어느 고지, 전선에서 불법 침략한 북한 공산군에 맞서 이 땅 대한민국을 지키기 위해 얼마나의 사투를 벌여야 했을까? 그 시대 청춘의 군인들이 그랬던 것처럼 온몸을 바친 치열한 교전 끝에 산화해 하늘의 별(☆) 되었을 것이다.

충혼당에서 봉사활동에 임하면서 6.25참전전사자 묘역을 지나거나 충혼당 봉안함을 살피면서 전사자의 전사년도를 유의미하게 보고 있는데, 오늘같이 전쟁 발발 개전 초일(6월25일)에 전사하신 분을 본 경우는 처음이다. 새삼 가슴이 아리고 뜨거워졌다. 지금도 그 분 영웅께서는 어느 지역 전선에서 고혼을 뉜 채 후대의 손길을 기다리고 있을까!

오늘의 대한민국을 존재케 한 수많은 분들이 계신다. 구한말로부터 일제강점기 무명의 독립군, 광복군에서, 1950년 6.25전쟁에서 나라를 지키다, 또 이역만리 월남 땅에서 자유와 평화를 지키다 전사하거나 순직해 묘역과 충혼당, 현충탑 위패로 계시는 순국선열과 호국의 수호신들이 계시고 그 후예인 청춘들이 든든하게 꿈을 실현하며, 국토를 수호하는 분들이 있기 때문이다.

독자들은 알고 계실지 모르겠다. 나는 충혼당 화단의 계수나무 잎사귀 모양이 하트(♥)인줄 며칠 전에야 알았다. 노랗게 물든 잎사귀를 보면서 인간사랑, 나라사랑의미를 돌아보며 몇 개의 고운 잎사귀를 책상 위에 놓인 책갈피에 넣어 두었다.(10.14,목)

79 순국선열과 호국영령 앞에 옷깃을 여미고

16일 주말 아침 기온 13.2도. 휴일(17일) 아침은 0도로 급락한다는 뉴스다. 주말 전국에 한파(寒波)가 발효된다는 관계 당국의 문자메시지도 계속 전송되었다. 10월 중순의 날씨가 0도로 내려가기는 62년만의 처음이라고 방송은 호들갑이다. 아니 호들갑이라 할 수 없는 예보가 말해주듯 올 여름 불볕더위는 우리나라 뿐 아니라 전 세계를 불타게 했고, 거기에 홍수, 지진으로 카리브 해의 섬나라 아이티는 3천여 명의 사망자에 수십만 명 이재민을 낳았다.

미국, 독일, 스페인, 중국은 대홍수로 곳곳이 범람했다. 또 그리스, 터키, 브라질과 호주, 뉴질랜드는 수개월째 계속된 산불로 국토가 초토화되었으니, 모두가 기상이변에 의한 연관이라는 분석이었다.

이 날 아침도 나는 일찍 출발해 먼저 독립유공자 묘역 충열대를 거쳐 무후선열제단 앞에 서서 임들을 기렸다. 다시 발길을 돌려 충혼당으로 올라섰다. 이번에는 야외 합동제례단에 섰다. 아직 참배객들이 도착하기에는 이른 시각, 몸과 마음을 다지며 향로에 향을 올렸다. 진한 향기와 함께 하얀 연기가 모락모락 피어오른다. 이 향내를 맡을 때면 언제나 나도 모르게 평온해지는 스스로를 발견하곤 한다. 머리를 조아리며 위기일발의 순간에도 자신을 던져 나라를 구하고, 자유와 평화를 위해 헌신·희생하신 호국의 영령, 임들을 위해 기도와 묵념이다.

오전 제2안치실에서 새로 오신 한 분을 뵈었다. 603호실에 안치된 6.25전쟁 당시 '애국단원'으로 참전해 전사하신 분이었다. 전남 나주에서 출생해 1950년 7월10일 47세에 나주 오강지구에서 전사하셨다.

한데 그 아래 세 번째 칸에는 6.25전쟁 발발일인 6월25일 전사하신 호국영령이 위패로 모셔져 있다. 20여 년 나이차와 연고가 다르지만 이 또 무슨 인연인가? 하는 생각이 쑥 드는 것이다. 한 분은 25세 나이에 나라의 부름을 받았다 전쟁 발발, 개전과 함께 (장렬하게)전사하셨고, 또 한 분은 지역에서 국가를 위해 활동하다 전사하셨으니, 두 분은 국가가 누란의 위기 처함 속에서 보름 사이로 유명을 달리 한 것이다. 전쟁이 주는 비극이다.

두 분의 봉안함을 바라보며 떠올려지는 건 어떤 인연, 어떤 관계성이 있어서 불과 보름 사이에 전사자가 돼 서울 현충원 같은 실(집), 동일 칸에서 만나게 된 것일까? 하는 생각이었다. 현충원에 이런 연(緣)을 함께 하는 분들은 또 얼마나 많을 것인가 하는 생각은 또 그다음이다. 현충원 사람들, 현충원 이야기는 그렇게 이어지고 또 연계되고 있는 것일 게다.(10.16,토)

80 봄·여름, 가을·겨울의 현충원은 어떤 모습, 의미?

충혼당 계수나무 이야기로 시작하는 게 좋을 것 같다. 시월도 중순이 넘어섰다. 어느 해보다도 땀으로 푹 젖어야 했던 불볕 더위 여름이 가고, 기대하는 10월 가을이 왔는데, 이 또 웬일인가? 가을에 어울리지 않는 계속된 장맛비에 62년만의 처음이라는 기온 저하 등 싸늘함의 연속 점절로 기록될 것 같다.

그래서인지, 화단에 우뚝 서 있는 일곱 그루 계수나무 중 제1그루는 아직도 거의 완연 푸름이고, 다섯 그루는 이미 가을을 떠난 모습이다. 헌데도 유독 한그루만이 푸름과 노랑, 갈색 잎을 곱게 물들이며 색동옷을 입은 양 충혼당의 가을 대표선수로 자리매김하고 있다.

지난 3월 중순 찬바람이 이는 가운데 현충원 정문을 들어서 현충문 뒤로 우뚝 선 현충탑을 바라보며 월남참전유공자와 6.25참전유공자 묘역 사이로 걷다보니 눈앞 정면으로, 또 좌·우 측면으로 오와 열이 반듯하고 좌·우대각선이 반듯이 늘어선 모습이 마치 국군장병이 퍼레이드에 앞서 임석상관을 위해 열병식을 하듯 한 치 흐트러짐 없이 금빛 잔디밭에 점으로 찍힌 듯 열을 지어 서있는 전사자 (戰死者, 전쟁터에서 적과 싸우다 죽은 사람)의 비석을 바라보며, 감사와 가슴 뜨거워짐을 느낄 수밖에 없었다. 그런 한편으로 봄을 향해 달려가는 현충원이 고요와 아늑함, 쓸쓸함이 동시 공존한 느낌이기도 했다.

하지만 4월과 5월 푸름의 현충원은 전혀 다른 모습을 보인다. 싱그러움의 결정이라고 할까? 관악산 공작봉의 정기를 이어받은 능선 줄기 따라 울창하게 우거진 수목들은 가까운 동네 어르신들에게는 산책과 사색의 장이요, 쉼터이자 참배객들에게는 고향산천과도 같은 정겨움을 주기에 제격인 곳이다.

그런가 하면 불볕더위로 굵은 땀방울을 흘려야 했던 올 여름은 축 늘어진 사당방향 수풀이나, 상계동 호국사 방향 수풀들에게도 힘든 계절이었을 수밖에 없었겠지만 그럼에도 한바탕 시원하게 쏟아지는 거센 빗발을 받아 빳빳하게 고개를 세우는 나뭇잎들은 청춘의 자태로 힘겨운 이들에게 새로운 힘과 기를 심어주기에 부족함이 없었다. 그래서 필자에겐 그 어느 해 여름보다도 잊혀지지 않을 추억의 한 영상으로 자리 잡기도 한다.

거기에 이제 우거진 수목들이 하나 둘 색색의 옷으로 단장하고 있는 10월, 현충원의 정갈한 풍광은 그래서 더 아늑하고, 운치 있는 계절로 잠시 왔다 금방 가는 길손들에게도 시선을 붙잡기에 부족함이 없다.

어쩌면 이 계절이 가고 11월을 지나 12월 하얀 눈이 소복하게 쌓이게 되면 그 때는 어떤 쓸쓸함보다는 하얀 솜이불을 따뜻하게 덮고 누운 그리운 이들을 떠올리게 하는 그런 계절로 또 변모하지 않을까 미리 생각 들게 한다.

그래서 현충원의 사계는 철따라 격에 맞는 행사와 풍광 등 볼거리가 넉넉하고, 특별하게 다가오는 고요와 적막, 쓸쓸함이 감도는 속에서도 더 아늑하고 감사와 경건함이 함께 하는 우리 모두 빛나는 마음의 터전이요, 성지가 되는가 한다.(10.20, 수)

81 오늘 무슨 날? 역사와 함께 한 오늘은 '10·26'

오전 11시 10분, 현충원 정문으로 들어서는데 어디선가 왁자지껄하는 스피커 소음이 귓전을 두드린다.
○○○시민단체가 열변을 토로(?)하는 기자회견 자리에서 나는 소리였다.
〈10월26일〉 그랬다. 우리 현대사에서 잊혀질 수 없는, 하나의 변곡점으로 표기되기도 한 날, 비로 10·26이다. 지금으로부터 42년 전인 1979년 10월 26일 저녁 7시가 지난 무렵, 당시 권력의 정점이던 박정희 대통령이 가장 믿는 심복 측근 중 한 명이던 중앙정보부장 김재규로부터 시해(弑害)된 날이다.

필자가 인터넷 안보신문 기자로 활동하던 10년도 훨씬 지난 당시 이 날 같으면 박 대통령 묘역 인근은 발 디딜 틈이 없을 정도로 인산인해를 이루고 추모행사에 참석한 인파 행렬로 몇 가닥의 긴 줄이 이어지고는 했다. 하지만 지난해에 이어 올해도 코로나19로 적극적인 통제가 이뤄져서인지 큰 혼잡 없는 가운데 오전 행사 시간 보람이 선생님들이 행사안내에 나서기도 했다.

벌써 42년이란 세월이 훌쩍 지나갔다. 세월 따라 동시대를 함께 했던 남겨진 사람들의 기억도 쇠퇴하고 스러지며 인걸(人

傑)마저 간데없어지건만 그가 남긴 치적과 역사의 흔적은 크든 작든 많든 적든 남겨 놓은 공과(功過)와 함께 상(床) 위에 딸아 놓은 한잔의 술잔 속 중한 안주로 남아 세인의 입과 입을 통하게 되는가 한다.

정문을 지나 국가유공자 묘역으로 발걸음을 향하는데 등 뒤에서 들려오는 스피커 음의 카랑카랑한 특유의 목소리.

"..... 민족의 슬기를 모아 줄기찬 노력으로 새 역사를 창조하자.
일천구백 육십 팔년 십이월 오일
대통령 박정희."

이제는 충열대다. 언제 발걸음을 해도 나의 마음을 더 무겁고 옥죄이면서도 더욱 경건하게 만들어 주는 곳, 무후선열제단으로 걸음을 빨리했다. 무릎 꿇고 세 개의 향을 들어 불을 피워 올리는데 조금 전 밀짚모자의 중년인이 피웠나 보다.

"충성_현충!" 거수경례로 예를 표하고, 깊은 묵상으로 오늘의 이 땅 자주독립 주권국가 대한민국을 있게 해준 순국선열과 애국지사님께 감사드리며, 자자손손 이 민족의 번영과 세계와 세계인을 선도케 해달라고 간절한 염원을 전해 올렸다.

오호라! 그런데 오늘이 무슨 날이던가. 우리 민족사, 대한독립운동사에서 영원히 큰 산으로 기록될 우리 모두의 불멸의 독립군 장군, 안중근 의사의 일제 침략의 원흉 이토 히로부미 척살 의거(義擧) 112주기가 되는 날이다.

안 의사님의 숭고한 나라사랑 정신과 영원히 아로새겨질 순국선열, 애국지사님의 높은 뜻을 되살리며 10·26 의거를 기린다.

임이여! 임이시여!!
순국선열과 호국의 임, 영령이시여!!!
동방의 등불, 우리 자유대한민국이 동아시아의 빛나는 통일국가로 우뚝 서는 그 날까지 이 땅 이 민족을 굽어 살펴 주소서.(10.26,화)

82 '그 날의 이야기만 남긴 채' 시월의 마지막 날

왠지 모르게 허둥지둥했다. 출근을 준비하면서도 무언가 빠트린 것 같아 가방을 메고도 오락가락, 마치 뭐 마련 강아지처럼 우왕좌왕하다 애마(자전거 세븐-10호)를 달려 천호역까지 가면서도 우왕좌왕, 서둘러 지하철을 탐과 함께 휴대폰을 꺼내 인터넷 검색에 몰두한다.

그러다 급히 고개를 드니 '아뿔싸' 석촌역을 통과해 송파역에 정차한 것이다. 한 정거장 지나친 거다. 서둘러 내렸는데, 반대편 잠실역 방향으로 들어오는 열차가 보인다. 100미터 선수처럼 냅다 내달려 탑승, 석촌역에서 9호선으로 환승해 목표 동작역에 도착할 수 있었다.
뭐야? 뭐지? 왜 그랬지? 어떤 이유가 있었나? 아니면 왜 그렇게? 웃음이 맴돌았다. 오늘이 시월(10월)의 마지막 날이어서? 그랬나?

그랬다. 가수 '이용의 계절'로도 알려진 유명한 '잊혀진 계절' 노래가사처럼 오늘은 '시월의 마지막 밤을, 뜻 모를 이야기만 남긴 채...' 그 날이다. 어쩐지 이 날만 되면 청년이든, 중년이든, 직장인이든, 자영업자든 간에 또 다른 가을의 우수에 젖어드는 날이고, 그냥 넘겨서는 안 되는, 보이지 않는 강박에 사로잡히는 날이 되는 것도 같다.

하지만 오늘 나는 다른 방향으로 이 시월의 마지막 날을 장식하고자 했다. 출발부터 우왕좌왕은 했지만 서둘러 우리들 마음의 안식처인 충열대로 향했다. 먼저 무후선열제단 앞에 섰다. 언제나처럼 무릎을 꿇고 세 개의 향을 피워 올렸다. 경례와 함께 133위 위국헌신(爲國獻身)의 독립선열님께 간절한 기도를 드렸다. 곧 다시 내려오며 충열대 앞에서 머리 숙여 예를 표한 뒤 충혼당으로 힘찬 걸음을 옮겼다.

제2안치실이다. 오늘로 임시안치실에서의 근무도 마지막이 된다. 다음 달, 11월 1일이면 우리 팀의 근무처가 봉안식장으로 옮겨지고, 최종 12월 중순까지는 제1충혼당에서 남은 일정을 소화하면 금년 우리들의 모든 활동이 종료되기에 공식적으론 오늘이 임시 안치실 활동 최종일이 된다.

원로선배님에서 동문 선배님, 직속상관으로 모신 분들이 계신 안치실이기에 필자에게는 어느 곳 보다 아늑하고 평온함으로 와 닿는 곳이 바로 이 곳이다. 오늘도 각 실을 돌며 "지난밤도 평안하셨습니까?"소리 내 인사를 올렸다. 그렇게 돌다보면 어느 가족들이 부착하고 간 봉안함의 꽃이 떨어진 곳이 있어, 떨어지지 않도록 단단히 고정하고 미소로 인사를 드리기도 한다. 해서 더 정겨운 곳이다.

얼마 후 아빠와 함께 할아버지를 만나러 초등학생 남매가 왔다. 아빠의 제의를 받아서일까, 할아버지에게 정성스럽게 편지를 쓰더니 다 쓴 편지를 들고 할아버지 앞에 앉아 차례로 편지를 낭독하는데, 그 모습이 그렇게 따뜻하게 보이는 것이다.

하늘나라 할아버지께서 얼마나 흐뭇해 하셨을까?

그런데 바로 아이들 할아버지 바로 옆 다른 유공자님 계신 곳에 작은 사진이 부착돼 있었다.. '태아' 필름 사진이었다. 하늘나라에 계신 아빠에게 자랑스런 임신소식을 빨리 전해드리고자 한 따님의 기쁜 마음을 보는 듯 했다. 그 사진을 보자 몇 년 전 필자가 큰 아이의 임신 소식을 들었던 때가 떠올랐다. 그 날도 마지막 날이었다. 시월의 마지막이 아닌 한 해의 마지막 12월 31일이었다.

경우에 따라 다르겠지만 필자 입장에서는 '마지막'이라는 말을 그렇게 좋아하지 않는다. '종결'을 짓는다는 의미에서야 반갑고, 또 다른 시작의 의미를 줄 수도 있지만 그럼에도 우선은 쓸쓸하고 외로움 이미지 때문이지 않을까 싶다. 잎이 다 떨어진 겨울나무나 탈곡이 끝난 들녘은 또 어떤가? 어디에나 처음과 끝이 있음은 당연하고, 끝이 있어야 새로운 시작이 있음은 일반상식이지만 그럼에도 그 언저리에는 늘 마음의 처연함이 있어서이기도 하다. 오늘 시월의 마지막을 내년에는 또 어떻게 맞이하게 될까?
2021년 10월의 마지막이 저물고 있다.(10.31,일)

83 우중충한 하늘 때문인가? 그래서 그랬나?

11월, 새로운 달이 시작됐다. 11월 우리 독립-행사안내 팀은 봉안식장 봉사자다. 나의 이 달 첫 임무는 오늘부터 시작됐다. 헌데 이날따라 하늘은 왜 그렇게 우중충하고 일그러져 보이는지, 어디인가 무언가가 무너져도 한참이나 무너져(?) 결코 상쾌해 보이지가 않은 것이다. 이유가 있었다. 우중충한 잿빛 하늘에서도, 또 나에게 드리워진 어떤 느낌에서도.

한참이 지나서야 오후 미세먼지가 '매우 나쁨' 상태라는 것을 알았다. '아하, 그래서 그랬구나.'하며 새삼 하늘을 올려다보는데, 어느 순간 잿빛 구름들은 먼발치로 사라지고 다시금 파란 본래의 가을하늘, 그 모습 그대로를 되찾고 있었다. 다행이었다. 그런데 그렇다고 해서 나머지 하나의 현상, '나에게 드리워진 어떤 느낌'이 제거된 건 아니었다.

구태여 무슨, 무슨 학문분야까지 연결 짓지 않아도 아는 것처럼 사람은 누군가와의 관계 속에서 삶이 형성되고, 그 안에서 새로운 틀을 형성해 나가는 관계일 수밖에 없다. 그러기에 '나'만을 내세워 우쭐해한다거나 자기중심적으로만 행동화해 간다면 상호관계로의 연계성은 낮아질 수밖에 없다.

그래서 서로를 잘 아는 사이건, 그렇지 않은 사이건 간에 상대방에 대해서는 겸손과 예의를 다해 다가서고, 경우에 합당한 이해와 배려, 화합과 포용, 합리성과 합목적성이 뒤를 따르게 되는 게 자연스런 이치라 할 것이다. 나아가 그렇게 하면서 필요시 단체의 일원으로서 건 혹은 개인적 측면으로서 건 공동체적 목표를 표방하거나 요구사항을 달성하면 되지 않을까 싶다.

우리가 흔히 역지사지(易地思之)를 드는 이유가 무엇인가? 누구에게나 그런 경우가 생길 수 있을 것이기 에서다. 나와 내집단의 안이한 이익만을 탐하고 고집하기에 앞서 서로가 처한 상황을 이해하는, 그런 보편적 사고의 일상이 이뤄졌으면 하는 마음에서 구태여 드는 얘기다.

충혼당 봉안식장에서 바라본 광장(마당) 아래 은행잎과 이름을 알 수 없는 어린아이 주먹크기의 노랗게 물든 잎사귀가 11월초 깊어가는 가을을 더욱 곱게 수놓고 있었다.(11.4,목)

84 이 가을, 리더! 리더의 역할을 생각한다

오늘 봉안식장으로 오신 유공자님은 전체 열두 분, 무려 12위에 이른다. 지난날을 더듬어 보면 이 날 가장 많은 분들이 하늘 행 천사 호를 타신 날이 아닌가 싶기도 하다. 날씨가 갑자기 추워져서인가? 아니면 또 다른 단풍 길에 나선 이유가 있는 것일까?

하긴 예전 필자가 대한민국재향군인회 직원(참전부장) 재임 시, 창군원로를 위시해 예비역 어르신들의 부음(訃音) 소식을 종합해 보면, 환절기나 갑자기 기온변화가 급격히 이뤄지는 경우엔 돌아가신 분들이 훨씬 더 컸다는 기억이 있다. 연로하신 분들에겐 무시못할 얘기가 될 법도 싶다.

줄지어 선 참배객들을 보면서 묘역에 계시는 분들이나 제1층 혼당과 임시 안치실에 영면하신 우리 유공자님들은 생전 어떤 자세로 현직(現職)에서 직무를 수행하고, 자신에게 부여된 임무를 완수하셨을까? 하는 마음이 떠오르는 것이다. 리더십과 연계된 생각이었다. 자리에서 일어났다. 계획된 시간이 있어 우체통(현충원 홍보물 보관함)으로 가기 위해서다. 우리 팀 담당 우체통은 매사 부지런하고 책임감 강한 조장께서 전담할 정도로 하고 있어, 오늘은 필자가 가고자 해서다. 우리 담당 우체통에서 리플렛은 떨어질 새가 없다.

이 날도 마찬가지, 역시 안에는 꽉 들어차 있었다. 고개가 절로 끄덕여질 밖에.

이 날도 느낌으로 와 닿는 건 어느 모임, 단체건 크고 작고를 떠나 대표란 〈책임〉 있는 자리다. 공직자로 오랜 길을 걸어온 우리 독립유공자 묘역 해설 팀의 대표자 조장님, 어떤 일을 넘기기보다 할 수 있게 하고, 솔선수범으로 팀을 이끄는 대표로서의 책임감, 책임의식을 보면서 우리 사회 공직자, 특별히 세상을 시끄럽게 하는 고위 공직자나 사회 지도층 인사들의 면면을 새삼 떠올려 보기도 한다. 많은 걸 생각게 된다.

그런 면에서 우리 팀 모든 분들이 다른 어느 팀보다 끈끈한 교분(交分)속에 양보하고 배려하며 자신의 역할을 다하고 있지만 팀을 대표하고, 이끌고 있는 조장은 매사 한걸음 앞서 솔선수범을 다하는 책임자다.

한마디 곁들인다면 "내가 우리사회의 진정한 '사회적 지도자'요"하는 분들이 있다면 그들 스스로가 이 분처럼 말로서 생색의 가치를 내기 전에 '내가 먼저', '나부터' 하는 행동파적 의식을 먼저 갖춘다면 구태여 통합과 소통의 용어란 별도 부르짖을 필요도 없을 것 아닌가 하는 생각을 갖게 된다.

리더(Leader), 지도자, 지도층이 갖춰야 할 덕목과 자세가 더 요청되는 2021, 2022년이 되어야 할 오늘이다.(11.6,토)

85 임이여! 임이시여, ‘턴 투워드 부산’, 당신을 기립니다

11월11일. 또 하나 기억으로 담을 날이다. 안보 역사와 관련해서 보는 턴 투워드 부산(turn toward Busan) 의 날이기도 한 때문이다. 11월에 있어 11일은 지나간 3일 광주학생의거일과 17일, 독립선열의 날과 더불어 숭고한 날이기도 할 것이다. 출근과 더불어 이 날을 기리기로 했다.

턴 투워드 부산(turn toward Busan). 11시 정각, 부산 방향을 향해 묵념키로 했다. 하지만 어쩔 수 없었다. 부지런히 움직이며 유공자님을 맞이해야 했고, 유가족 안내에 휠체어 이용객 서비스도 곁들여야 해서다. 마음으로나마 11시 정각을 새기며 부산하게 움직였다. 빠듯한 시간이 지나간 뒤 차 한잔 나눔 시간을 이용, 얘기를 주고받으며 71년 전 북한 공산주의로부터 대한민국의 자유와 평화를 위해 숨져간 3만8천여 명 유엔군참전용사와 10만여 호국 영령을 위해 함께 이 날을 기렸다.

‘턴 투워드 부산’은 매년 11월 11일 오전 11시. 전 세계가 2,300 명 한국전쟁 참전 유엔군이 안장된, 부산 유엔기념공원을 향해 1분 동안 추모 묵념을 하는 행사다. 6·25 전쟁에 참전한 유엔군 전사자들의 희생과 헌신을 기억하기 위한 것으로 한국전쟁에 참전한 캐나다 출신의 '빈센트 커트니' 씨가 2007년 발의해 우리나라를 중심으로 세계 약 30여개 국가가 매년 진행하고 있다.

전쟁의 실상은 참혹하고 참담하지만 그래서 더욱 잊어서는 안 될 현재의 역사다. 다시는 재현 되서는 안 되기 때문이다. 오늘 현충원에서의 봉사활동이 끝나고 나에겐 또 다른 기분 좋은 임무가 기다리고 있었다.

곧바로 잠실에 위치한 '헌혈의 집'으로 향했다. 정확히 6개월 만이다. 6개월 전 헌혈한 뒤 자의반 타의반으로 하지 못하고, 이 날 할 수 있게 된 때문이다. 올해 50회를 채우려고 했는데, 불가피 내년 상반기로 미뤄지게 됐지만 기분은 상쾌하다. 봉사는 이래서 또 좋은가 보다.(11.11,금)

86 '세상에 이런 일이...' 내년엔 정상적 안장행사 이뤄질까?

오늘 처음으로 제1충혼당 3층 전체를 돌아봤다. 사회 일반 납골당을 아직 보지 못했다. 국립묘지 서울현충원 충혼당이 필자에겐 처음 보는 공간이다. 1층부터 3층 전체 각 호실을 돌며 마음으로부터 감사와 은혜의 인사를 보냄은 후배로서 당연한 몫이고 감정이었다.

그런데 〈우연〉이란 늘 있기 마련이다. 보고 또 들여다봤다. 처음에는 안타까움 에서 들여다봤고, 다음엔 '이런 경우도' 해서 또 들여다봤다. 거기에 필자의 이름이 있어서 또 더한 것이다.

〈108호실〉, 올 5월 순직한 공군 여군 부사관이었다. 해맑게 웃는 사진 속 젊은 군인의 모습을 보면서 잠시나마 아빠, 엄마, 가족의 마음으로 그를 들여다보게 됐다. 그러면서 명패에 새겨진 가족 이름을 보면서 깜짝 놀랐다. 오빠 ○현○, 동생 ○현오. 동생의 이름이 필자와 동일함에도 설핏 놀랐지만 또 있다. 오빠 이름도 필자와 잘 아는 지인 이름이다. 세상에는 참 이런 우연한 일치도 있구나 하는 걸 느끼며, 하늘나라에서 평안한 안식되기를 염원하며 108호실을 나섰다.(11.13,토)

87 알고 계세요? 오늘(11.17)이 무슨 날인지?

오늘이 무슨 날이냐고요? 그렇습니다. 독립, 독립선열들과 관계가 있는 날입니다. 아시겠지만 우리나라에는 많은 기념일이 있습니다. 기념일을 제정하는 이유, 어디에 있을까요?

특정단체나 국가기관에서 불특정하게 발생한 사건이나 기념을 할 만한 일이 될 경우 기념일로 정해 이를 기리게 된다. 11월 17일은 국가가 오래전부터 제정해 기념해 온 〈순국선열의 날〉이다. 올해로 82회째가 된다. 그러나 이 날에 대해, 이 날의 의미에 대해 우리는 얼마나 알고 있을까?

올해 순국선열의 날 기념식은 독립기념관 겨레의 큰마당에서 김부겸 국무총리가 참석한 가운데 처음으로 개최됐다. 정부는 일제강점기 국권 회복을 위해 희생하신 순국선열을 기리고 그분들의 독립정신과 희생정신을 기억하기 위해 정부기념일로 제정, 기념하고 있다.

순국선열의 날은 대한민국임시정부가 1939년 11월 21일 개최한 임시의정원 제31회 임시총회에서 유래한다.

이 회의에서 지청천·차이석을 비롯한 6인이 11월 17일을 '순국선열공동기념일(殉國先烈共同記念日)'로 제안하였고, 원안

대로 의결되어 기념일이 시작되었다. 이 날을 기념일로 선택한 것은 일제가 1905년 11월17일 대한제국의 외교권을 박탈하기 위해 강제로 체결한 을사늑약(乙巳勒約)의 치욕을 잊지 않겠다는 의지를 담은 것이었다.

1905년 11월17일 일제는 경운궁(덕수궁)의 한 전각인 중명전에서 조선침략의 원흉 이토 히로부미가 고종황제를 겁박하면서 이완용을 위시한 을사오적을 회유, 이들 5명의 서명을 받아 을사늑약을 체결했다. 이를 전후로 많은 애국지사 선열들이 순국했다.

순국선열(목숨바칠 殉, 나라 國, 먼저 先, 세찰 烈)은 '일제의 국권 침탈 전후로부터 1945년 8월 14일까지 국내외에서 일제의 국권 침탈을 반대하거나 독립운동을 위해 항거하다 순국한 자로서 그 공로로 건국훈장, 건국포장 또는 대통령표창을 받은 자'를 지칭한다.
이 중 국립 서울현충원에는 〈임시정부요인 묘역〉과 〈무후선열제단〉, 〈독립유공자 묘역〉이 조성돼 이 분들을 기리고 있다.

오늘은 82회째를 맞는 순국선열의 날이다. 필자 또한 오전 10시 정부기념식 시간에 맞춰 조용히 베란다 창문 밖을 응시하며 먼데 하늘 흘러가는 흰 구름을 바라보며 해방 전 그 때 선열들의 발자취를 한동안 따라가 보기도 했다.(11.17,수)

88 그 날을 위해 하나의 문(門)을 남겨(?) 놓았다

"할아버지께 꼭 대학가는 모습 보여드리고 싶었는데, 저 남은 1년 동안 열심히 해볼게요. 그래서 꼭 원하는 대학 갈게요. 그러니까 계속 지켜봐주세요..... 할머니한테도 더 자주 전화 드리고 더 자주 챙겨 드릴게요.〈중략〉
할아버지께 더 자주 전화 드리고 더 자주 찾아뵀어야 하는건데, 그래도 정말 할아버지가 제 할아버지셔서 너무너무 좋았어요. 저에겐 다 좋은 기억뿐이에요. 할아버지 정말 너무 많이 보고 싶어요. 올해가 가기 전에 더 많이 찾아뵐게요. 올 때마다 반겨주셔야 해요. 할아버지 정말 많이 많이 사랑해요. ♡♡♡♡♡♡"

할아버지의 손녀 사랑, 손녀의 할아버지에 대한 존경과 사랑의 마음이 얼마나 큰가를 이 편지를 통해서도 알 수 있을 것 같다. 가슴이 뭉클해지는 것도 동시다. 제1임시안치실 내 한 유공자님의 봉안함에 예쁜 손 편지가 부착된 건 지난 11월 초였다.

그 날도 늘 하는 일상대로 안치실에 들러 인사를 드리는데, 바로 한 장의 편지가 눈에 띄었다. 예쁜 글씨에, 또박 또박 유려한 문장으로 한글 한 글자에 할아버지에 대한 정감이 담기고, 특히 남아 있는 가족들, 집에 계시는 할머니와 엄마 등 식구들에 대한 안심 등 대견스럽고 어른스러운 편지가 필자의 마음을 녹였다. 그리고 오늘 다시 이 편지를 보고 그냥 지나칠 수가 없었다. 다른 보람이 선생님들께도 얘기했고, 또 다른 분도 이 편지를 보며 감동적이라고 했다.

오랜만의 발걸음이었다. 평소보다 훨씬 빠른 이른 아침, 현충원 경내와 공기는 도심 속 청정공원 싱그럽고 새콤함 자체다.

월남 및 6·25참전유공자 묘역 사이 나지막한 오름길로 걸음을 재촉해 충열대 독립유공자 묘역으로 올라서 뒤를 돌아보며 현충탑에서 '겨레의 얼 마당' 방향 쪽으로 시선을 돌리면, 오호라! 이를 두고 하는 말일까? 역시 계절은 현충원 전체를 황금색으로 탈바꿈 시키고 있다. 새벽녘 내린 이슬로 금잔디는 촉촉한 물기를 머금은 채 잔디밭을 밟는 양발걸음을 포근하게 감싸준다.

나는 이곳 충열대 인근에서 내려다 본 현충원의 전경이 참 좋다. 묘역 여기저기를 거닐며 고요히 잠들어계신 고인들과 말없는 대화를 나누는 것도, 애국지사, 순국선열 묘비에 새긴 어록(語錄)을 보며 마음을 닦는 것도, 무후선열제단에 향불을 피우는 것도, 충혼당 안치실을 돌며 호국의 선배님들께 짤막한 인사를 나누는 것도, 유공자 할아버지에게 정성어린 마음으로 쓴 가족(손자·손녀)의 갸륵한 편지를 읽는 것도 참으로 좋다. 가슴에 와 닿기 때문이다.

무후선열제단에 허리 굽혀 예를 올리고, 충열대에 서서 하늘을 올려다보자 지난밤 온 세상을 비추고, 이제 잠시 쉬고자 빛을 내리고 있는 반달이 파란 하늘아래 따뜻한 온기를 품은 묘역을 그윽히 내려다보고 있었다.

충혼당 도착 후 중앙 합동제례단에서 예를 올리고 서둘러 제1충혼당 106호실 안수현 대위를, 106호실에서 예전 함께 한 정○○교수님, 108호실에서 곽○○님을 뵙고 제2, 제1안치실을 빙 돌며 한참동안의 인사를 가름했다. 결국 이른 아침 출근길 개인적으로 필수적이라고 여긴 곳을 돌며 하루 일과를 연 것이다. 그럼 이제부터는 봉안식장이다.

예정된 유공자 외 배위(배우자)는 총9위. 순서대로 오시는 분들을 맞을 준비가 다 갖춰졌다. 얼마의 시간이 흐른 후 충혼당 마당이 소란한 발자국과 함께 참배객들의 발걸음이 계속 이어진다. 여기서 오고가는 이들의 얼굴을 바라보노라면 더불어 나의 마음도 때로는 안 쓰럽고, 때로는 홀가분, 밝아지는 느낌이 병행되기도 한다.

점심시간이 가까워지는 시각, 불편한 걸음의 할머니가 40대 여성분과 봉안식장 앞으로 다가왔다. 걸음걸이가 무척 힘들어 보였다. 얼른 다가가 “어머니, 어떤 일로 오셨어요? 무엇을 도와드릴까요?”하자 “아이고, 힘들어서. 걸어서 갈 수가 없어. 택시 좀 잡아줘. 여기 올 때는 저 아래 꽃집서 영감한테 줄 꽃을 4만원 주고 샀더니 여기까지 태워다 줬어. 내려가려니 허리가 아파서 도저히 갈 수가 없어. 정문까지 택시 좀 불러줘. 돈 줄테니.”한다. 의자를 내어 앉도록 했다.

그러면서 참배객을 태우고 오는 택시를 기다리는데, 할머니 “우리 할아버지가 여기 온지도 벌써 3년이 됐어. 병이 걸려 6

개월 후면 (하늘나라로) 간다고 해서 간병인을 구해 1년을 병구완했는데, 아닌거야. 그래서 그 후 7년 동안을 내가 대신했지. 그 덕에 영감은 가고, 내가 이제 죽게 생겼어."하며 지난 가정사를 조근 조근 말씀하신다.

올해 85세, 연세에 비해 훨씬 더 들어 보이는 그 분은, 1남 3녀의 자식들이 다 잘 사는데, 함께 참배 온 딸만이 장애를 안고 있어서 어렵게 살고 있다며 딸 쪽을 향해 안쓰런 시선을 보내기도 했다. "왜 아들하고 같이 오시지 않고 힘들게 오셨어요?"하고 묻자, 고개를 내저으며 "일산에서 살아. 그런데 여행업계 알지? 코로나로 여행업계가 지금 죽을 쌍이잖아."

"아이고, 저기 택시 또 가버리네." 벌써 택시 두 대를 놓쳤다. 안되겠다 싶어 주차장으로 내려와 들어오는 택시를 기다리는데, 마침 참배를 마치고 돌아가려는 승용차가 있어 운전자를 향해 양해를 구하자 흔쾌히 '타시라'고 자리를 내 준다. 할머니와 따님을 태워 '잘 가시라'고 배웅하고 나니 오늘 오전도 훌쩍 지나간다. 오늘도 빛나는 날로 기록될 것 같다.(11.25,목)

89 위대한 여정(餘情), 정규 일정을 마무리 짓던 날

이곳에 있다 보면 묘한 기분을 느낄 때가 한두 번 아니다. 갑자기 예전 아는 분이 오실 때가 그렇고, 그런 분을 우연하게 봉안실에서 뵐 때가 또 그렇다. 반갑다 해야 할지 안타깝다 해야 할지.

어제(11.26) 오후가 그랬다. 출근과 함께 예정된 유공자님들의 명단을 살펴보면서 낯익은 분이 계심에서다. 벌써 20여년이 지났다. 필자가 대한민국재향군인회(향군) 입사 당시 부회장님으로 재직하시던 노무식 장군님이었다. 동명이인일 수도 있어 바로 확인하자 맞았다.

작년 7월 6·25참전용사들로 구성된 유공자 단체인 대한민국 6·25참전유공전우회 중앙회장으로 취임하셨는데, 노환(90세)으로 별세하신 거다.

그리고 오늘은 개인적으로 2021년도 〈50플러스 현충원 보람이〉 11월 봉사 마지막 일이자 정규기간(2021.3~2021.11.30.) 최종일이기도 한 이 날, 11월 들어 가장 많은 14위의 유공자, 배위(배우자)께서 들어오셨다.

바쁜 가운데서도 서둘러 홍보용 리플렛을 챙겨 장군제1묘역 우체통으로가 현충원 홍보물을 비치했다. 방향을 돌려 국가유공자묘역으로 걸음을 빨리했다. 언제나처럼 이곳으로 올 때면 가슴이 벅차오른다. 중간에 장군제2묘역을 들렀다. 이곳은 이전에도 늘 지나는 곳이지만 한번도 들른 적이 없었다. 오늘이 처음이었다. 그리고 돌아보며 깜짝 놀랐다.

우리 국군의 대원로 분들이 거기에 계셨다. 초대 육군참모총장을 지낸 이응준 장군과 해군의 아버지 손원일 제독, 그리고 6·25전쟁 최고의 영웅 김종오 장군, 임충식 장군, 신태영 장군, 심흥선 장군 등 초기 국군창설과 궤를 같이 한 여섯 분이 그곳에 누워 계셨다.

대한독립군무명용사위령탑→ 임시정부요인묘역→ 무후선열제단 → 애국지사묘역을 거치면서 무후선열제단에 향불을 피우고 기도했음은 정해진 당연한 수순이었다.

다음은 제2임시안치실 604호실. 어제 들어오신 노무식 장군님이 계셨다. 고요한 마음으로 머리를 숙였다. 그렇게 2021년 나의 역할, 우리들의 역할이 저물어가고 있었다. 11월27일. 현충원 보람이 정규봉사일정은 오는 30일 오후 정리된다.
29일은 50플러스센터에서 마지막 정례회의가 있을 예정이다.
이어 12월1일부터 10일까지 최종 추가 일정이 진행된다.
오직 하나 된 마음으로 오늘 이 자리까지 이르게 됨에 마음가득 감사함을 담아본다.(11.27,토)

90 그리고 '2021 마지막 월례회의(11.29)

언제나 마지막은 아쉬움이다. 또 하나 새로운 시작의 장이 펼쳐지는 자리도 되겠지만 그럼에도 아쉬움은 일기 마련이다. 그런데도 모두의 얼굴엔 환한 미소가 번진다. 서로가 수고하심에 대해 손을 맞잡아 격려를 보내고 위무한다. 11월 마지막 주간인 29일, 2021년 50플러스 〈현충원 보람이〉 사업을 정리하는 11월 월례회의가 오전 10시 노량진 동작센터에서 열렸다. 한 해의 활동 분석과 센터장님의 인사말, 활동 분석, 고생한 분들에 대한 감사장 전달도 있었다.

이 날 필자는 없는 멋을 조금 부렸다. 올해 지인 아들의 결혼식에 맞춰 새로 장만한 멋진 양복에 분홍색 와이셔츠, 거기에 정열의 상징 붉은색 넥타이를 착용하고, 청록색 가디건을 입고 위에는 올 처음으로 검정 코트를 걸쳤다. 완벽한 복장이다. 그리고 마지막 주자로 회의장을 들어섰다. 우리 선생님들의 휘둥그레진 눈동자가 일제히 필자를 향했음은 당연지사.(혼자서 느끼는 자가당착일수도 있음)

지난 3월 〈현충원 보람이〉봉사활동이 첫 기지개를 켠 3월26일 이래 오늘, 그리고 30일 (12.1 - 10 추가) 기본 일정 대단원의 막이 내려지기까지 필자를 비롯한 보람이 선생님들의 활동은 보람의 연속이었음을 자신감 있게 대변할 수 있다.

누구나 직업으로서 일터에서 갖는 직무에 대한 자부심과 뿌듯함이 있지만 특히 지난 10여 개월에 이르는 〈현충원 보람이〉로서의 활동은 그 어떤 직무보다도 가슴 벅찼으며, 필자를 아는 많은 분들에게 자랑스레 얘기한 날들이기도 했다. 그렇게 주변 지인들에게 현충원 사람(?)임을 알렸다.

〈코로나19〉로 인해 비록 우리들 본연의 임무인 '독립유공자 묘역 해설'이 한계를 받을 수밖에 없었지만 그럼에도 국가를 위해 희생·헌신하며 자신의 모든 것을 바친 순국선열과 호국의 영령들을 대하고, 유가족을 맞아 벌인 방역활동과 안내는 늘 자신감 뿜뿜으로 이어지곤 했다.

현충원 정문을 들어서 묘역의 비석들을 대할 때면 늘 감사함이 가슴언저리를 차지하곤 했다. 매주 1회 충열대, 무후선열제단을 찾아 향을 피우며, 이 나라 대한민국의 영광과 번영을 기원하고, 이 땅의 지도자들이, 지도층이 개인의 영광과 사리사욕에 물들지 아니하고, 오직 국가와 국민, 이 민족을 위해 자신을 바칠 수 있는 역량 있는 지도자가 되게 해달라고 기도했다.

오늘로서, 11월30일로 정상적인 2021년 현충원 보람이 활동은 대단원의 막을 내리게 된다. 물론 12월1일부터 10일까지 추가 일정이 진행되고, 다시 11일부터 내년 3월까지 자원봉사 활동을 매주(화요일) 시행하게 되지만 기본은 그렇게 마무리 된다.

오늘 우리는 동작센터에서 행사가 끝나고 노량진 근처 식당에서 함께 자리를 했다. 건강상, 개인적 이유로 참석지 못한 4명을 제외한 8명이 함께 한 해를 회고하며 모처럼 식사와 술잔을 나누기도 했다.

모두가 감사함이었다. 모두가 자긍심이었다. 함께 해서 좋은 순간이고, 함께 해서 진정 행복한 날들이었다고 회고 했다. 그런 날들이었음을 잔을 부딪쳐 함께 주고받았다. 대낮부터 이어진 우리들의 얘기꽃은 저녁식사 시간이 될 때까지 웃음 더불어 계속되고 있었다.(11.29,월)

91 현충원 보람이 활동을 자축하며

아름다운 날갯짓, 그 둥지에서의 2021년

시간의 흐름이 어찌 이다지도 쏜살같을까요? 총알을 탄 걸까요? 아직은 쌀쌀한 3월이 엊그제 같은데, 11월 30일 우리들 〈현충원 보람이〉 정규 활동이 이제 내일로 그 막을 내리게 되네요. 휘황한 조명이 하나 둘 꺼지고, 무대의 막이 내리면 연극의 주역들은 말없이 스크린 뒤로 스러지게 마련이지만 객석을 뒤흔든 장르의 주인공, 그 무대의 감동은 오래오래 남아있기 마련이겠죠. 하지만 공연은 그 다음, 또 다음 무대로도 이어질 수 있으리니 아쉬움은 잠시 접어두어도 되겠지요?

그럼에도 어찌 그리 눈 깜짝할 새 1년여의 시간이 지나갔을까요? 이유야 많겠지만 우리들의 만남이, 우리들의 활동이, 우리 모두의 나눔의 장이 그만큼 신이 났고, 너와 내가 따로 아닌 하나 돼 '우리는 원 팀'이라는 닉네임 그대로 했기 때문은 아닐까요? 혹, 그게 아니라고 〈손을 번쩍 드는 분이 계시다면?〉 있어요? 없어요? 네 그럴 줄 알았습니다.
그렇습니다. 그랬습니다. 앞에서 끌어주고 뒤에서 밀며, 아름다운 화음으로, 큰 격려와 박수로 서로를 위해 힘을 모았습니다. 누가 그렇게 하자고 한 것도 아니었죠.

서○○, 김○○, 이○○, 이○○, 이○○, 그리고 고○○가 먼저 나섰습니다. 첫 만남, 첫 서먹함은 금방 어디로 도망가고 곧장 끈끈함으로 맺어졌습니다.
우리가 누구지요? 독립유공자 묘역 해설사.
독립유공자 원 팀이었기에 가능했습니다.

오호라, 그런데 거기에 또 더함이 있었군요. 목련이 화들짝 기지개를 펴던 4월의 그 날, 멋쟁이 선남선녀들로 구성된 행사 지원안내 팀과 한데 얼려 연합식구가 됐지요. 불필요한 고집과 아집으로 타의 웃음을 산 여느 다른 팀과 비교할 수 없는, 우리들만의 도타운 정과 배려, 기 세움으로 〈원 팀보다 더한 원 팀〉으로 자리매김할 수 있었습니다.

거기엔 이○○, 조○○, 정○○, 김○○, 이○○, 박○○과 같은 서로를 품어주는 아름다운 봉사자 선생님들이 계셨기에 가능함이었음을 우린 서로의 눈빛을 통해 확인할 수 있었습니다.
누군가 저에게 이런 말을 해 주시더이다.
"이 군이 수행하는 일과 역할이 누군가에게는 '별 거 아닌 일'로 치부될 수 있고, '겨우'(?) 하는 하찮은 일일 수도 있다. 하지만 또 누군가에게는 지갑의 두께나 직분을 떠나 가치를 따지기 어려운, 값지고 숭엄한 사명이 담긴 일이다."라고요.

그래서 지금은 비록 〈코로나19〉로 본연의 역할인 해설을 할 수 없는 상황이지만 그럼에도 매번 봉사를 위해 출근하는 현충원에서 순국선열, 호국의 영웅들과 무언의 대화를 통해 심중의 소리를 듣고, 나누고 있음은 하루하루가 기쁨이요, 보람찬 날로 이어질 수밖에 없지않느냐? 그렇기에 지나간 봄, 여름,

가을, 다가온 겨울의 시간, 날들이 어느 날 문득 보니 그리 빠르게 지나갈 수밖에 없지 않았겠느냐 고요?

돌이켜보면, 현충원 정문에서 우리들의 둥지까지 오는데도 호흡조절을 필요로 하던 때, 한증막 찜통 반 지하 윙윙대던 선풍기바람마저 뜨겁던 그 곳에서 등허리를 타고 흐르는 굵은 땀방울이 줄줄이 흐르는 순간에도 우리는 임들만을 생각했고, 참배객만 바라봤습니다. 때로 신경을 거스르는 찌지리한 그 누군가가 있음에도 싫은 내색 아니 하며, 겸허하게 방역과 안내에 소홀함이 없도록 정성을 다 했습니다.

저는, 우리는 압니다. 매월 작성하는 계획표, 일정조율에 자신보다 동료를 먼저 생각하며 스스루를 양보하던 당신, 함께 나누고 공유함에 서운함이 없도록 신경을 쓰던 마음. 어떻게 하면 조금이라도 우리 팀을 위해 도움이 될까를 먼저 생각하며, 겸손해 한 그대를 말입니다.

하늘을 뚫을 듯한 거센 빗줄기가 쏟아질 때면 '비 맞지 말고 종합민원실 앞에 그대로 기다리라'며 폭우를 뚫고 차를 몰고와 동료를 태워오고, 태워다 주던 당신의 뜨거운 마음, 더위로 지쳐가는 동료를 위해 아이스박스 주머니를 준비해주던 그 정성, 허기질까봐 작은 간식거리라도 싸와 정겨운 얘기 함께 나누고자 한 베품과 나눔, 바쁜 일이 있으면 내가 더 할 테니 일 보시라 하며 배려를, 왜 이리 손이 차가우냐 며 온기를 전해주던 당신, 커피며 과자, 과일까지 챙겨와 함께 나누던 시간들.

어찌 그 모든 뜨거운 순간들을 일일이 거론할 수 있으오리까.

이 모든 우리들의 아름다운 순간 순간 뒤에는 또한 우리를 대표한 분이 계셨기에 가능했음을 보고할 수밖에 없겠지요.
언제나 솔선수범이었습니다. 대한민국 최고의 보고서. 누가 그랬지요. 우리 조장님이 기획한 보고서는 청와대가 보고 배울 내용이라고.

팀원의 일정조율에서. 조원들의 마음 어르기는 약과요, 손수 들고 다닌 리플렛 - 우체통 걸음은 또 기하이리까? 헤아릴 수조차 없을 것임을 우리는 압니다. 그 징표를 어찌 일일이 다 나열 할 수 있으리이까.

독립유공자 팀 우리들의 호프 고ㅇㅇ 대장님은 그래서 더욱 우리들의 영원한 리더 일 수밖에 없습니다. 오늘 이 자리는 한잔 술, 소-맥을 곁들여 우리들이 걸어온 한 해의 결실, 〈50플러스 현충이 보람이〉 일정을 돌이키며 서로를 격려하고 위무하는 자축의 자리입니다.

존경하고 사랑하는 우리 독립유공자 묘역 해설사 및 행사지원 안내 팀, 팀 열 두분, 올 한해 수고 많으셨습니다. 12월에도, 다가오는 새해 2022년 임인년에는 코로나도 가고 우리 모두, 더 큰 역량 발휘하는 두 팀 되시기를 소망하며, 언제나 가정에 건승과 건강하심을 발원하면서 2021년 우리들의 활동상에 대한 소회를 마치겠습니다. 감사합니다.

2021년 11월 29일
서울 노량진 우리들의 자축연에서

92　　12월에도 우리들 활동이

'보람이'들의 봉사… 맹추위가 충혼당을 감싸도

아프리카대륙 남아공에서 파생된 '델타'변이보다 훨씬 강도(強度)가 세고 무서운 것으로 알려진 코로나19 변이 바이러스 〈오미크론〉으로 전 세계가 지금 초비상국면이다.
방금 시작된 9시 저녁 뉴스보도에 의하면 우리나라도 외국(나이지리아 시 입국한 부부)에서 들어온 여행자 대상의 '오미크론' 검사가 진행 중이었는데, 오늘 밤 그 유무가 최초로 확인(부부와 지인1명 등 3명)돼 우리나라도 이 변이에 감염된 국가가 되었다. 점점 미궁으로 빠지는 느낌이다.

지난 11월1일부터 시행한 단계적 일상회복이 1개월째를 맞고 있는데, 오미크론까지 겹치면서 당장 비상 국면에 빠지고 있는 듯한 실정이다. 1일 확진자가 어제 자정 처음으로 5천명을 넘어섰다. 전국 확진자 5,123명. 서울 확진자만 2,222명이다. 백신 2차 접종 완료가 오늘부로 80%가 넘어섰는데도, 확진자 증가는 더욱 확산일로다. 정부당국의 고심과 대응도가 숨 가빠질 수밖에 없는 오늘이다. 2차 백신 완료면 일상으로의 접근이 한층 더 빨라질 줄 알았는데, 상황이 너무도 엄중하다.

그럼에도 시간은 가고 달력은 넘어가 12월이다. 12월은 역시 추운 날인가 보다. 오늘 아침 최저기온 -3도, 낮 최고 3도인데 충혼당은 바로 앞과 뒤가 툭 트여져 있는 관계로 양쪽에서 불어오는 바람이 그대로 노출되기에 현상 그대로의 바람을 온몸으로 받을 수밖에 없다. 책상 하나는 밖에, 또 하나는 엘리베이터가 놓인 곳으로 이동시켜 놓았기에 그나마 조금은 괜찮지만 역시 12월 첫날을 제대로 맞은 것 같다.

지난 30일부로 금년도 우리들 봉사활동이 끝맺음 했지만 10일까지 더 연장해서 지난달 봉안식장에서의 활동을 마무리하고, 오늘부터 제2충혼당에서 하게 되었다. 반가운 얼굴들과 인사를 나누고 바로 활동시작이다.

우리들 봉사근무자들이나 참배객들이나 다 마찬가지 두툼한 옷들로 중무장했다. 하지만 밖에서 한참을 서다보면 손끝은 계속 시려오고, 몸마저 꽁꽁 얼게 된다. 지형적으로도 가장 높은 곳에 있다 보니 더 그런 것 같다. 이렇듯 추운 날임에도 보고 싶은 분들을 뵙기 위한 참배객들의 행렬은 죽 이어졌다. 봉사자들의 모습이 많이 춥게 보여서인지 "아이고, 이렇게 많이 추운데, 고생이 많으시네요." 여러분 염려 해주시는 분들이 있어 힘이 나고 훈훈한 온기를 품어 방역과 안내에 소홀함이 없도록 한다.

며칠 만에 다시 반가운 분들을 뵈었다. 제2충혼당 안 대위님도, 정 교수님도, 나와 동일한 이름의 동생을 두고 있는 곽 중사님을, 그리고 제1, 2임시 안치실에 들러 모든 분들께 인사를 올리면서 서 대령님과 김 중령님, 박 대장님께 정겨운 인사를 드렸다. 12월 첫 날의 활동 보고였다.

오후 3시가 가까울 무렵, 반가운 얼굴의 한 분을 뵐 수 있었다. 그동안 임시 안치실과 봉안식장을 돌아서 그랬는지 통 뵐 수가 없어 궁금해 하던 차였는데, 내 얼굴을 보고 금방 알아보셨는지, "잘 있었어요. 반가워요."하는데 마포에 사시는 그 분이셨다. "그동안 못 뵀습니다. 건강하시지요." 하며, 엘리베이터 까지 안내 하자 "나야 뭐, 매일 이렇게 나오는데."하신다. 올 여름 그 무더운 더위에도, 그리고 추위가 본격 시작되는 12월1일 오늘에도 변함없이 남편을 찾아오시는 그 분의 살뜰하고 진지한 마음과 표정이 그토록 정감 있고, 고결하게 보일 수 없었다.

봉사자들의 추가활동이 이뤄진 12월1일. 강력한 추위에도 충혼당은 멈춤이 없었다.
돌아오는 길 천호역에는 금년 들어 첫 마주한 구세군자선냄비의 뎅그렁 뎅그렁 은혜의 종소리가 지나는 행인들의 마음을 녹이고 있어 다가갔다.
1년 후를 생각하며 작은 정성이 담긴 지갑을 열었다.(12.1,수)

93 참배객들의 '민원'도 … "어디에 알아볼 일이네요?"

"저도 꽃을 부착했지만 꼭 ○○ 납골당 같아요. 예전 부착하지 않을 때가 난 훨씬 더 깔끔하고 좋은 것 같은데, 하긴 사람마다 다르고, 또 꽃을 만들어 파는 사람들한테는 경제적 측면도 고려돼야 하겠지만요," 참배를 마치고 나가던 아주머니 한 분이 뒤돌아서 다가오더니 하던 말이다. 이런 질문이 한 두 번 아니기에 곧장 답변을 해준다. 유가족들의 민원사항을 받아 들여 설문조사를 진행하고, 관련내용을 면밀히 분석해 현재로 이어지게 됐다는 점을 충분히 설명해 준다.

그리고 또 한참 후 이번에도 꽃에 관한 질문이 들어왔다. "부모님 앞에 부착하는 꽃값이 왜 그렇게 비싼 거예요. 저도 오늘 거기서 00원을 주고 구입해서 붙였는데요, 그거 재료비도 얼마 들지 않아요. 제가 그 일을 해봐서 잘 압니다. 어떻게 부착하게 됐는지, 누구를 위한 것인지 정말 알아볼 일이네요." 이 같은 문의도 가끔 있었던 얘기다.

그런가 하면, 한 분은 "예전에 고인을 안치할 때 봉안식장에서 의장병도 나오고 조총병도 나온 것으로 알고 있는데, 이제 없어진 거요? 왜 그게 없어 진겁니까?" 진지한 모습의 질문이다. 그러면 "그게 아니고요." 하면서, 그에 대한 답을 하는데 또 시간을 부여한다. 그 외에도 질문이 더 있었다. 오늘따라 궁금증이 잇따랐다.

대부분 참배객들이 필자를 포함해 보람이 선생님들에게 '추운데 고생하신다'며 따뜻한 말로 힘을 실어주지만 때로는 마치 수사관이나 조사관 같은(?) 투로, 때로는 윽박지르는 식의 투박하고 예의가 보다 더 수반된 연후에 궁금 사항을 물어봐야 할 분들도 보게 된다. 오늘 그런 분이 있는 날이기도 했다. 그러나 어찌하랴. 그 분들을 위해 우리가 있음이니.

보람이 선생님 두 분과 故 안수현 대위님이 계신 106호실을 들렸다. 108호실에선 6·25발발 3개월 만에 전사하신 최○○님을 뵈었다. 사연을 소개하고 함께 안타까움을 나눴다. 보람이의 역할이기도 하다.(12.4,금)

94 영광의 날, 감사의 날… 오늘이 바로 D-day

며칠 전부터 생각하며 마음을 다진 게 있다. 그리고 12월5일, 오늘을 D-day로 잡았다. 오후 12시50분경 퇴근길, 충열대 독립유공자 묘역 〈대한독립군무명용사위령탑〉으로 올랐다. 대여섯 명 남녀학생들이 탑 앞에서 작은 태극기와 어떤 소품들을 챙기며, 진지한 표정으로 얘기를 나누고 있었다. 탑 앞에서 묵념을 마치고 학생들 곁으로 다가가 말을 붙였다.

한 남학생이 경계심을 보이기에 여기 독립유공자 묘역 해설사라고 필자를 소개하자 놀라는 표정과 함께 반기는 기색이 역력했다. '어떻게 왔느냐'고 묻자 자신들을 소개하는데, '같은 학교 중학교 3학년'으로 유관순 열사와 관련한 노래를 만들었고, 이를 영상으로 촬영하기 위해 현충원으로 오게 됐다고 했다. 그래서 인 듯 외투 속에는 하얀 저고리와 검정치마를 입고 있었다.

우선 고맙고 감사의 마음이 앞섰다. 학생들 앞에서 간략하게 묘역을 소개했다. 특히 〈무후선열제단〉에 위패로 모셔졌다 중앙아시아 카자흐스탄에서 귀환해 국립 대전현충원 독립유공자 묘역에 안장된 홍범도 장군 이야기에서 유관순 열사까지, 특히 지금도 유 열사께서는 무후선열제단에 위패로 모셔지기까지의 유래까지 설명해 주었다. 짧은 시간이지만 학생들의 눈빛이 더 초롱초롱해지는 걸 느낄 수 있었다.

그리고 나는 내려와 위패 앞에 향불을 켜고 배례, 언제나처럼 마음을 모았다. 이어 충열대 향로에도 불을 지폈다. 다음 일은 순국선열과 애국지사들이 안장된 묘역으로 들어섰다. 한 발 한 발 걸음을 옮기며 그 분들의 걸어오신 길을 잠시나마 느껴보고자 했다. 어쩌면 오늘 이곳 묘역을 스치고 지나가는 바람결에도, 사각거리며 발밑에서 포근하게 감싸주는 잔디의 속삭임 속에도 임들의 숨결이 스며 있을지 모른다는 생각이 들었음에서다.

그런 어느 순간 난 눈을 크게 뜨고 바라봐야 했다. 곧이어 작은 미소가 입가에 번졌다. 중학생 2명이 충열대 향로에 향을 피우고 묵념을 하고, 무후선열제단 위패 앞에서 여학생들은 무릎을 꿇고 큰 절을 올리고 있었기에서다. 가슴이 벅차다는 감정을 이럴 때 또 표현해야 할 것 같다.

[나라와 민족이 왜구들에게 짓밟히니 비굴하게 살고자 한자 반드시 벌했으니 의롭게 죽고자 한 님은 민족의 등불이 되어 영원한 삶을 얻으셨나이다. 님은 빼앗긴 조국산하와 낯선 중국대륙을 열화 같은 분노로 치달리며 천추만대에 표상이 될 살신성인의 길을 가셨나니 아! 조국을 향한 우국충절 타오르는 태양보다 더 뜨거워라! 님은 정녕 倭帝暗黑史에 꺼지지 않는 민족혼의 불꽃이어라! 님은 가셨사오나 우리는 님을 영원히 추모하고 있나이다]
의사의 묘비에 김상옥 의사 기념사업회가 새긴 비문 내용이다.

내가 김상옥 의사를 처음 알게 된 때는 초등학교 5,6학년 즈음으로 기억한다. 당시 라디오를 통해 의사의 일대기가 드라마로 방송되었는데, 그 때마다 놀러갔다가도 시간에 맞춰 부리나케 들어와 방바닥에 배를 깔고 엎드려 귀를 쫑긋하며 들었던 생생한 기억을 갖고 있다. 어린 기억에도 마치 영화의 한 장면처럼 동에 번쩍 서에 번쩍하며 수백, 수천 일본경찰과 대치하면서도 수 겹 포위망을 뚫고 적을 무찌르던 그 통쾌한 광경을 지금도 잊지 못하고 있다. 그래서인지 올해 〈보람이〉 면접 시에도 면접관의 '어느 독립운동가가 먼저 생각나느냐?'는 질문에 당연시 되는 안중근, 유관순 열사와 더불어 김상옥 의사를 꼽으며, 위에 열거한 얘기를 그대로 말하기도 했다. 자주 이 묘역을 들러 의사님과 말 없는 얘기를 나누고는 한다.

김상옥 의사는 1922년 의열단원으로 폭탄·권총 등의 무기를 휴대하고 서울에 잠입, 1923년 1월 12일 종로경찰서에 폭탄을 투척해 많은 일본경찰을 죽였다. 피신해 다니던 중 같은 달 22일 1000여 명의 경찰대와 접전하다 최후의 한발로 자결했는데, 그 때 나이 34세였다.

순국 후인 1924년 대한민국 임시정부 외교부장 조소앙(趙素昂)이 전기를 써서 간행했다. 1962년 건국훈장 대통령장이 추서됐고, 국가보훈처가 1992년부터 매년 선정·발표하는 이달의 독립운동가에 최초로 선정된 인물이기도 하다.

다시 걸음을 옮겼다. 현충탑으로 가기 위해서다. 태극기가 충열대 중앙통로 양쪽에 벽화 식으로 힘차게 펼쳐진 도로를 연해 좌·우의 6·25참전유공자 묘역을 지나 왼쪽으로 꺾어 〈육탄 10용사〉의 서부덕 소위님을 위시한 열 분의 묘비 이름을 차례로 살피며 현충문으로 들어섰다. 지난날 충열대를 거쳐 무후선열제단까지는 한 날 참배를 하기도 했지만 같은 날 세 곳(현충탑-충열대-무후선열제단)을 동시에 한 적이 없어 오늘로 날을 잡은 때문이다. 말 그대로 D-day인 것이다.

"여기는 민족의 얼이 서린 곳
조국과 함께 영원히 가는 이들
해와 달이 이 언덕을 보호하리라"

현충탑 앞에 서서 (예비역) 군인의 마음가짐으로 거수경례와 함께 깊게 머리를 조아렸다. 다른 말이 필요 없었다. 향합에서 듬뿍 세 번 향을 담아 향로에 넣자 향 내음이 모락모락 피어오른 연기와 더불어 피어 올랐다. 한참동안 마음 속 염원을 들어낸 뒤 뒷면 위패실로 들어섰다.

아직도 전국의 산야와 바다에서, 공중에서 산화돼 유해를 확인치 못한 11만여 무명용사의 위패가 빼곡히 벽면에 새겨져 분위기를 더욱 숙연케 한다. 언제나 그렇지만 특히 이곳 〈호국영령 무명용사비〉 앞에 서, 사방으로 들어찬 호국 영령 위패를 대할 때면 왠지 심장이 두근거리곤 한다.

그런데 이에 앞서 필자는 이 날 아침 출근과 함께 바쁘게 움직여야 했다. 아직은 참배객들의 발걸음이 뜸한 일요일, 곧장 야외 중앙제단 앞에 서서 분향에 나섰다. 또 제2임시 안치실, 제1임시 안치실을 돌며 전체 유공자님께 문안 인사를 올렸다.

어쩌면 필자가 충혼당 전체 유공자님과 함께하는 공식 인사는 오늘이 마지막이 되지 않을까 생각하면서다.

9시20분 경 이번에는 제1충혼당 일층부터 삼층까지 천천히 움직였다. 각 실(室)을 돌며 문 앞에 서서 허리를 굽혔다. 마음을 모았다. 다른 무엇보다도 감사의 마음뿐이었다. 언제 또 필자가 이곳 충혼당 전체 실을 돌며 국가를 위해, 민족을 위해 청춘을 바치고 모든 것을 쏟은 호국영령, 순국선열님의 정신을 받들고 뵐 수 있을 것인가?

그렇게 12월 5일 D-day가 이뤄졌다. 이 날 오후 나는 현충탑을 참배하고 난 뒤 방명록에 이렇게 기록했다.
"저는 압니다. 우리는 압니다. 내 나라 자유대한민국의 오늘이 있음을. 빼앗긴 나라의 주권을 되찾기 위한 독립선열의 위훈을, 북한 공산집단의 불법 침략에 맞서 나라를 지켜낸 호국영웅님의 위대한 정신을..... 이 나라를 지켜주소서!"

95 누군가를 위한 마음, 충혼당에 웃음꽃 활짝

'이렇게 한가한 날도 있었나?' 종일 한산했다. 그럼에도 염려가 있었다. 또 함박웃음도 함께 있었다. 눈꼬리 올라감도 있었다. 처음으로 국가유공자 제2묘역도 둘러봤다.
지난 기간 중 오늘처럼 마음에 염려가 크게 든 적은 처음이다. 오후 연세가 많으신 할머니가 지팡이를 짚고 오시는데, 자세가 무척 불안하고, 거기에다 혼자이셨다. 충혼당으로 들어서는 순간에도 난간을 붙잡으셔야 했고, 몇 걸음 옮기다 허리를 펴고 걷다 서다를 반복하는 할머니를 안내해 엘리베이터로 모셨다.

2층을 누르셨다. 그런데 한참이 지나도 내려오지 않아 걱정이 돼 혼자서 좌불안석하다 2층으로 올라 각 실(室)을 돌다보니 끝에서 두 번째 실에 홀로 덩그마니 서서 물끄러미 유공자(남편)님을 바라보고 계셨다. 소리나지 않게 살그머니 물러 나왔다. 그로부터 한 시간여. 나중 내려오시기에 물어보니 혼자 서 차를 두 번 갈아타고 오셨다고 했다. '가는데도 문제없다'며 구부정한 허리를 펴고는 휘적휘적 걸어가시는 거다.

그 비슷한 시각, 이번엔 필자를 보자마자 활짝 미소를 짓는 분이 계셨다. 마포에 사시는 4년을 하루같이 매일 오시는 그 분이시다. 어제는 오시길래 곧장 유공자님 성함을 물었다. 2층 두 번째 방이라고 해 찾아갔지만 알려준 이름과 달라 의심스러워도 인사를 드리고 왔는데, 아무래도 미심쩍어 오자마자 물어봤다. '아뿔싸' 2층이 아니라 3층이었다.

해서 3층으로 함께 이동하면서 "어제 2층에 계시는 이름이 비슷한 유공자님께 인사를 드렸습니다."고 했더니 깜짝 놀라며 "이제는 나이가 먹어서 나도 2층인지 3층인지 기억이 잘 나지도 않아. 이러다 나중엔 '내 남편인지 아닌지 나도 모르겠다'고 할지도 몰라."하고 말해 둘이서 한참 웃었다.

〈육군대령, 강○○〉님. 6.25전쟁 참전, 화랑무공훈장 수훈, 2017년 사망. 하루가 멀다하고 '마포 – 동작'을 마치 '오작교'를 건너듯 앞서 돌아가신 〈사랑꾼〉 남편을 찾아 매일 발걸음을 멈추지 않는 8순의 아내. 그 숭고하고 끝없는 만남 앞에 오늘 필자가 잠시 중계인이 되었다.

"유공자님 안녕하세요. 하늘나라에서 잘 계시죠. 그리고 오늘도 여기 이렇게 어머니께서 오시니까 기분 좋으시죠. 이전에도 늘 그러셨듯이 하늘나라에서도 언제나 어머니 건강하게 지켜주세요. 그럼 두 분 얘기 나누세요. 저 먼저 가겠습니다." 나가는 필자에게 고맙다는 말을 빠트리지 않았다.

이 날 의미 있는 시간도 있었다. 그간 한 번도 가보지 못한 국가유공자 제2묘역을 다녀왔다. 경찰묘역 충혼탑 인근의 제2묘역엔 애국가의 안익태, 민족지도자 조만식, 광복군 참모장과 초대 국무총리 이범석, 한글학자 주시경 선생 등 12명의 국가유공자가 영면한 곳이다.

민족지도자 고당 조만식 선생은 조선민주당 창당한 후에 소련군정, 김일성 일파와 담판 벌이며 하나된 국가를 위해 노력하며, 우리나라의 신탁 통치가 결정되자 반대 운동을 펼치다가 소련군 사령부에 잡혀갔고, 끝까지 자신의 뜻을 굽히지 않아 6·25 한국전쟁 때 평양 형무소에서 공산당에 의해 살해되었다. 1991년 유발(遺髮)을 국립묘지에 안장케 된 것이다.

또한 손정도 임시정부 의정원의장은 우리가 잘 아는 해군창설, 해군의 아버지라고 불리는 초대 해군참모총장 손원일 제독의 아버지다. 1919년 국내에서 3·1운동을 주도했다가 중국 상해로 망명했다. 임시정부 의정원 의장으로 대한민국 헌법을 제정, 선포하기도 했으며, 정동제일교회를 담임하며 국내 최대의 교회로 부흥을 이루었을 뿐만 아니라 유관순 등에게 항일 의식 및 애국정신을 불어 넣었다.

이곳을 다녀오면서 생각한 게 있다. 조만식 선생과 임시정부 요인 묘역의 손정도 목사와 박신일 부부를 떠올린 것이다. 세 사람 다 평남 강서가 고향이었다. 나라의 독립을 위해, 하나의 통일국가를 위해 일신을 불살랐던 민족의 지도자들, 그들은 어떻게 가족을 사랑하셨을까?
오늘은 그렇게 차분함 속에 충혼당의 하루가 저물어가고, 그 안에서 밟지 못한 곳을 밟은 하루로 기억될 것 같다.(12.7,화)

96 對日선전포고의 날, 우리의 임무도 歷史의 장으로

최종 할 일이 남아 있었다. 순차적 과정의 최종 번지. 충혼당 광장 합동제례단에 섰다. 보람이 복장인 녹색 조끼에 명찰 착용 자세로 향합에서 향을 내어 세 번의 분향을 하자 하얀 연기가 몽글몽글 파란 하늘 위로 힘차게 솟구친다. 마음 속 기원을 담았다.

"오늘에 살아가는 저희들이 언제나 이 땅 대한민국을 최강의 안전한 나라, 세계인이 부러워하는 경제부국(富國), 문화강국으로 발전시키고 견인해 나아갈 수 있도록 역량과 능력을 주시고 세세토록 보호해 주시기기를 기원하고 바라옵니다. 보살펴 주소서."

경건한 몸과 마음으로 거수경례를 올렸다. 그리고 묵념과 함께 깊숙이 허리를 숙였다. 올 한해 안전하게 봉사활동을 마무리할 수 있게 해 주심에도 감사의 마음을 담았다.

2021년 12월10일, 오후 3시55분 그렇게 2021년 우리들 〈현충원 보람이〉의 일정이 종료됐다. 이에 앞서 제1충혼당을 들어서는 참배객들을 더 정성어린 마음과 예를 갖춰 방역과 안내에도 소홀함이 없었다. 오후 3시40분, 102호실을 시작으로 106호실 안수현 대위와도 인사를 나눴다. 108호실에서는 젊은 부사관 순직자와도 눈인사를 나눴다. 1950년 9월 전사한 호국영웅님의 위패 앞에서 한동안 미동 없이 서서 물끄러미 응시하기도 했다. 다시 발길을 3층으로 옮겨 311호를 거쳐 312호실에서는 전 국방무관으로 국위를 선양했던 유공자님을 만나 오지랖 떠는 인사도 빠트리지 않았다.

다시 이번에는 제2임시 안치실을 들러 차례대로 선배님들을 뵌 뒤 다시 제1안치실로 이동해 회장님을 위시해 전체 유공자님들께 감사 인사를 드렸다. 내년에도 더 반가운 마음으로 뵈올 수 있기를 청하면서. 이렇게 우리들의 올해 활동이 성료 되었다. 마지막 봉사활동에 임했던 선생님들과 '수고하셨다'며 서로를 격려하고 산뜻한 마음으로 충혼당을 나섰다.

돌아오는 길, 〈현충관〉을 경유하자 김규식 선생 71주기 추모행사가 열리고 있었다. 그래서인지 아니면 지난 활동을 마치고 보람차게 나서고자 하는 우리 보람이 선생님들의 보람찬 오늘을 기념코자 함인지, 주차장에 늘어선 현충원 많은 차량들이 일제히 헤드라이트를 켜고 열병식을 준비하고 있었다.

그런데 오늘이 또 무슨 날인가? 우리 근·현대사에서도 잊을 수 없는 날이다. 일제에 맞서 연합군의 일원으로 우리 민족의 독립의지를 전 세계에 알린 '대한민국임시정부 대일선전포고' 제80주년이 되는 날이다.

이 날 기념식은 (사)한국광복군기념사업회 주관으로 백범김구기념관에서 열렸다.

대한민국임시정부는 일제가 진주만을 기습 공격하여 태평양 전쟁을 일으키자, 1941년 12월 10일에 김구 주석과 조소앙 외무부장 명의로 '대일선전성명서(對日宣戰聲明書)'를 발표하여 우리 민족의 자주독립의지를 세계만방에 천명했고, 한국광복군은 연합국의 일원으로 참전하여 국제적인 활동을 전개했다.

한국광복군기념사업회는 이 날 발표를 통해 "오늘 대한민국임시정부 대일 선전포고 80주년 기념일을 맞아 자유·평등·평화의 신념으로 조국 독립을 위해 산화하신 한국광복군과 독립유공자들의 독립정신을 되돌아보는 의미 있는 날이 되었으면 한다"라고 전했다.

어쩌면 이렇게 역사의 한 퍼즐이 맞게 떨어지는지 모르겠다. 현충원 독립유공자 선열님과 호국의 선배님들을 모시고자(?)했던 우리 독립유공자 묘역 해설 선생님들의 2021년 모든 일정이 종료되는 날이 〈대일선전포고〉의 날과 연계된 것인지? 이 또한 분명한 역사의 한 페이지인 것만은 부인할 수 없는 사실이다. 오직 감사하고, 감사하며 또 감사할 따름이다.
(2021.12.10.)

제2장

6.25 참전용사 구술채록

'기억으로 쓰는 역사 展'
- 전시회 채록단 대표 소감 발표

한 시대의 주역이자 주인공으로 이 자리에 참석하신 6.25참전 국가유공자님, 김상호 하남시장님, 그리고 차미화 미사도서관 관장님, 처음 시작단계부터 오늘 전시회가 있기까지 우리 구술 채록단원들을 이끌어 주신 이호신 교수님 감사합니다. 더불어 지난 3개월 구술채록에 함께한 21명의 채록단 동료 여러분, 수고 많으셨습니다.

오늘 드디어 이렇게 멋진 1차 결실, 구술채록 내용 전시회가 열리네요. 저는 정년퇴직 전 재직하던 회사에서 6.25참전유공자회를 비롯해 군과 관련된 69개 참전친목단체를 지원하고 조력하는 참전부장을 하면서 많은 참전용사 어르신들을 뵙고, 막걸리 잔을 주고받으며 가슴시린 얘기들을 수시로 들었습니다.

해서 71년 전 전쟁 관련 전투사항을 들을 때마다 각 단체별로 이를 정리해 '기록으로 남기면 좋겠다'는 생각을 갖고 계획했으나 그냥 계획만으로 끝나고 말았습니다. 그런데 이런 사업을 하남시에서 하리라곤 생각 못했습니다. 그리고 아카이브 소식을 듣고 곧바로 참여하게 되었습니다.

또 이를 주변 지인들에게 알리기도 했습니다. 그러다 지난 3

월 김상호 시장님께서 격려차 오셔서 하남시의 독립선열, 참전용사를 위한 활동과 관련 하신 말씀 들으며 그 이유를 알게 됐고, 요즘 하남시 홍보맨이 되고 있습니다. 여기 방호식 회장님도 계십니다만 하남시 6.25참전유공자회 정삼영 사무국장께서 늘 시장님 칭찬과 자랑이 근거가 있음을 알게 됐습니다. 시장님 이거 짜웅 아닙니다.(웃음)

우리 채록단 21명(18)명은 지난 2월26일부터 이호신 교수님의 지도와 권지희 주무관님의 지원 속에 5개조별로 각 2, 3회 6.25참전국가유공자님들을 만나 입대전후의 당시 상황으로부터 어려운 시절을 이겨내고 오늘에 이르기까지 전투와 생활사에 대한 증언을 들으며, 때론 함께 눈시울이 붉어지기도, 가슴 먹먹해 하기도 했습니다.

청력(聽力)이 좋지 않아 채록단을 위해 예전 기억을 되살려 지난 상황들을 자필로 정리하셔서 혼신을 다해 알려 주시고, 또는 '나는 국가에 기여한 공로가 없어' 하시는 겸손함으로, 더하여 하나라도 더 알려주려고, 먼저 불러주시고, 음료수 한잔이라도 먹여 보내려고 하시던, 우리 참전 어르신들. 국가와 우리 사회가 더 받들어야 하는데 그렇지 못함에 개인적으로 많이 안타까움을 금치 못하겠습니다.

그런 와중에도 6.25전쟁 발발 71주년을 맞아 이 사업을 기획 진행하고, 특히 6.25한국전쟁 UN참전용사를 찾아다니며, 무료로 사진을 촬영해 민간외교활동을 하고있는 사진작가 라미씨를 섭외해 참전용사분들의 사진을 촬영해 지원케 한 하남시와 미사도서관의 활동 등은 참으로 백미였습니다.

또한 거기에 호응해 5개조로 편성된 우리 채록단원들은 전쟁이라고 하는 참담한 현실에서도 목숨을 걸고 나라를 지켜낸 참전용사를 뵙고 증언을 직접 듣고 채록한다는 숭고한 사업에 임한다는 자세와 각오로 열정을 쏟았다고 감히 말씀 드리고 싶습니다.

저는 '6월 호국보훈의 달'을 맞아 매주 1회 회사 유튜브 방송에 6.25 전쟁 관련 영상칼럼을 녹화방송하면서 선배님들의 위훈을 강조하고 있습니다. 또 내일(6.25, 13:00)은 오늘 이 전시회 내용까지 포함해 '한국전쟁과 통일'을 주제로 유튜브 강의를 촬영합니다만 6.25전쟁은 결코 '잊혀진 전쟁'이 아닌, '잊혀질 수 없는 승리의 전쟁'입니다.

이번 채록을 통해서도 유공자님들의 나라를 염려하시는 충정이 변함없음을 봤습니다. 지금도 마음은 그 시절 그 때이심을 확인했습니다. 절로 고개가 숙여지며 그 숭고한 마음에 깊은 경의를 표합니다.

이제 이번 채록과 자료들이 앞으로 책으로 발간돼 하남시의 또 하나의 역사, 기록으로 전후세대들에게 알려지게 되겠지요. 지나간 어제와 오늘, 그리고 내일을 준비하는 살아있는 생생한 자료로 이어질 것으로 기대하게 됩니다.

오늘 '기록으로 쓰는 역사 展'이 오는 연말 멋진 작품으로 탄생돼 참전어르신들의 얼굴에 또 한번 활짝 웃는 그 날의 모습을 그려보게 됩니다. 존경하는 6.25참전 국가유공자님, 하남시장님, 도서관장님, 물심양면 지원해주신 권지희 주무관님과 함께 하신 모든 분들께 감사드립니다.
감사합니다.

- 2021.6.24. 채록단 대표로 행사장에서 소감 발표 -
(일시 : 2021. 6. 24. 14:00. 장소 : 미사도서관 강당.)

하남시의 '기억으로 쓰는 역사 展'
지자체로 확산 계기되길

6·25전쟁 71주년을 하루 앞둔 지난 6월24일 경기도 하남시 미사(일가)도서관에서는 작지만 아주 의미 깊은 행사가 열렸다. 필자도 그 행사에 참여한 일원으로 참석했는데, 6·25참전용사들을 인터뷰하고 영상 등으로 채록한 내용을 판넬 화보에 담아 전시회를 개최한 〈기억으로 쓰는 역사 展〉이었다.

하남시가 지역 내 거주 6·25참전용사 10명을 선정, 구술로 남겨 전시회와 함께 연말에는 책으로 발간해 지역 문화의 장으로 남기고자 사전 시민채록단을 선정해서 한 〈하남 아카이브 - 6·25참전용사 구술채록 프로그램〉이다.

구술채록을 통한 기록서가 책으로 엮어진 경우는 간혹 있지만 특별히 젊은 세대에게 '잊혀진 전쟁'으로 기억되는 6·25전쟁과 관련해, 시민채록단 이름으로 20여명의 각계 시민들을 선발해 3개월여 동안 체계적으로 교육 시켜 6·25참전용사를 대상으로 한 구술을 갖고 이를 짜임새 있는 전시회를 개최한 곳은 하남시가 처음인 것으로 알고 있다.

이번 하남시의 아카이브 사업은 위기일발의 순간에서 대한민국을 위해 목숨 바쳐 싸웠던 참전용사들의 증언과 기록물을 통해 그 분들의 희생과 헌신을 기억하고, 잊지 말자는 것이다.

특히 이 행사는 하남시 미사도서관과 하남시 6.25참전유공자회가 중심이 돼 지역 내 거주 참전용사 중 학도병으로 참전하거나 지리산 공비토벌작전, 백마고지전투와 인천상륙작전에 참가하고, 전투 중 중공군에 포로가 됐다가 극적으로 탈출해 국군에 다시 편입돼 끝까지 적과 싸운 그야말로 역전의 용사들이 다 망라되었다.

이 사업 중심에는 구술채록에 임한 시민 채록단원들이 있었다. 20대 초반 대학생에서부터 고교역사 교사, 일간신문 기자, 시나리오 작가, 영화감독, 60대 정년퇴직자 등 다양한 경력을 지닌 분들이 함께 해 협업함으로써 한편의 드라마 같은 작품을 일궈 1단계로 전시회를 가진 것이다. 물론 여기에는 이 행사를 기획하고 지원한 지자체와 집행한 미사도서관 관계자의 적극적인 힘이 토대가 되었을 것이다.

시민 채록단원들은 5개조로 편성돼 참전용사들과 함께 그 분들이 겪었던 전쟁 당시와 전후 가난했던 60, 70년대 한 집안의 가장으로 힘들었던 시대를 헤쳐나간 알토란같은 증언을 토씨 하나 놓치지 않고 영상과 기록에 담고자 애썼다.

필자가 인터뷰한 참전 어르신 중 지리산 공비토벌작전을 비롯해 경북 상주 화령장 전투, 강화도 옹진전투 등에 참전했던 손낙기 어르신은 인터뷰 내내 마치 전쟁영화에서 볼 법한 장면들을 때로는 실전과도 같이 때로는 담담한 어조로 그 날의 사실들을 또렷하게 기억하며 말씀해 주셨다.

그런가 하면 또 한 분은 "무전통신병으로 전화기를 메고서 다리를 건너가는데, 포탄이 내 앞에서 뚝 떨어진 거야. 그런데 그냥 폭탄이 다리를 뚫고 강바닥 개울바닥에 가서 터졌어. 그 다리에서 그대로 터졌으면 다리도 다 파손되고 나도 그냥 뭐 시체가 돼 손발 따로 나갔겠지." 하며 사람의 생(生)과 사(死)의 갈림길이 찰나의 순간에 있음을 어제 있었던 일처럼 토로하기도 했다.

그러면서 목숨 걸고 싸워 나라를 지켜냈는데, 국가 차원의 배려가 채 미치지 못하는데 대한 아쉬움과 서운함을 드러내기도 했다. "최전방 최전선에서 오직 나라를 지켜야 한다는 일념하나로 싸웠는데, 생색내는 듯한 참전명예수당이나 참전용사들이 한마디 하면 노인네들이 마치 무언가를 뜯어내려고 하는 것처럼 인식하거나 홀대하는 식의 사회적 분위기가 힘들게 하고 있다"고 지나가는 투로 덧붙이기도 했다.

국가보훈처에 의하면 6·25 참전용사는 2021년 현재 7만여 명으로 파악하고 있다. 이들 참전용사에게 지급되는 참전 명예수당은 월34만원. 올해 이등병의 월급은 지난해 대비 12.5% 인상돼 46만원이다. 구태여 비교할 필요는 없지만 그럼에도 아직 우리 주변엔 폐지를 줍거나, 고철을 분류하는 등으로 생계를 이어나가 생활고를 겪고 있는 참전용사 분들도 있다.

'기억으로 쓰는 역사 展'에서 김상호 하남시장은 "대한민국을 위해 목숨 바쳐 싸웠던 참전용사들의 거룩한 희생이 경제발전과 민주주의를 이룩한 토대가 되었다"며 "나라와 민족을 위해 기꺼이 자신을 바쳤던 참전용사들을 기억하고 그 공헌이 제대로 평가받을 수 있고, 미래세대가 희망과 꿈을 이룰 수 있도록 최선을 다할 것”이라고 밝혔다.

이번 행사의 채록단원으로 참여해 참전용사 분들과 인터뷰를 통해 많은 대화를 나눈 필자의 입장에서 꼭 한마디 하고 싶다면, 생색내기 식의 참전용사 대접은 큰 의미가 없다는 얘기다. 6.25전쟁이 끝난 지 68년이다. 참전용사들이 국가에 미친 공적에 합당한 예우로 모셔야 함은 당연지사이다. 나아가 사회는 군복착용을 자랑스러워하는 군인, 가슴에 훈장과 기장을 단 전투복차림의 노병을 존경하는 사회적 풍토가 자리매김 되도록 나서야 한다.

하남시에서의 이번 구술채록 증언과 책자 발간 사업이 1회성 국한행사로 끝날게 아니라 국가 차원의 전국 지자체로 확산돼 참전용사들의 지난 기억의 역사가 널리 전승될 수 있게 해야 한다. 6.25전쟁은 잊혀진 전쟁이 아니라 승리한 전쟁, 기억되어야 할 역사이기 때문이다.(6.28,월)

[미담사례] '행복한 책방'이 6.25참전 용사 위해 1인 콘서트 열어

- 미사역 인근 '행복책방' 최종호 사장 참전용사 식사대접 등

지난 6월24일 하남시 미사도서관(관장 최미화)에서 6·25전쟁 참전용사들의 생생한 구술 증언인 '기억으로 쓰는 역사 展'이 열렸다. 그리고 행사가 끝난 후 행사에 참석한 참전용사를 초청해 식사대접과 1인을 위한 콘서트(일명 '참전용사 존경 사랑 노래선물')가 열린 사실이 뒤늦게 알려져 6.25전쟁 발발 71주년을 맞아 훈훈한 화제가 되고 있다.

화제의 주인공은 최근 미사 역 근처에 '행복책방'을 연 최종호(52세)씨로 최 사장은 하남시 미사도서관이 지난 2월부터 전시회를 개최한 이 날까지 18명 채록단의 일원으로 6.25전쟁 참전용사들을 대상으로 인터뷰와 영상촬영, 채록과 자료수집 활동 등을 주도적으로 실시해 전시회가 개최되는데 일익을 담당한 장본인이기도 하다.

24일 미사도서관에서 참전용사, 채록단원들과 함께 전시회를 참관한 최종호 사장은 전시회가 끝나고 자신이 취재하며 만났던 참전용사 세 사람을 초대했다. 최 사장은 "그냥 발길을 돌리기가 너무 아쉬웠다"고 했다.

“71년 전 아무런 대비도 없는 상황에서 자칫 나라가 없어지기도 할 극단의 상황에서도 자원입대해 전후방 전선에서 나라를 구하기 위해 헌신·희생한 당시의 주인공들인 참전용사들에게 아무리 코로나19 상황이라고 하지만 물 한잔 나눌 수 없다는 현실이 너무 아쉬워 작지만 감사의 마음을 표현하고 싶었다”고 했다..

그는 6월24일 전시회가 끝나고 채록활동에서 만난 3명의 참전용사(손낙기, 이승대, 이상현 용사)를 자신이 최근 문을 연 미사역 근처 ‘행복책방’ 인근 식당으로 초청해 점심을 함께하고 차를 대접한 데 이어 이 분들을 위한 1인 콘서트(일명 ‘참전용사 존경 사랑 노래선물’)을 가진 것이다.

뿐만 아니라 최 사장은 참전용사 각자의 모습이 담긴 캐리커처를 제작해 액자에 담아 정성껏 전달했다. 그런데 최 사장의 이런 선행이 뒤늦게 알려진 것은 이 날 모임에 참석했던 손낙기(92. 하남시6.25참전유공자회 부회장) 옹이 이 같은 사실을 유공자회에 전해 알려지게 됐다.

한편 하남시 일가(미사)도서관에서는 지난 2월부터 참전용사를 찾아 수차례에 걸친 영상 증언 인터뷰를 진행하고 관련 자료들을 취합해 그 내용을 중심으로 1단계 전시회를 개최했다.

- 그리고 펼쳐진 '기억으로 쓰는 역사' 구술채록집

한 권의 귀한 책이 드디어 세상에 나왔다.
'죽느냐, 사느냐' '내 고향 부모 형제를 볼 수 있느냐, 없느냐' 겨를도 없이 절체절명의 처절했던 전장터에서 생존해 오늘의 대한민국을 있게 한 6·25전쟁 참전용사들의 구술채록 증언록이 빛을 보게 됐다.

지난 2월 26일 하남시(일가도서관)와 하남시6·25참전유공자회가 시행한 하남시 아카이브 사업인 구술채록프로그램이 6월 24일 구술채록 전시회에 이어 마침내 한 권의 책으로 빛을 보게 된 것이다.

11월 22일 하남시 일가도서관에서 김상호 시장을 비롯한 국회의원, 의회의장, 지역보훈단체장, 6·25참전유공자회원 및 구술채록에 임한 참전용사와 시민채록단이 참석해 〈기억으로 쓰는 역사〉 출판기념식이 열렸다.

필자 또한 채록단의 일원으로 참전용사들을 가가호호 방문해 인터뷰를 진행하고, 그 분들이 겪은 참혹했던 전쟁의 실상과 가난을 극복하고 오늘에 이르기까지 인생여정을 확인하면서 때로는 눈시울을 적시고, 가슴 찡한 감동을 나누었다.
그리고 6·25전쟁 71주년을 하루 앞둔 6월 24일 각종 기록과 사진 등을 중간 정리한 전시회에서 채록단 대표로 소감 발표를 한 바 있어 이 책의 발간을 누구보다 손꼽아 기다렸다.
이 날 김상호 하남시장은 발간인사말을 통해 "사라져가는 참전용사의 기억을 기록하고 책자를 발간하여 지난 아픔을 잊지 않고 호국영웅들의 희생과 헌신에 대한 노고를 표하며 후세대와 함께 공유하고자 했다"고 배경을 전했다.

이어 "'기억으로 쓰는 역사'는 자유와 평화를 지키기 위해 헌신하신 참전용사의 생애의 기억과 전쟁의 역사적 자료를 기록한 책"이라며 "전쟁을 겪은 세대의 고난과 고된 삶의 경험, 함께 했던 가족, 이웃, 하남의 이야기가 담겨 있다"고 책에 담긴 의미를 얘기했다.

이 책 구술채록 참여자의 한 사람으로서 많은 이들의 기억에 새겨지기를 바래본다.(11.22,월)

이 글을 마치며

기억하시나요? 서울에 첫 눈 내린 날을?

눈에 크게 띄지 않았지만 벌써 서울에 첫눈이 내렸다고 한다. 그것도 12월이 아닌 11월 10일 이른 아침. 눈이 왔는지, 안 왔는지 눈치조차 채지 못할 정도로...

작년엔 12월 10일이었다고 하니 무려 한 달이나 빠른 눈 내림이었다. 첫눈이 내리면 그를 핑계 삼아 누군가와 어딘가로 훌쩍 여행이나 떠나야겠다고 마음먹었다. 하지만 세상이 마음 놓고 어딘가를 다닌다거나, 여행이란 말을 제대로 사용케나 하게 했던가?

사치라는 생각이 들 수도 있겠지만 그럼에도 한번 툭 툭 털고 훌쩍 다녀와 책상 앞에 앉으면 지난 일정들이 술술 풀리고, 생각은 훨씬 정리가 더 잘될 것으로 여겼음에서다.

헌데 이젠 그럴 필요가 없어져 버렸다. 이미 첫눈은 물 건너간 때문이다. 핑계조차 대지 못하게 되지 않나 싶다. 대신 절친과 더불어 막걸리, 소-맥 벗 삼은 술추렴으로 첫 눈 팔이를 한다면 그 또한 첫 눈에의 아쉬움을 털 수도 있지 않을까?

한 해가 또 간다. 델타, 오미크론 같은 〈코로나19〉 변이 바이러스로 전 세계가 얼어붙고, 전국이 방역비상으로 시끌벅적, 너나없이 힘든 상황이다. 하지만 그 가운데서 일군 〈현충원 보람이〉 이야기를 무사히 탈고케 돼 마음 한편 가볍다.
하여 2021년은 더욱 잊지 못할 해가 될 것 같다.

한여름 불볕더위와 장맛비, 차가운 공작봉 센바람 앞에서도 언제나 함께 했던 국립 서울현충원 독립유공자 묘역 해설가 선생님, 행사지원안내 봉사자 선생님, 동작 50플러스 센터장님과 매니저님, 지원을 아끼지 않은 강일 주무관님을 비롯한 현충원 관계자, 봉사활동을 적극 격려해준 아내, 사랑하는 딸 은지, 은경, 또한 그대..............

끝으로 권두언으로 큰 격려와 사랑을 주신 내 마음 속 영원한 스승이시자 어른이신, 존경하는 김현욱 의원님, 이용석 장군님, 고휘주 소장님, 정삼영 국장님께 감사드립니다.

감사합니다. 아듀~~~

2021년 12월 10일. 한밤에
금당(禽堂) 이현오 올림